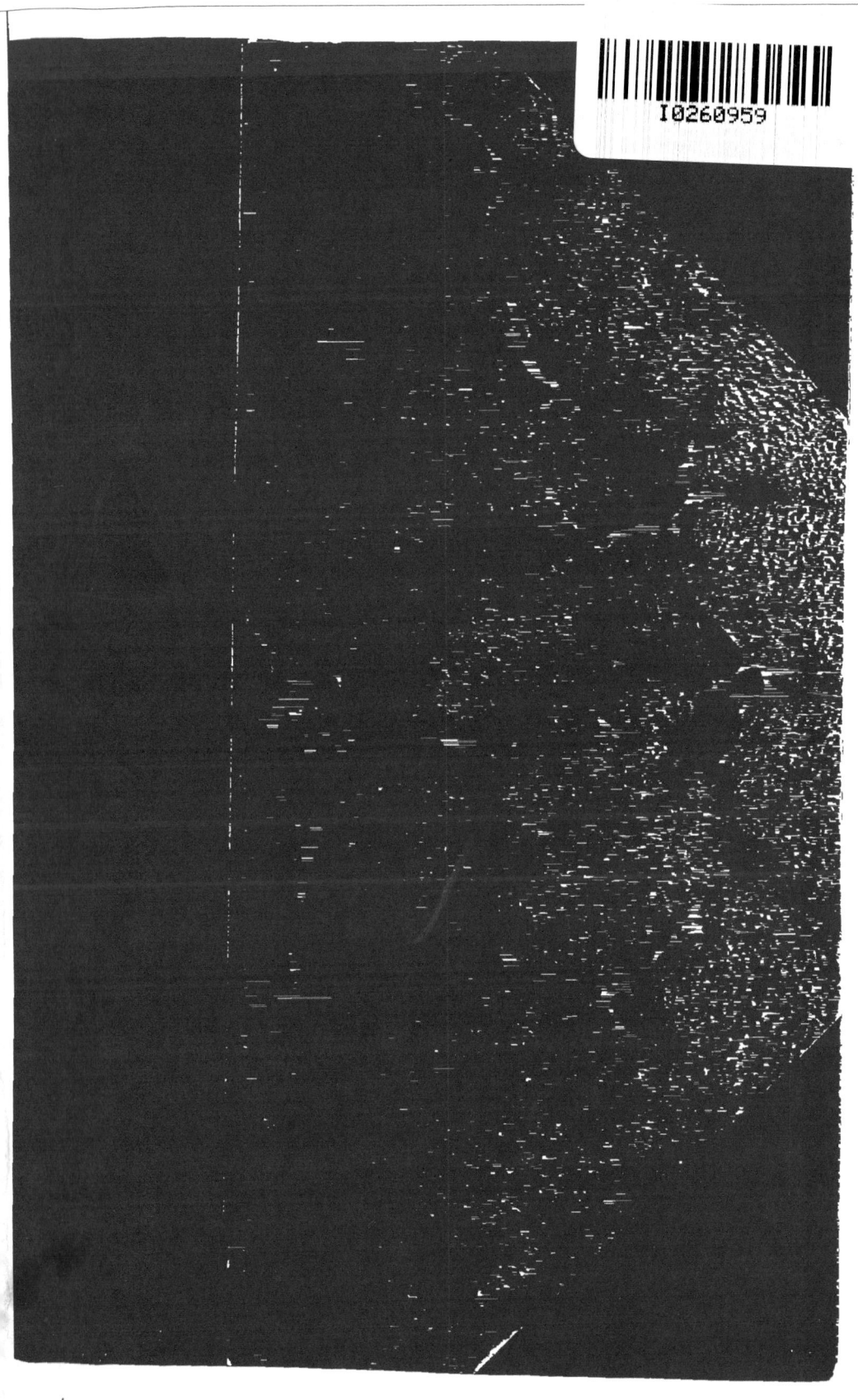

LES
COTILLONS CÉLÈBRES

✶✶

PARIS. — IMPRIMERIE DE E. DONNAUD,
RUE CASSETTE, 9.

LES
COTILLONS
CÉLÈBRES

PAR

ÉMILE GABORIAU

∗∗

CINQUIÈME ÉDITION

ORNÉE DE PORTRAITS

PARIS
E. DENTU, ÉDITEUR,
LIBRAIRE DE LA SOCIÉTÉ DES GENS DE LETTRES
PALAIS-ROYAL, 17 ET 19, GALERIE D'ORLÉANS
—
1869
Reproduction et traduction réservées

8° Z. Le Senne. 7568.

LES

COTILLONS CÉLÈBRES

I

LA COUR DE LOUIS XIV.

Trois femmes, à elles seules, résument et personnifient le long règne de Louis XIV, ce règne aux fortunes si diverses. La différence de leurs passions, de leur humeur, de leurs goûts, explique et symbolise les changements de politique du monarque. Comme trois génies, elles président aux trois grandes phases de l'existence du roi-soleil.

La Vallière, l'humble, la timide, la dévouée, c'est l'amour, la poésie, la jeunesse; elle inspire les idées qui peuvent paraître généreuses et chevaleresques. Le soleil se lève, l'horizon se colore de lueurs splendides, on dirait l'aurore d'un grand règne.

La fière, la bruyante Montespan arrive à l'heure de la toute-puissance : c'est l'épanouissement de la gloire. La France découvre en elle des forces et des richesses ignorées, l'Europe tremble, les courtisans adorent à genoux en se voilant la face. Le vertige d'un orgueil insensé trouble la raison de Louis XIV ; alors il foule aux pieds toutes les lois divines et humaines, que dis-je ? il croit être lui-même la loi et la divinité. L'astre est à son zénith, il suffit à plusieurs mondes : *Nec pluribus impar*.

Avec madame de Maintenon, la huguenote convertie, la prude ambitieuse, Tartufe en cotillons, nous assistons à la décadence. Tout croule, l'édifice prodigieux de tant de fausse grandeur craque et se disjoint. C'est la période du sang et des crimes ; on violente les consciences, on massacre de tous côtés, au nom de Dieu et du roi. La veuve de Scarron le cul-de-jatte, c'est l'expiation, le remords, le châtiment, l'anathème ; l'avenir est terrible de menaces, le soleil s'éteint dans l'orage.

Crayonner la vie de ces trois femmes, c'est donc esquisser l'histoire de ce roi qui, pour tant de gens encore, en dépit de toute morale, de toute vérité, de toute justice, est resté le roi par excellence, — le grand roi.

Grand roi, soit, mais alors seulement comme ceux de la tragédie, monarque au diadème de clinquant, qui de la queue de leur manteau de pourpre balayent les planches du théâtre.

Et que fut Louis XIV, en effet, sinon un roi de théâtre ? Tout son règne est-il autre chose qu'une représentation pompeuse au bénéfice de l'Europe, et dont la France, de son travail, de ses sueurs et de son sang, paie les somptueux décors et les nobles acteurs ?

Poser, voilà la grande, l'unique préoccupation de Louis XIV. Il pose pour la cour, pour la France, pour le monde, pour la postérité ; mais là s'arrêtent ses succès. A un demi-siècle de distance, la splendeur de la mise en scène n'éblouit plus. La postérité envahit la scène, fouille dans les coulisses, dans les coins obscurs, dans les dessous et jusque dans le trou du souffleur. Alors, elle trouve les costumes en loques, les masques éraillés, les perruques chauves, les manuscrits des rôles avec les ratures au crayon, et, indignée, elle s'écrie : Comédie! comédie!

Et depuis des années, on la siffle, cette comédie, que Louis XIV commence dans le Parlement un fouet de poste à la main, pour la finir dans la chambre de madame de Maintenon par la révocation de l'édit de Nantes. On a mis un siècle à élever un piédestal à la statue de Louis, il s'est écroulé en un jour. Il y a longtemps déjà que l'arc-de-triomphe élevé *Ludovico Magno* s'appelle la porte Saint-Denis.

On a fait justice, enfin, de ce que tant d'historiens ont appelé le génie de Louis XIV. Un orgueil à peine croyable, une ignorance crasse (1), une infatuation prodigieuse de soi, voilà son génie. A ces trois éléments il a dû sa renommée et ses succès inespérés. Ne doutant jamais de soi, étranger aux connaissances les plus élémentaires, il peut, sans réflexion, prendre un parti, là où n'osent se prononcer les plus hardis et les plus sages.

« Trancher, » tel est selon lui le dernier mot du métier de roi. Aussi, voyez comme il tranche! pourquoi? parce que tel est son bon plaisir. Pourquoi une décision plutôt qu'une au-

(1) L'abbé Le Gendre, très-instruit des choses du temps et confident d'Henri de Chauvallon, affirme que Louis XIV « *savait à peine lire et écrire.* » (Mag. de librairie, 1859.) Ce qu'on appelle la *main* de Louis XIV est, dit M. Michelet, le bonhomme Rose, son faussaire patenté, dont l'écriture ne peut se distinguer de celle du roi.

tre? parce que ce jour-là plus pénible est la digestion, ou que la Montespan fait la moue, ou que Lauzun devient insupportable. La cause est toujours personnelle.

Les autres hésitent, se consultent; lui, jamais. A quoi donc servirait la supériorité de son essence! il a reçu l'omniscience avec la couronne. Lorsqu'il est au conseil, Dieu le père descend du ciel tout exprès pour l'inspirer. Vous avez cru entendre le roi, Dieu lui-même parlait.

Dans un curieux *Manuel, Ad usum Delphini,* Louis XIV a pris la peine de nous révéler ces faits surprenants. C'est dans ce manuel qu'il faut chercher le grand roi. Là seulement on le voit sans la perruque si pleine de majesté, qui partout ailleurs ne le quitte pas.

C'est là qu'il apprend à son successeur qu'un roi possède en toute propriété la vie et les biens de ses sujets, qu'il peut à son gré disposer de l'argent de sa cassette et de l'argent des impôts, et même de l'argent qu'il *condescend* à laisser en circulation dans le commerce.

Morale étrange, inouïe, monstrueuse, qui fut cependant la morale de Louis XIV, et dont les articles soigneusement enregistrés devinrent comme le code des rois du droit divin!

Mais qui pourrait se faire une idée de l'orgueil du grand roi? C'est lui qui disait un jour à un évêque :

— « Soyez tranquille, monseigneur, nous vous saurons gré, *Dieu et moi,* de votre conduite. »

Il nomme Dieu le premier, il est vrai, mais c'est pure politesse de sa part.

Mazarin croyait découvrir dans Louis XIV encore enfant « assez d'étoffe pour faire trois grands souverains et un honnête homme. » On ne saurait trop se défier des opinions de

Mazarin, il se trompe souvent lorsqu'il ne cherche pas à tromper les autres, et ses théories sur l'art de régner sont au moins singulières. N'est-ce pas lui qui, faisant ouvertement profession de fourberie et de mensonge, disait, en parlant du jeune roi : « Il sait régner déjà, puisqu'il sait dissimuler (1). » Cet axiome fameux n'est pas tombé dans l'eau.

Mazarin n'est pas étranger aux fautes de Louis XIV; il avait tenu son élève éloigné de toutes les affaires; il l'avait entouré de jeunes favoris chargés de le détourner de tout travail, de toute application sérieuse; tâche facile! L'habile ministre n'avait pas fait alors avec la maladie le compte de ses jours, il croyait avoir longtemps encore à vivre, et il cherchait à façonner un autre Louis XIII, qui lui permît de continuer le règne du grand Richelieu.

En mourant, le cardinal laissa cependant un bel héritage à Louis XIV, non pas les quinze millions qui servirent à préparer la ruine du fastueux Fouquet, mais un trésor bien autrement précieux, Colbert.

Colbert, voilà en effet l'homme des belles années de Louis XIV. Mais il ne comptait pas alors ; on ne voyait en lui que l'instrument aveugle, le bras qui exécute. On ne voulait pas savoir qu'il était l'inspiration aussi. En cela consiste l'habileté suprême du grand ministre; il laissa à son maître l'honneur de toutes les grandes déterminations, et Louis XIV pouvait penser qu'à lui seul appartenait toute initiative.

Aussi qu'advient-il le jour où le gouvernail échappe aux mains si fermes et si habiles de Colbert? Où donc va le vaisseau et quel est le pilote? Est-ce Louvois, si puissant pour

(1) Ce mot a été aussi attribué à un fils du maréchal de Villeroy, archevêque de Lyon.

le mal? est-ce l'incapable Phélippeaux, Barbezieux le débauché, ou Chamillard, qui gouvernent toutes voiles dehors vers l'abîme? Non, cette fois, c'est Louis XIV.

L'ingratitude la plus noire paya Colbert de ses travaux; le roi se réjouit de perdre ce ministre qui, plus d'une fois, avait osé faire des représentations, et même, chose incroyable, résister en face.

Aussi les remords et les regrets vinrent assaillir Colbert à son lit d'agonie. Il se mourait lorsqu'on lui apporta une lettre du roi; il refusa de la lire :

— « Je ne veux plus, s'écria-t-il, entendre parler de cet homme; qu'il me laisse mourir en paix. Si j'avais fait pour Dieu la moitié de ce que j'ai fait pour lui, je serais sauvé dix fois; et maintenant, sais-je où je vais!... »

Le peuple, ingrat, aveugle, imbécile, le peuple fit comme le roi, il se réjouit. Il vint danser sur la tombe de celui qui avait été son ami, son seul protecteur. Il reprochait à Colbert le prix de cette gloire qui faisait l'auréole et la popularité de Louis XIV: il l'appelait tyran, inventeur d'impôts. Pour sauver de la haine populaire la dépouille mortelle du ministre, il fallut l'enterrer de nuit.

Il était mort de la pierre, et ce fut le sujet de plaisanteries infâmes, de vers injurieux. Entre mille, je copie cette épitaphe qui n'est pas la plus cruelle :

> Ici fut mis en sépulture
> Colbert, qui de douleur creva.
> De son corps on fit l'ouverture :
> Quatre pierres on y trouva,
> Dont son cœur était la plus dure.

La fin de Louvois fut bien autrement terrible. Des courtisans le rencontrèrent un matin au sortir du conseil, il allait chancelant comme un homme ivre, l'œil hagard. On put recueillir les mots sans suite qui échappaient à son délire ; il disait :

— L'osera-t-il ? non, il n'osera jamais..... peut-être l'y contraindra-t-on.....

Moins de huit jours après, il fut pris d'un mal subit qui l'enleva avec la rapidité foudroyante d'une balle de pistolet. On cria au poison.

Louis XIV, qui de ses fenêtres apercevait l'appartement où se mourait son ministre, prononça ces paroles caractéristiques :

— « Cette année m'a été heureuse, elle m'a débarrassé de trois hommes que je ne pouvais plus souffrir, Louvois, Seignelai et La Feuillade. »

Eh quoi, Sire ! La Feuillade aussi ! La Feuillade, le plus passionné de vos admirateurs, La Feuillade qui a voué à Votre Majesté une adoration perpétuelle, qui vous a dédié un autel comme à la madone et qui devant votre statue élevée au milieu de Paris, fait brûler nuit et jour de l'encens et des cierges ! Hélas oui !

— « Les flatteries maladroites de La Feuillade me fatiguaient. »

C'est vainement qu'indigné, on essaie de révoquer en doute ce cynique égoïsme. On ne peut. Les preuves sont là, flagrantes, irrécusables. D'année en année, de jour en jour, avec l'orgueil de Louis XIV, croît son égoïsme ; il devient monstrueux, révoltant. De plus en plus le roi est convaincu que la divinité s'incarne en lui. — A genoux ! pourrait-il s'écrier, à genoux, je sens que je deviens Dieu !

Dès lors, plus rien qu'une farouche insensibilité pour tout

ce qui n'est pas lui. Laquelle de ses maîtresses nous dira si son cœur bat encore?

Moins de vingt-quatre heures après la mort de Monsieur, de son frère, il fredonne à Marly des airs d'opéra, il demande d'où vient la tristesse qu'il lit sur tous les visages, enfin il fait dresser des tables de brelan.

— Quoi! murmure le duc de Montfort, on songe à jouer! mais le cadavre de Monsieur n'est pas encore refroidi!

Le duc de Bourgogne a été chargé de la réponse :

— Ordre du roi. Sa Majesté ne veut pas qu'on s'ennuie autour d'elle; elle désire que tout le monde joue, et je vais donner l'exemple.

Devant la personnalité grossière du maître, tout s'efface, tout disparaît. Pour la satisfaction d'un caprice, il est prêt à tout sacrifier, même ce qui lui reste de sa famille, frappée d'anathème jusqu'à la troisième génération.

Vieillard décrépit, morose, ombre de lui-même, il n'a plus qu'une distraction, la conversation enjouée de la jeune et charmante duchesse de Bourgogne. Mais voici qu'elle est enceinte et ne peut sans danger supporter le mouvement du carrosse.

Qu'importe! Le roi n'a-t-il pas eu l'habitude de faire voyager toutes ses maîtresses enceintes ou à peine relevées de couche, jouant sans souci leur vie à ce jeu!

Il fera de même pour la duchesse. Malgré les observations timides des sages-femmes et des médecins, il la traîne malade, mourante, à Fontainebleau. Périsse sa petite-fille, il n'aura pas retardé son voyage. Ce qui devait arriver arrive. La jeune femme se blesse et avorte dans la nuit.

Le lendemain, Louis XIV, entouré de ses courtisans, qui le regardaient faire avec une respectueuse admiration, s'amusait à donner à manger à ses carpes, lorsque madame de Lude, éplorée, vint lui apprendre à voix basse la funeste nouvelle.

Tranquillement, « sans que son visage eût bougé, » il revient au bassin, et comme tous les yeux brillent de curiosité :

— La duchesse de Bourgogne est blessée, dit-il.

Un concert de plaintes s'élève, c'est à qui témoignera la plus vive douleur.

— O mon Dieu ! Sire, s'écrie le duc de La Rochefoucauld, ne semble-t-il pas à Votre Majesté que c'est le plus grand malheur du monde ! Madame la duchesse de Bourgogne n'aura peut-être plus d'enfants !

Un regard irrité du roi arrêta toutes les démonstrations.

— Eh ! que m'importe, dit-il avec colère, n'a-t-elle pas un enfant déjà !... Dieu merci ! elle est blessée : puisqu'elle avait à l'être, tant mieux ! je ne serai plus contrarié dans mes voyages par les représentations des matrones. J'irai, je viendrai à ma fantaisie, et on me laissera en repos.

A ces paroles incroyables, le rouge monta au front des courtisans. Chacun baissait les yeux, on était muet, pétrifié. Saint-Simon assistait à cette scène ; on eût, dit-il, entendu trotter une souris.

Ainsi la honte serra la gorge de tous les hommes à genoux devant le caprice du maître, ils ne purent trouver une parole. Quelle leçon que ce silence ! Le roi ne voulut pas la comprendre. Comme il avait traîné la duchesse de Bourgogne, il traîna la duchesse de Berry à Fontainebleau. Elle, aussi, accoucha d'un enfant mort et ne fut sauvée que par miracle. On porta l'embryon aux caveaux de Saint-Denis, et tout fut dit pour Louis XIV.

Et cependant, lorsqu'il était ainsi sans pitié, un mal mystérieux et étrange frappait ceux de sa race. Le spectre sinistre de Locuste errait dans les corridors sombres du palais, marquant d'un signe funèbre la porte des enfants de Louis. Tout bas, en regardant autour de soi, on parlait de poison et de meurtre. Les lèvres ne touchaient qu'en tremblant à la coupe, l'épouvante s'asseyait aux banquets.

Chaque matin, les courtisans comptaient avec inquiétude ceux qui survivaient de la famille royale, et chaque matin ils en trouvaient un de moins. Si bien qu'il n'en resta plus qu'un seul, un enfant au berceau, qui devait être Louis XV; encore on tremblait pour sa vie.

Louis XIV était seul. Il avait vu s'éteindre cette riche lignée; l'un après l'autre étaient allés à Saint-Denis ses héritiers légitimes, tristes fruits d'un devoir maussade et de la raison d'État. Seuls, les bâtards prospéraient. Ils croissaient et multipliaient, se rangeaient autour du trône et semblaient vouloir le prendre d'assaut. Les fils de l'amour et de l'adultère avaient pris pour eux toute la force et toute la vie, il n'en était plus resté pour les enfants de la reine.

Louis XIV assistait, ruine vivante, à cette grande désolation. « Les jours où il perdait quelqu'un des siens, il allait à la chasse. »

Depuis longtemps la fortune l'avait abandonné. Les grands ministres étaient morts, morts aussi les grands généraux qui fixaient la victoire, morts tous ceux qui étaient les rayons du soleil, le génie de Louis XIV. Nul alors ne lui *volait* sa gloire. — Il est vrai qu'il n'y avait plus de gloire.

De tous côtés, des nouvelles sinistres. — Ce canon qu'on entend, annonce une défaite; c'est l'Europe qui prend sa revanche.

L'infatuation du roi ne diminue pas encore. Il est seul

debout au milieu des débris des splendeurs passées; mais lui, c'est encore assez. Il croit pouvoir faire face à tout, et il ne s'avoue son impuissance que le jour où, après avoir envoyé son argenterie à la Monnaie, il est réduit à demander la paix à genoux.

Quel châtiment! s'endormir dans le nuage et s'éveiller dans l'abîme.

Mais de quoi pouvait se plaindre Louis XIV ! N'avait-il pas, bien des années auparavant, assisté, tranquille et fier, à son apothéose?

.•.

L'œuvre capitale de Louis XIV, son chef-d'œuvre, ce fut l'organisation de sa cour, de cette cour qui absorbait la France et qui s'absorbait elle-même dans le roi. Quelle admirable science de détail, quel art, quelle patience! Chaque jour le roi ajoute un rouage nouveau, une combinaison ingénieuse, et il arrive enfin à élever cette prodigieuse machine, si savante, si compliquée, et qu'il gouverne avec une si souveraine habileté.

Continuateur du programme de Richelieu, qui sans pitié frappait la féodalité, Louis XIV prit un moyen bien autrement sûr que la force. Organisant un vaste système d'embauchage, il enrégimenta à son service toute la haute noblesse. Il y avait des grands seigneurs avant lui, après il n'y eut plus que des courtisans.

La noblesse n'essaya pas de résister, la tentative avortée de la Fronde lui avait démontré son impuissance. Elle courba le front et passa volontiers sous les fourches caudines de la volonté royale. Plus d'existences féodales, la *maison du roi* absorbe toutes les grandes *maisons*, les princes eux-mêmes ne sont plus que les *domestiques*, dans l'ancienne acception du mot.

Du roi seul viennent les grâces, les faveurs, les richesses. Voilà pourquoi il faut vivre près du roi. On ne se chauffe bien que près du soleil. Tout a été calculé pour servir la monarchie aux dépens de l'aristocratie; les grands seigneurs n'ont plus aucune part au pouvoir, et comme fiche de consolation on leur donne des titres honorifiques, des grades dans l'armée, des ordonnances de comptant, des cordons et des *justaucorps* à brevet.

L'intérêt seul, cependant, ne guide pas la noblesse. Le roi, pour la retenir près de lui, a bien d'autres moyens. La cour est l'empyrée terrestre où se réunissent tous les plaisirs et tous les enchantements. Ne pas y vivre, c'est ne vivre pas. Est-on absent huit jours, on revient ridicule, et être ridicule est ce qu'on redoute avant tout.

Être absent de la cour, c'est être oublié; on n'est plus là aux jours où les faveurs pleuvent. Veut-on des grâces, il faut savoir se mettre sous la gouttière, c'est le talent du courtisan, l'étude de tous ses instants. Pour avoir, il faut mériter, demander. Concourir à l'éclat du trône, être un rayon du soleil, voilà des titres.

A-t-on une fois goûté de cette vie, on n'en peut tolérer une autre; au loin, en exil, à dix lieues de la cour, on se dessèche, on meurt. Nous ne pouvons, à notre époque, comprendre cette existence féerique, ces journées pleines d'enchantements : ces nuits enflammées, à peine, les mémoires du temps à la main, pouvons-nous nous en faire une idée.

Chaque matin, quelque enchantement nouveau. Que sont auprès de ces réalités les inventions des romanciers! Les décorateurs de Louis XIV, les ordonnateurs de ses fêtes sont des hommes de génie. Spectacles, ballets, promenades se succèdent sans relâche, à chaque instant le décor change. Après la chasse, le bal, après le bal, le jeu ; puis le théâtre qui se crée, avec Lully, avec Molière, avec Racine.

Et pour animer, pour enfiévrer ce rêve, une élite incomparable de femmes resplendissantes de beauté, étourdissantes d'esprit et de verve ; galantes, amoureuses, faciles ; radieuses sous l'étincelant habit de l'époque.

Au-dessus de tout cela plane le roi. Partout il nous apparaît drapé dans sa majesté et dans son orgueil. En lui tout se résume ; il est l'image, les autres sont le cadre.

Devant le roi les têtes se découvrent, les fronts se baissent, les genoux se ploient. On n'admire plus, on adore. Acteur de génie en cela, Louis a pris son rôle au sérieux, il inocule aux autres la robuste foi qui le soutient. Ce que disent les flatteurs, ils le pensent ; toutes les adulations sont consciencieuses ; le courtisan, chose étrange, peut dire la vérité.

« Nous sommes maintenant si cultivés, si raffinés, dit M. Michelet (1), que nous revenons difficilement à l'intelligence de cette robuste matérialité de l'incarnation monarchique. Ce n'est plus dans notre époque actuelle, c'est au Thibet et chez le grand Lama qu'il faut étudier cela. »

Malheureusement, le revers de cette médaille si belle est terrible, terrible surtout pour la monarchie. La noblesse qui, aujourd'hui encore, admire Louis XIV, ne veut pas s'avouer qu'elle a été confisquée par lui. M. Pelletan a pour peindre la conduite de Louis XIV une image saisissante de vérité : « Le roi mit la noblesse à l'engrais, elle mangea et ensuite elle mourut. »

(1) *Louis XIV et la révocation de l'édit de Nantes.* Paris 1860.

Louis XIV, sans le savoir, fatalement, préparait et rendait possible la révolution; Louis XVI innocent devait payer la dette du coupable. En ruinant, en avilissant les grands seigneurs, en les mettant complétement sous la dépendance du roi, il assurait sa tranquillité présente et son égoïsme y trouvait son compte; mais il privait le trône de ses défenseurs naturels, ou tout au moins il leur ôtait les moyens de le secourir efficacement. Sans compter que pour subvenir à ce luxe, à ces magnificences, pour venir en aide à la noblesse obérée par lui et pour lui, il mit la France au pillage, l'accabla d'impôts, et enfin ne légua à son successeur qu'une banqueroute honteuse.

Mais que dire des mœurs de cette cour si magnifique? « Là, disent certains historiens, tout était admirable et chevaleresque. » A la surface, peut-être, mais au fond? Étaient-ils si chevaleresques, ces gentilshommes si plats avec le maître, si insolents avec tous les autres; ces marquis avides qui assiégeaient le roi de demandes d'argent; ces nobles qui volaient au jeu, ces ducs qui offraient aux plaisirs du monarque leurs filles, leurs femmes ou leurs sœurs?

Et ce Louis XIV si sublime, quelle était sa façon d'agir? Il se découvrait avec respect devant toutes les femmes; saluant, disent les mémoires, jusqu'aux chambrières. Voilà qui est fort bien, mais comment était-il avec la reine? avec ses maîtresses, il se conduisait comme rougirait de le faire un valet de nos jours. Pour lui, les femmes ne furent jamais qu'un joujou : il les prenait, les brisait, puis les jetait là, sans souci et sans vergogne, jusqu'au jour où lui-même tomba aux mains de la veuve Scarron.

A la cour de Louis XIV, les femmes tiennent une grande place; mais leur rôle politique est fort effacé et tout occulte.

Quant à leur conduite, elle était ce qu'elle devait être près d'un prince qui glorifiait l'adultère et ne rougissait pas de promener dans le même carrosse sa femme et deux de ses maîtresses.

Un maître en l'art d'écrire, Paul-Louis Courier, nous a laissé sur ces mœurs chevaleresques une page étincelante d'esprit et de verve, et bien vraie cependant. « Imaginez, dit-il, ce que c'est. La cour..... Il n'y a ici ni femmes ni enfants: coutez. La cour est un lieu honnête, si l'on veut, et cependant bien étrange. De celle d'aujourd'hui, je sais peu de nouvelles; mais je connais, et qui ne connaît pas celle du grand roi Louis XIV, le modèle de toutes, la cour par excellence.

« C'est quelque chose de merveilleux. Car, par exemple, leur façon de vivre avec les femmes,... je ne sais trop comment vous dire. On se prenait, on se quittait, ou, se convenant, on s'arrangeait. Les femmes n'étaient pas toutes communes à tous; ils ne vivaient pas pêle-mêle. Chacun avait la sienne, et même ils se mariaient. Cela est hors de doute.

« Ainsi, je trouve qu'un jour, dans le salon d'une princesse, deux femmes, au jeu, s'étant piquées, comme il arrive, l'une dit à l'autre : — Bon Dieu! que d'argent vous jouez, combien donc vous donnent vos amants? — Autant, repartit celle-ci sans s'émouvoir, autant que vous donnez aux vôtres. Et la chronique ajoute : Les maris étaient là ; elles étaient mariées; ce qui s'explique peut-être, en disant que chacune était la femme d'un homme et la maîtresse de tous.

« Il y a de pareils traits en foule. Le roi eut un ministre, entre autres, qui aimant fort les femmes, les voulut avoir toutes ; j'entends celles qui en valaient la peine ; il les paya et les eut. Il lui en coûta. Quelques-unes se mirent à haut prix, connaissant sa manie. Tant que voulant avoir aussi celle du roi, c'est-à-dire sa maîtresse d'alors, il la fit marchander, dont le roi se fâcha et le mit en prison. S'il fit bien, c'est un point que je laisse à juger; mais on en murmura. Les courtisans se plaignirent. — Le roi veut, disaient-ils, entretenir nos femmes, coucher avec nos sœurs et nous interdire ses..... Je ne veux pas dire le mot ; mais ceci est historique, et si j'avais mes livres, je vous le ferais lire. »

A ce tableau déjà si sombre, on pourrait ajouter bien d'autres traits encore. Toutes les dépravations étaient représentées à cette cour chevaleresque. La débauche allait le front levé, étalant dans les salons dorés ses flétrissures qui n'étaient pas marques d'infamies. Les hommes reprochaient aux femmes des passions renouvelées des mystères de la bonne déesse ; les femmes montraient du doigt en riant les partisans de l'amour grec, fiers de compter dans leurs rangs Monsieur, le frère du roi, et les plus illustres de l'armée, Condé, Villars, d'Humières, le chevalier de Lorraine, le cardinal de Bouillon et bien d'autres. Les femmes enfin s'essayaient aux vices des hommes, et, au dire de la princesse Palatine, s'adonnaient à l'ivrognerie. Mademoiselle de Mazarin se grisait au champagne, madame de Montespan eût tenu tête à un mousquetaire, la duchesse de Berry, qui préférait l'eau-de-vie, roulait ivre-morte sous la table.

Malheureusement la dépravation n'était pas confinée à la cour; elle allait de couche en couche gagnant la société tout entière, la noblesse de robe, la bourgeoisie, le peuple; on assiste alors à une épouvantable débâcle des mœurs.

Lorsque, pris de la peur de l'enfer que lui montrait madame de Maintenon, Louis XIV songea sur ses vieux jours à faire pénitence, tous les courtisans se grimèrent à l'exemple du maître, mais la morale n'y gagna rien; l'hypocrisie doubla tous les autres vices, voilà tout. La cour prit un air grotesquement béat et dévot. Tartufe eut ses grandes entrées. On avait porté des plumes et des dentelles, on porta des scapulaires et des chapelets. La galanterie s'affubla d'un cilice, l'adultère coucha sur la cendre.

— Laurent, *vite* ma haire avec ma discipline.

* * *

Mais pour se faire une juste idée de Louis XIV au moment de son apothéose, il est nécessaire de le suivre à Versailles. Versailles, c'est son œuvre à lui, sa création. Là tout le symbolise et le personnifie. C'est son Olympe, son empyrée.

Depuis longtemps Louis XIV avait en haine toutes les résidences royales. Il détestait Paris, qui lui rappelait la Fronde; Paris où gronde la tempête populaire, où « l'ignoble peuple a faim et se plaint. Il n'aimait ni Fontainebleau, ni Chambord, ni Compiègne, peuplés de légendes royales, car il jalousait jusqu'à l'ombre de ses aïeux. »

Sa résidence habituelle, Saint-Germain, lui devenait de jour en jour odieuse; au loin il apercevait les clochers de Saint-Denis, perpétuel *memento mori* qui troublait l'ivresse de sa puissance. D'ailleurs à Saint-Germain il avait passé sa jeunesse, il y avait aimé et pleuré avant que d'être Dieu, et mille souvenirs s'y attachaient qui lui semblaient nuisibles à sa majesté, à sa dignité, à sa gloire.

Un courtisan caustique, il y en avait, pouvait, aux dépens du maître, y exercer son esprit en faisant à quelque ambassadeur étranger les honneurs du château.

— Vous voyez ces gouttières ? vingt fois Sa Majesté y courut au risque de se rompre le cou. — C'est par cette cheminée qu'elle se glissait chez les filles d'honneur. — Sa Majesté resta prise, ne pouvant avancer ni reculer, à cette lucarne que vous apercevez là-haut, une nuit qu'elle allait en conter à une fille de cuisine. — Cette grille a été posée par madame de Navailles, une duègue farouche, pour s'opposer aux galantes entreprises de Sa Majesté.

Voilà pourtant ce que l'on pouvait dire, sans mentir, et tous ces souvenirs importunaient Louis XIV.

C'est alors qu'il résolut de faire construire un palais à lui, un palais qu'emplirait sa seule personnalité, où on le sentirait vivre encore dans des siècles futurs.

Sur les ordres du roi on jeta les fondations de Versailles, lui-même avait choisi l'emplacement.

C'était un désert, et tout y était à créer, « non-seulement les monuments de l'art, mais la nature même. » C'est là précisément ce qui décida Louis XIV.

« Il n'y a, dit M. Henri Martin, point de sites, point d'eau, point d'habitants à Versailles : les sites, on les créera en créant un immense paysage de main d'homme ; les eaux, on les amènera de toute la contrée par des travaux qui effraient l'imagination ; les habitants, on les fera pour ainsi dire sortir de terre en élevant toute une grande cité pour le service du château. Louis se fera ainsi une cité à lui, dont il sera la vie. Versailles et la cour seront le corps et l'âme d'un même être, tous deux créés à même fin, pour la glorification du dieu terrestre auquel ils devront l'existence. »

Le duc de Créqui appelait Versailles *un favori sans mérite*. Mais n'était-ce pas un immense mérite que de n'en pas avoir et de devoir tout au maître ?

Versailles s'éleva comme par magie ; sans compter on y prodigua la vie des hommes et les richesses de la France. Que d'années de revenu enfouies dans ces sables stériles (1)! Là s'épuisa le génie de l'époque, l'industrie enfanta des miracles, l'art du temps dit son dernier mot.

On eut de l'eau, des fontaines jaillissantes, des forêts, arrachées toutes venues aux plus belles forêts de la couronne; le marbre s'entassa sur le marbre.

Mansard, Lebrun, Le Nôtre dirigeaient les travaux, l'œuvre avançait. Les bassins étaient creusés, et dans leur eau se miraient tous les dieux de la mer, toutes les dryades des fontaines; un peuple de statues animait les bosquets, tout l'Olympe.

Enfin le palais fut terminé. Il était à la taille du maître; des salles immenses, des escaliers de géants. Autour du palais une ville était sortie de terre, et l'on terminait les bâtiments si vastes où s'entassèrent les ministères, les aides, les commis, tout l'attirail de la cour.

Louis XIV alors se mit au balcon qui regarde le soleil levant, et en apercevant ce paysage splendide, ces jardins enchantés, ces pelouses, ces bosquets, il se sentit le dieu de cet univers et put dire : « Je suis content, je règne en paix. »

Alors, par toutes les fenêtres de son palais, il commença à jeter ce qui restait de richesses à la France, et dans les cours

---

(1) Il est bon de se garder de toute exagération; les dépenses de Versailles n'ont pas été si fantastiques qu'on l'a dit longtemps. Saint-Simon parle de milliards, Mirabeau dit douze cents millions, Volney imagine quatre milliards six cents millions! On peut mettre tout un peuple sur la paille, mais non lui prendre ce qu'il n'a pas. « Où il n'y a rien, le roi perd ses droits. » On arrive, pièces en mains, à établir que les dépenses de Versailles représentent environ six cents millions de notre monnaie. C'est déjà monstrueux!

les courtisans avides se disputaient les dépouilles. Triste curée !

Versailles cependant, avec ses chambres sans nombre, ses casernes babyloniennes, ses communs grands comme une cité, Versailles était trop étroit encore pour loger cette foule oisive qui toujours et partout entourait le roi ; peuple privilégié au milieu d'un autre peuple, et qui n'avait d'autres fonctions que de concourir à l'éclat du roi soleil. Prêtres de ce dieu qui avait inventé un culte tout particulier à son usage, sorte de liturgie païenne qui réglait minute par minute tous les mouvements de l'idole, et décidait « la façon d'ôter une pantoufle ou de mettre un bonnet (1). »

Cette religion, savamment combinée, avait deux grands buts. Elle tenait la noblesse à distance et donnait occasion de créer une foule de charges d'autant plus recherchées qu'elles permettaient d'approcher davantage de la personne royale.

Ces charges, qui se vendaient des sommes considérables, bien qu'elles fussent une ruine pour les titulaires, étaient innombrables. Chaque acte de la vie du roi justifiait un titre nouveau, depuis celui de grand chambellan, jusqu'à celui de capitaine des levrettes.

On croit rêver véritablement, lorsque minute par minute, détail par détail, on suit une des journées de Louis XIV, journée semblable à toutes les autres, ordonnée avec une symétrie que nul événement ne peut bouleverser.

Le cérémonial prend le roi au saut du lit, avec le médecin

---

(1) J'ai sous les yeux, en écrivant ce chapitre, le très-remarquable travail de M. Eugène Pelletan, *Décadence de la monarchie*, « un livre populaire, dit M. Michelet, très-piquant et très-véridique, qui, grâce à Dieu, ira partout et restera. »

qui vient lui faire tirer la langue et ne le quitte que lorsqu'il a mis sa couronne de nuit et qu'un autre médecin est venu interroger les battements de son pouls. Il y a le grand et le petit lever ; la chambre royale est pleine de ceux qui, en vertu de leur charge ou de leur dignité, ont le droit de contribuer à la toilette du roi fétiche.

Tout d'abord, c'est la perruque, mais le roi la met derrière ses rideaux, nul ne doit voir à nu le chef du souverain, encore y a-t-il plusieurs perruques : celle du grand lever n'est pas celle du petit ; il y a la perruque des jours ordinaires et celle des jours de gala. La cérémonie de la chemise vient ensuite, c'est d'habitude un prince du sang qui la donne. Puis, la cérémonie des bas, des souliers et du reste. Les serviteurs de la main droite ne sont pas ceux de la main gauche. Il y a un gentilhomme pour le chapeau, un autre pour l'épée, un troisième pour les ordres que le roi porte sous son habit.

Chaque fonction de la machine royale, chaque besoin, chaque exigence de sa nature est le prétexte d'une pompe tout aussi imposante; c'est en cadence que le roi marche, qu'il boit, qu'il mange et qu'il prend médecine. La cérémonie de Molière, si burlesque, est une réalité.

Et afin qu'on ne puisse douter de ces faits, ils sont consignés en vingt endroits divers. Dangeau passe sa vie à écrire les faits et gestes du roi, il est l'historien de l'antichambre et des arrière-cabinets, mais il n'en est que plus précieux pour qui veut essayer de reconstituer cette cour, « la première du monde; » par lui, nous savons à une seconde près ce que faisait Louis XIV, il nous a légué les noms de ces courtisans heureux qui chaque soir recevaient le bougeoir des mains du roi.

Un autre monument précieux est le journal des médecins,

longue histoire de la santé et de la maladie du roi, livre admirable, dit M. Michelet, dont le positif intrépide n'atténue pas l'adoration. Le roi, de page en page, est chanté et purgé.

Dans la vie de Louis XIV, les purges jouent un grand rôle. Elles n'avaient pas été seulement le prétexte de *l'étiquette des jours de médecine* qui rompt agréablement la monotonie du cérémonial quotidien, elles étaient de la plus grande utilité. Prodigieux mangeur, le roi avait souvent besoin de venir en aide à la nature.

Cet appétit du roi de France est une des grandes stupéfactions de la princesse Palatine, elle en parle dix fois dans ses Mémoires. « Le roi consommait aisément, dans un seul repas, « écrit-elle, quatre assiettes de soupes diverses, un faisan en- « tier, une perdrix, une assiette de salade, deux tranches de « jambon, du mouton au jus et à l'ail, une assiette de pâ- « tisserie, et au dessert, une profusion d'œufs durs et des « fruits de toute qualité. »

Après de tels repas, largement arrosés, il fallait au roi le grand air et l'exercice, encore la digestion n'était-elle pas toujours facile, et dans les réactions qui suivent souvent, un illustre historien croit voir l'origine de la « politique à ou- « trance » des dernières années de Louis XIV.

Et maintenant représentez-vous Louis XIV, lorsque, entre une triple haie de courtisans, il descend le grand escalier de Versailles. A voir sur son passage l'admiration passionnée de tous ces nobles gentilshommes, ne devine-t-on pas que c'est là le maître qui tient la corne d'abondance, l'homme qui a pris le soleil pour emblème?

« Sa taille n'est pas au-dessus de la moyenne, il a les mouvements nobles et gracieux, la démarche pleine de majesté. Il avance avec grâce une jambe fine et merveilleusement tour née, sa figure impose le respect et l'admiration, enfin son regard est fier, terrible lorsqu'il est irrité, plein de bienveillance lorsqu'il est satisfait. »

Tel est le portrait que nous a laissé de Louis XIV un de ses contemporains, ce portrait est daté de l'époque la plus brillante ; mais l'auteur oublie de nous dire que, toujours fidèle à son système, le roi, sans doute pour imprimer à sa personne une majesté plus grande, avait trouvé bon de se hausser sur d'énormes talons et de s'allonger d'une prodigieuse perruque.

Nous avons, au reste, plus de cent portraits de Louis XIV. La Bruyère dit que « son visage remplissait la curiosité des peuples, » et Saint-Simon, que « sa taille, son port, sa beauté, sa grande mine, le firent distinguer jusqu'à sa mort comme le roi des abeilles. »

« Dans quelqu'état obscur que le ciel l'eût fait naître,
« Le monde, en le voyant, eût reconnu son maître. »

Que sont devenues cependant toutes les splendeurs du « grand roi? » Que reste-t-il de toute cette fantasmagorie qui éblouit un siècle?

Versailles est désert aujourd'hui, morne et triste. Vingt ouvriers travaillent à la journée pour arracher l'herbe qui croît drue entre les pavés ; l'eau croupit dans les réservoirs, les statues grelottent sur leurs piédestaux rongés de mousse.

De loin, cet énorme amoncellement de pierres, de briques et de marbres étonne l'imagination, mais on a le cœur serré.

Louis-Philippe eut la pensée de rendre la vie à cette vaste nécropole de la monarchie, mais un musée n'a pu la ranimer. Mieux eût valu laisser tomber Versailles pierre à pierre, laisser le lierre couvrir de son manteau ces ruines colossales.

Tout semble petit, mesquin, glacial, dans ces salles si vastes; les tableaux les plus excellents y perdent de leur valeur. Ils fixent les yeux, mais non l'imagination. La pensée est ailleurs. Involontairement on écoute l'écho des pas dans les escaliers, les craquements sourds des boiseries, les gémissements du vent dans les corridors. Devant chaque porte on s'arrête, on hésite à ouvrir, qui trouvera t-on derrière ?

Seule, la grande galerie des portraits est en harmonie avec les impressions que donne l'aspect de Versailles; lorsque parfois on la traverse dans toute sa longueur, seul, à la nuit tombante, on est saisi d'une frayeur secrète au bruit de ses pas, redit vingt fois par les voûtes sonores. On croit voir remuer des yeux, s'agiter des lèvres, et dans l'ombre lointaine de grandes figures se détacher de la toile et jaillir de leurs cadres.

A Versailles, dans les cours désertes, dans les recoins ignorés, sont venues s'échouer toutes les épaves des monarchies passées, battues et renversées par la tempête populaire. On y aperçoit bien des cadres sans toiles, des bustes mutilés, des statues décapitées.

Là, dans un passage obscur, non loin de l'Orangerie, j'ai retrouvé une admirable statue équestre du duc d'Orléans, ce prince si généreux, si loyal, si bon. Involontairement je me rappelai les grandes espérances avec lui éteintes, je me souvins de ce grand deuil de la France le jour où sa mort révéla combien cher il était à tous.

Du vivant même de Louis XIV, Versailles avait eu sa décadence. Avec madame de Maintenon, la tristesse entra dans le palais enchanté, un crêpe sombre s'étendit sur ce séjour de la féerie, la fantasmagorie s'évanouit. La veuve de Scarron était reine. Les palais reflètent la physionomie des maîtres.

Le demi-dieu était redevenu un homme, moins qu'un homme, un vieillard hébété par la peur de l'enfer.

— M'aviez-vous donc cru immortel? demanda t-il aux courtisans qui entouraient son lit d'agonie.

Ils auraient pu lui répondre : Oui, Sire, et vous-même avez essayé de le croire.

Lorsqu'on conduisit Louis XIV à Saint-Denis, le peuple imbécile crut se venger en insultant sa dépouille mortelle; il couvrit de pierres et de boue le cercueil de cet homme qu'aux jours d'enivrement et de prospérité il avait surnommé le **grand roi**.

II

PREMIÈRES AMOURS.

Élevé par une mère galante, sur les genoux des belles dames de la Fronde, sous les yeux d'un ministre qui pour l'éloigner des affaires favorisait tous ses penchants, Louis XIV, doué d'un tempérament de feu, fit pressentir dès son enfance qu'il marcherait glorieusement sur les traces de son aïeul Henri IV de galante mémoire.

Jeune, beau, élégant, Louis « avait tout ce qu'il faut pour réussir près des femmes, » et à tous ces dons de la nature il joignait « des grâces exquises » et une galanterie raffinée qu'il devait à madame de Choisy, son précepteur en belles manières.

La comtesse de Choisy, dont le mari était chancelier dans la maison de Monsieur, avait entrepris de faire du jeune roi ce qu'on appelait alors un *honnête homme*, c'est-à-dire un cavalier accompli. Cette femme d'esprit, « déjà sur le retour, possédait toutes les grâces de la politesse et du bon ton, toute la science du savoir-vivre, toutes les perfections d'une précieuse du beau temps de l'hôtel Rambouillet (1), » le jeune roi ne pouvait aller à meilleure école. L'élève fit honneur à son institutrice, et plus tard, il récompensa d'une pension de huit mille livres des leçons qui avaient fait de lui le gentilhomme le plus accompli de son royaume.

Les Mémoires du temps ont retenu les premiers bégaiements du cœur du jeune monarque, et nous savons les moindres détails de ses premières inclinations, badinages galants et enfantins, sans portée et sans conséquence. Tour à tour il sembla s'attacher à la duchesse de Châtillon, à Élisabeth de Ternau et enfin à Olympia Mancini, une des trop nombreuses nièces du cardinal Mazarin, et qui avait été la compagne de ses premiers jeux. Olympia, dangereuse Italienne, « âme et visage noirs, » fut mariée au duc de Soissons. On la retrouve à la tête de toutes les cabales organisées pour perdre Madame.

Une fille d'atours de la reine-mère, mademoiselle de La Mothe d'Argencourt, inspira à Louis XIV sa première passion sérieuse.

Cette jeune fille, que quelques mémoires nous peignent comme n'étant ni fort belle ni très-spirituelle, était en réalité d'une éclatante beauté. Elle avait de merveilleux cheveux blonds d'une richesse extrême, de grands yeux bleus pleins de feu, et, par une singularité piquante qui donnait quelque chose de saisissant à sa physionomie, des sourcils d'un noir

---

(1) M. le baron Walckenaer, *Mémoires touchant la vie et les écrits de madame de Sévigné.*

d'ébène admirablement arqués. Avec cela une peau éblouissante de blancheur, des traits fins et réguliers, et « une taille à tenir dans une bague. »

Bientôt l'amour du jeune roi ne fut un secret pour personne. C'était son premier amour; ses regards, ses gestes, ses moindres actions le trahissaient, malgré toute sa naïve dissimulation, en dépit de toute la diplomatie si gauche et si charmante de son adolescence.

Il recherchait avec empressement tous les moyens de se rencontrer avec son amie, savait trouver des prétextes qu'il croyait habiles, et paraissait transporté de voir sa passion payée du plus tendre retour.

Mais Mazarin et la reine-mère, jaloux du pouvoir que leur laissait le jeune roi, veillaient avec sollicitude. Ils comprirent le danger. Une maîtresse pouvait prendre une terrible influence sur le royal adolescent; d'ailleurs ils entrevoyaient dans l'ombre toute la famille de mademoiselle d'Argencourt, impatiente de profiter de l'ascendant de la jeune favorite.

Anne d'Autriche résolut d'éloigner son fils. Louis était fort dévot; elle éveilla les susceptibilités de sa conscience, l'effraya de l'horrible péché qu'il allait commettre, et finit par le décider à fuir le danger. L'amant désolé de la belle d'Argencourt quitta donc Saint-Germain, et se réfugia à Vincennes près du cardinal Mazarin.

Cette éclipse du roi déconcerta si fort les belles espérances caressées par les parents de la jeune personne, « que madame d'Argencourt, qui croyait tout perdu, alla jusqu'à faire avertir la reine, que si elle le désirait elle consentirait aux relations de Louis et de sa fille, et cela sans condition. » Anne d'Autriche refusa cette offre obligeante.

Le jeune roi, arrivé à Vincennes, s'était mis en retraite

sous la direction d'un confesseur choisi par le cardinal. Quinze jours durant, il pria, pleura, jeûna, se mortifia, se confessa, communia, et enfin se croyant complétement guéri, ou tout au moins en bonne voie de guérison, il revint à la cour. Il se défiait pourtant encore de son cœur, et, pour ne pas s'exposer à une rechute, il mit tous ses soins à éviter autant que possible sa charmante amie.

Cette affectation même à la fuir convainquit mademoiselle d'Argencourt qu'elle était toujours aimée, et, en fille bien instruite, elle fit naître cette occasion que redoutait le roi. L'occasion vint ; la rechute fut complète.

En se trouvant près de celle qu'il aimait, Louis oublia toutes les remontrances maternelles, les pieuses exhortations de son directeur ; les belles résolutions s'envolèrent : il se troubla, balbutia, rougit, et pour dissimuler sa rougeur, sans doute, cacha son front dans les belles mains de son amie.

Anne d'Autriche, à son tour, perdit tout espoir ; elle avait lu dans les yeux de son fils une passion si grande, une résolution si énergique, que, renonçant à entraver cet amour, elle ne songea plus qu'à en tirer tout le parti possible et à s'arranger avec la grandeur future de cette favorite.

Malheureusement pour mademoiselle d'Argencourt, Mazarin n'avait pas dit son dernier mot. Beaucoup moins convaincu que la reine-mère de l'efficacité d'une retraite, il avait cherché quelque autre moyen plus humain pour rompre ce grand amour, et il n'avait pas tardé à trouver.

Le cardinal, tandis que Louis était à Vincennes, avait mis en campagne trois ou quatre de ses plus habiles espions, et le résultat de cette enquête avait été de lui apprendre que mademoiselle d'Argencourt n'en était pas à faire ses premières armes. Un amant la vengeait de la timidité du royal néophyte, et, pour trouver la force de résister à la passion du roi, elle retrempait sa vertu entre les bras de Chamarante, le plus bel homme de la cour. Elle poussait même l'imprudence jusqu'à écrire les lettres les plus passionnées à ce favori de son cœur.

Fort de cette découverte, Mazarin manda le beau Chamarante, et lui fit comprendre qu'il donnerait un bon prix de cette correspondance amoureuse. Chamarante eut la lâcheté de trahir celle qui l'avait aimé, et, moyennant finance, la tendre prose de mademoiselle d'Argencourt passa aux mains du ministre.

Ces doux billets, le cardinal les avait précieusement conservés. Voyant que désormais le roi, emporté par la passion, n'écouterait aucune remontrance, il lui demanda un entretien.

Louis s'attendait à de longues exhortations, à une explication presque orageuse et, conseillé par sa charmante maîtresse, il s'était muni de tout son courage pour résister ouvertement et déclarer qu'il entendait être le maître. Peine perdue! le ministre parut. Calme et presque souriant, il ne dit pas un mot de mademoiselle d'Argencourt. Seulement, après quelques banalités générales sur la perfidie des femmes et sur le malheur des souverains qui sont si rarement aimés pour eux-mêmes, il tira de son sein les fameuses lettres, et les présentant au roi :

— Que Votre Majesté, dit-il, daigne prendre la peine de lire cette correspondance, elle lui en apprendra plus que je ne saurais lui en dire.

Les preuves étaient accablantes, le doute n'était pas possible : Louis fut accablé, son orgueil naissant recevait là un rude choc. Il pleura de dépit et de rage, mais il eut la force de dissimuler sa colère. Il ne témoigna plus qu'un dédain glacial à sa perfide et refusa d'avoir avec elle aucune explication.

Déchue de ses espérances, outrée de la conduite de Chamarante, brouillée avec sa famille, qui lui reprochait bien moins son amant que sa maladresse, mademoiselle d'Argencourt ne songea plus qu'à chercher une consolation. Elle s'éprit d'une passion folle pour le marquis de Richelieu.

Cette liaison fit tant de bruit et de scandale que la marquise de Richelieu vint se jeter aux pieds de la reine-mère pour la conjurer d'éloigner mademoiselle d'Argencourt, et que l'on conseilla l'air du cloître à la trop sensible jeune fille.

Elle se réfugia dans un de ces charmants couvents où les grandes dames dépitées allaient alors passer leurs accès de dévotion. Elle s'y trouva si bien qu'elle n'en voulut plus sortir et y passa sa vie, sans jamais cependant prononcer ses vœux. Plus tard Louis XIV paya pour elle une dot de vingt mille écus.

Refroidi par ce premier naufrage, le jeune roi hésitait à se rembarquer sur le fleuve du Tendre, lorsqu'il tomba aux mains de madame de Beauvais, la femme de chambre favorite d'Anne d'Autriche.

La Beauvais, pour parler comme les Mémoires, avait depuis longtemps déjà doublé le cap de la quarantaine lorsqu'elle mit son expérience au service de Louis.

Laide, borgne, ridée comme pomme en avril, l'affreuse vieille avait depuis plusieurs années jeté son dévolu sur le jeune roi. Elle guettait l'âge de sa puberté, sachant bien qu'alors le tempérament parle plus haut que le cœur, décidée à profiter de la première surprise et à en tirer parti pour l'élévation de sa famille. Son plan réussit à merveille.

La flamme de l'œil unique de la Beauvais alluma les sens

du royal jouvenceau, et bientôt il n'eut plus rien à lui refuser. Mais l'enivrement fut de courte durée. Adresse et séductions échouèrent, l'élève s'échappa tout fier de son expérience nouvelle, impatient d'en tirer parti.

Les bons offices de la Beauvais eurent cependant leur récompense, on lui fit don de la seigneurie de Chantilly, et sa famille fut toujours protégée (1). « Le roi, dit l'abbé de Choisi, ne perdit pas la mémoire de l'autel de ses premiers sacrifices. »

La Beauvais continua jusqu'à sa mort de rester à la cour, et on lit dans les Mémoires de la princesse Palatine : « J'ai vu encore cette vieille créature de Beauvais; elle a vécu quelques années depuis que je suis en France. C'est elle qui, la première, apprit au feu roi ce qu'il a si bien pratiqué auprès des femmes. Cette affreuse borgne s'entendait fort bien à faire des élèves. »

Tout frais émancipé après ce premier amour borgne, le jeune Louis n'osa pas tout d'abord s'adresser aux grandes dames qui formaient la cour d'Anne d'Autriche. Peut-être était-il retenu par la crainte de sa mère, peut-être ne savait-il pas encore qu'un roi trouve bien rarement des cruelles. Au grand dépit de toutes celles qui si volontiers eussent accepté le mouchoir, il se contentait d'égarer son cœur dans les cuisines et dans les antichambres.

« Le feu roi, dit la Palatine, a été très-galant assurément, mais il est allé souvent plus loin que la débauche. Tout lui était bon en sa jeunesse : paysannes, filles de jardinier, servantes, femmes de chambre, pourvu qu'elles fissent semblant de l'aimer. »

(1) Saint-Simon, *Mém.*, t. 1.

Beaucoup faisaient semblant, et les passions du jeune roi s'en arrangeaient à merveille. Il ne résulta rien de toutes ces liaisons obscures, rien qu'un enfant, une fille qui était, assure Saint-Simon, son portrait vivant. Il l'avait eue d'une jeune et fraîche jardinière de Saint-Germain. L'obscurité de la mère empêcha le roi de reconnaître l'enfant, mais il assura son avenir et la maria honorablement.

Nous sommes ici à l'époque des fredaines amoureuses du grand roi. Saint-Germain était le théâtre de ses exploits. A chaque instant il échappait à la surveillance de sa mère, et madame de Navailles, préposée à la garde de la vertu fragile des filles d'honneur, avait toutes les peines du monde à empêcher le loup de faire invasion dans la bergerie.

Il était temps cependant qu'un amour noble et élevé vînt mettre un terme à ces emportements de jeunesse et arrêter Louis sur la pente glissante de la débauche vulgaire : une des nièces du cardinal Mazarin se trouva là fort à propos pour accomplir cette œuvre.

Marie Mancini, qui n'était qu'un enfant lorsque déjà le roi courtisait sa sœur Olympia, était sortie du couvent et avait fait son apparition à la cour depuis un an environ.

C'était lorsqu'elle arriva se joindre à l'escadron des nièces du cardinal, des Mazarines, comme on disait alors, « une grande fille maigre, avec de longs bras rouges, un long cou, un teint brun et jaune, une grande bouche, mais de belles dents et de grands yeux noirs, beaux et pleins de feu. » Louis, bien qu'il préférât Marie à son autre sœur Hortense, une des plus belles personnes de son temps, fit fort peu d'attention à la nouvelle venue, et la regarda à peine.

Plusieurs mois seulement après, un entretien que le roi eut avec Marie commença le charme. Ces quelques mois, il est vrai, avaient profité à la jeune fille : elle avait gagné l'embonpoint qui lui manquait, sa taille gauche s'était assouplie, son teint s'était coloré, enfin ses grands yeux noirs, profonds et passionnés, donnaient un rare et singulier attrait à sa physionomie.

Elle regagnait d'ailleurs du côté de l'esprit ce qui lui manquait en beauté. Vive, spirituelle, railleuse, sa conversation brillante éblouit le roi, très-flatté en secret du soin que prenait de lui plaire une personne si accomplie.

Aussi hardie qu'ambitieuse, Marie profita en fille habile de ses premiers avantages, chaque jour plus avant elle enfonçait le trait dans le cœur de Louis, et bientôt il en vint à ne pouvoir plus se passer d'elle.

Prévoyant avec une perspicacité rare à son âge que la timidité d'un prince, à peine sorti de tutelle, était ce qu'elle avait le plus à redouter, elle ne négligeait aucun moyen pour exalter le courage de Louis et faire passer dans son âme un peu de cette audace aventureuse qui animait la sienne.

Dans les longues après-midi qu'il passait à ses genoux, elle lui lisait des poésies passionnées ou des romans de chevalerie aux merveilleux exploits, agissant ainsi tout à la fois sur son imagination et sur son cœur.

Mais déjà son ascendant était immense. Puisant dans la violence de son amour une hardiesse qui lui eût semblé impossible quelques mois auparavant, Louis osa aimer Marie Mancini à la face de la cour, sous les yeux de sa mère et du cardinal Mazarin.

Alors, il lui accordait une préférence marquée ; au bal c'est à elle la première qu'il offrait toujours la main ; il affectait de s'entretenir tout bas avec elle, il la consultait sur tous ses projets, même sur les affaires de l'État. Enfin, pour passer seul avec elle, ne fût-ce qu'une minute, il n'est pas de prétextes et d'expédients qu'il n'employât.

Un jour Marie Mancini sortait de chez la reine-mère, elle était seule dans son carrosse, « Louis monta sur le siége et lui servit de cocher jusqu'à ce que la voiture ne fût plus en vue; alors il y entra et vint se placer à côté d'elle. »

La cour s'agitait, l'Europe s'était émue. Une favorite pouvait inaugurer une politique nouvelle, et nul ne doutait que Marie Mancini ne fût bientôt maîtresse déclarée du roi. Mais l'ambitieuse visait bien autre chose. Elle rêvait un mariage et le titre de reine.

Ce projet n'était pas une chimère. « Cette sombre Italienne, aux grands yeux flamboyants avec un esprit infernal et l'énergie du bas peuple de Rome, avait un instant enveloppé le froid Louis XIV d'un tourbillon de passion. » Il était bien à elle corps et âme.

Bientôt on parla tout bas à la cour de la possibilité de cette union, mais non si bas que l'écho de ces propos ne vînt aux oreilles d'Anne d'Autriche. Elle fut saisie d'effroi. Un instant elle crut que Mazarin, ébloui par cette perspective de placer une de ses nièces sur le trône, était d'accord avec sa nièce, et dans son horreur « d'un mariage aussi monstrueux, » elle fit rédiger une protestation.

Plutôt que de souffrir une pareille infamie, disait-elle, je ferais un appel à la noblesse, j'armerais mon second fils contre son frère, et moi-même, à la tête de l'armée, je marcherais contre le roi.

Mais cette protestation était inutile, la reine-mère suspectait à tort les intentions du cardinal. Le ministre ne rêvait qu'une chose, l'alliance espagnole; et tandis qu'on l'accusait de traîner en longueur les dernières formalités du mariage de

Louis XIV avec une princesse de Savoie, des agents habiles négociaient à Madrid et obtenaient du cabinet de l'Escurial la paix et la main de l'infante.

Pressé par son amante, le jeune roi avait osé déclarer au cardinal qu'il était résolu à faire mademoiselle Mancini reine de France.

— Moi vivant, avait répondu le ministre, jamais ce mariage n'aura lieu; je poignarderais plutôt ma nièce de ma propre main.

Ce qui diminue peut-être un peu le mérite du cardinal, c'est que depuis longtemps il avait pénétré l'ingratitude de sa nièce. Marie n'avait en effet usé de son ascendant que pour tâcher de perdre Mazarin, à qui elle devait tout, dans l'esprit du roi.

Et pourtant le moment approchait où Louis XIV allait avoir à prendre un parti. On avait rompu les projets de mariage avec la princesse de Savoie, et l'Espagne se décidait à offrir son infante. L'amour du roi pour Marie paraissait désormais le seul obstacle sérieux, et toute la cour suivait avec anxiété les phases diverses de cette grande passion, qui donnait aux combinaisons politiques d'ordinaire si froides tout l'intérêt d'un drame.

Qui l'emporterait dans le cœur du jeune prince, de la raison d'État ou de l'amour? Hélas! le parti de la sagesse eut raison.

Marie Mancini reçut l'ordre de quitter la cour et d'aller attendre à la Rochelle et au Brouage la fin des négociations avec l'Espagne. Louis XIV n'osa pas s'opposer au départ de son amie.

Les adieux des deux amants furent déchirants. Louis tout en pleurs conduisit son amie jusqu'au carrosse qui devait l'emmener bien loin de lui, et c'est alors que la jeune fille lui adressa ces paroles si souvent citées : — « Vous êtes roi, vous pleurez, et je pars !.... »

A ces mots les larmes du roi redoublèrent, mais il n'osa pas révoquer l'ordre qu'avait donné le cardinal. Marie eût résisté, Louis céda.

Les deux amants n'eurent plus qu'une entrevue avant le mariage du roi. Comme la cour se rendait à Bordeaux pour attendre la fin des négociations, Marie Mancini eut la permission de venir saluer la reine-mère à son passage à Saint-Jean-d'Angely. C'était le seul moyen d'empêcher le roi de se détourner de son chemin pour aller voir son amie et d'éviter un scandale.

Cette entrevue raviva les espérances de l'orgueilleuse jeune fille et exalta si bien l'amour du roi que Mazarin, sérieusement inquiet, écrivit au roi pour le menacer de quitter la France avec ses nièces : « Aucune puissance humaine, disait-il, ne saurait m'ôter la libre disposition que Dieu et les lois m'ont donnée sur ma famille. »

Cette lettre du cardinal peint Marie sous les couleurs les plus sombres, il la traite d'extravagante, d'ingrate, d'ambitieuse, incapable d'aimer personne.

« Songez, je vous prie, écrivait-il au roi, s'il y a au monde
« un homme plus malheureux que moi, qui, après m'être ap
« pliqué avec ardeur à procurer par toutes les voies les plus
« pénibles, la gloire de vos armes, le repos de vos peuples et
« le bien de votre État, ai le déplaisir de voir qu'une per-
« sonne qui m'appartient est sur le point de renverser tout et
« de causer votre ruine !.... (1) »

(1) *Correspondance de Mazarin* t. 1, p. 179, 202.

Ces lettres ne servirent qu'à irriter la passion du roi. Les obstacles semblaient exalter son courage et l'affermir dans ses résolutions. Il menaçait de rompre les négociations avec l'Espagne, si avancées qu'elles fussent, et d'épouser, envers et contre tous, celle qui l'aimait et qui seule, disait-il, pouvait assurer le bonheur de sa vie, lorsque la jeune fille prit une résolution aussi héroïque qu'inattendue et trancha d'elle-même les difficultés de la situation.

Marie Mancini eut le courage de s'arracher à son beau rêve; elle cessa toute correspondance avec le roi et annonça qu'elle était décidée à ne le revoir jamais. « Action telle, écrit Mazarin, qui peut-être par ses intimidations avait contribué à la résolution de Marie, action telle qu'il eût été malaisé d'en attendre une semblable d'une personne de quarante ans qui eût été nourrie toute sa vie avec des philosophes. »

Ainsi se termina ce roman d'amour, épisode important de la vie de Louis XIV.... Avec « moins de *bons sens précoce*, de sagesse et de politique, » il eût épousé Marie Mancini; et alors que de malheurs épargnés à la France (1)!

Abandonné à ses propres forces, le jeune roi ne résista plus et, le 9 juin 1660, on célébra, à Saint-Jean-de-Luz, son mariage avec l'infante d'Espagne Marie-Thérèse. Après douze jours d'une marche triomphale à travers la France, le royal couple fit son entrée à Paris au milieu des acclamations d'un peuple qui dans cette union ne voyait que l'assurance d'une paix durable.

(1) Le mariage de Louis XIV avec l'Infante donnait à la couronne de France ces fameux droits à la succession d'Espagne dont la poursuite coûta tant d'or et tant de sang, un des faits les plus désastreux de ce règne si fécond en désastres.

Marie-Thérèse avait du premier jour déplu au roi, elle était petite, replète, fort rouge, presque naine, et la passion admirative qu'elle eut toute sa vie pour son mari ne fut jamais payée de retour.

Louis XIV n'eut même pas pour elle les égards qu'il devait à sa femme légitime, à la reine. Presque au lendemain des noces il déserta son salon pour aller chercher ailleurs de galantes distractions.

Lorsque plus tard la reine, entourée des maîtresses au milieu desquelles vivait le roi de France comme Bajazet dans son sérail, osa élever la voix et se plaindre de l'indignité de ces relations de chaque jour, le roi lui répondit aigrement :

— De quoi vous plaignez-vous, madame, n'ai-je pas toujours partagé votre lit ?

Après comme avant le mariage, la question restait la même . quelle serait la reine de fait? d'où soufflerait désormais la faveur ? On était fort indécis, et les courtisans les plus habiles s'abstenaient, ne sachant de quel côté encore tourner leurs adorations.

Le salon favori du roi était alors celui de la comtesse de Soissons, cette même Olympia Mancini, l'une des inclinations enfantines de Louis. Il était fort assidu chez elle, et les plus médisants assuraient que la comtesse, pour s'attacher le prince, n'avait pas reculé devant l'adultère.

Nulle influence ne pouvait être plus fâcheuse que celle de madame de Soissons, et cependant le roi semblait chaque jour s'attacher davantage à elle, lorsque l'arrivée d'Henriette d'Angleterre vint rendre inutiles toutes les séductions d'Olympia. Dès lors le charme fut rompu, le roi ne garda plus rien de son ancien faible pour la comtesse, et même il chargea de

Vardes, son favori, de l'en débarrasser en se déclarant son galant.

Henriette d'Angleterre, dont l'arrivée à la cour de France marque l'aurore d'une ère nouvelle, était fille de la charmante et trop galante Henriette de France, et de Charles Ier, ce prince infortuné qui expia si cruellement ses fautes sur l'échafaud.

Nulle vie ne fut plus terriblement agitée que la sienne. Elle était le gage de la dernière réconciliation de Charles Ier fugitif et de sa trop infidèle épouse. « Née d'une larme et d'un baiser d'adieu, » elle vint au monde au milieu des horreurs d'un siége, sous le canon de l'ennemi.

L'épouse de Charles Ier eut le bonheur d'échapper aux puritains, elle s'enfuit entraînant ses enfants, appuyée sur le bras de son amant, ce bel Anglais qu'elle épousa plus tard.

Les fugitifs purent gagner la France, ils y trouvèrent un asile, mais non du pain; ils avaient un appartement au Louvre, mais l'hiver ils manquaient de bois et restaient au lit faute de feu.

La petite Henriette avait cinq ans lorsque son père fut décapité en Angleterre. Nul alors ne se souciait d'elle. On la laissait aux mains des femmes de chambre. Elle avait sous les yeux de déplorables exemples, le ménage illégitime et sans cesse troublé par des querelles de sa mère et de son amant. Personne près d'elle pour éveiller en ce jeune cœur le sens moral.

Plus tard, elle fut mise au couvent mondain de Chaillot, dirigé par mademoiselle de La Fayette, cet asile aimable « dont le galant parloir était un foyer d'intrigues politiques. »

Rien n'annonçait encore ce qu'elle serait à dix-huit ans; elle était maigre et n'avait d'autre attrait qu'une grâce sauvage que l'on ne comprenait guère alors.

Louis XIV la voyait quelquefois, les jours où on l'amenait à la cour pour essayer de la distraire un peu, mais il n'avait pour elle aucun penchant.

— J'ai peu d'appétit, disait-il, pour les petits os des saints innocents.

Mot cruel, bien digne de ce prodigieux égoïste.

Henriette suivit en Angleterre son frère Charles II, le jour où un serment qu'il ne tint guère lui rendit le trône de ses aïeux, et elle commençait à faire le charme de la cour d'Angleterre, lorsque son mariage avec Monsieur, frère de Louis XIV, fut décidé.

Les passions qu'elle devait inspirer commencèrent sur le vaisseau même qui l'amenait en France; pour elle, Buckingham, ce fils séduisant de l'amant d'Anne d'Autriche, et l'amiral faillirent mettre l'épée à la main. On eut une tempête horrible, et la frêle et souffrante Henriette, cette ombre d'une ombre, cette fleur sortie du tombeau, faillit mourir.

Enfin, on la maria, et de ce jour datèrent ses plus cruels malheurs.

Monsieur était bien fait pour inspirer à une femme la répulsion et l'horreur instinctive qu'Henriette ressentit pour lui.

Élevé en jupons jusqu'à l'âge de dix-sept ans, Monsieur était une véritable fille dans toutes les acceptions de ce mot. Il passait toutes ses journées à se parer et à se farder, avec trois ou quatre favoris « qui partageaient ses goûts, ou faisaient semblant pour lui plaire. »

Dès le lendemain les querelles les plus immorales divisèrent ce ménage. Monsieur était jaloux de sa femme. Mais jaloux, entendons-nous, non parce qu'elle pouvait avoir des amants, mais parce qu'il craignait qu'elle ne lui enlevât le cœur de quelqu'un de ses favoris.

L'amour du roi pour Madame vint bientôt envenimer ces querelles et leur donner un éclat étrangement scandaleux.

Louis XIV s'éprit d'une passion violente pour l'épouse de son frère, pour cette femme charmante qu'il avait tant méprisée enfant, et il garda si peu de mesure que toute l'Europe en fut bientôt informée, et que tout bas, à la cour, on murmura ce mot terrible : Inceste.

Madame, il faut le dire, était digne de tous les amours, de toutes les adorations. Frêle et pâle, elle ressemblait à son père, le décapité ; sa langueur maladive avait des grâces indicibles ; un feu terrible, le feu de la fièvre éclatait dans ses grands yeux ; enfin elle avait en elle cet attrait irrésistible de ceux qui ne doivent pas vivre.

Mais son âme avait une grandeur instinctive, une naïve générosité que la dépravation des deux cours les plus licencieuses de l'Europe ne put lui faire perdre. Dévouée jusqu'à la plus absolue abnégation, elle se sacrifia toujours pour ceux qu'elle aimait, et l'idée d'être utile à son frère qui avait besoin du secours de la France contribua sans nul doute à lui faire supporter les terribles assiduités de Louis XIV.

Il n'y a qu'une voix sur madame Henriette, tous l'aiment, tous l'admirent, et les nobles amitiés qu'elle inspira la défendront toujours et l'absoudront en quelque sorte des graves accusations qui pèsent sur elle.

Elle aima et ne sut pas toujours se défendre, elle-même l'avoue dans ses courageux Mémoires, qu'il faut longtemps étudier pour les comprendre, parce qu'ils ne disent rien, et cependant laissent tout deviner.

La cour était à Fontainebleau, lorsqu'éclata l'amour de

Louis XIV pour sa belle-sœur. Le roi avait trouvé d'excellentes raisons pour laisser de côté ce que l'étiquette avait de plus gênant, et chaque jour, isolé par le respect, il pouvait se trouver seul avec madame Henriette.

C'étaient alors de longues promenades solitaires sous les ombrages les plus mystérieux de la forêt, promenades qui souvent duraient jusqu'au jour, et de longs tête à tête, que les fêtes de chaque jour ne pouvaient interrompre.

L'ascendant de Madame sur Louis XIV fut très-grand et très-réel, la passion que le roi ressentait pour elle, souvent contrariée, eut des intermittences, mais ne se démentit jamais, même aux jours de brouilles les plus graves, et par trois fois Henriette ressaisit une influence qu'elle eût pu toujours conserver, si elle l'eût voulu.

Il serait imprudent de soulever le voile transparent qu'on est convenu de jeter sur les relations de Madame et du roi de France, les chroniques n'ont que des insinuations et les Mémoires n'osent se prononcer.

Mais ce n'est pas au roi que doit revenir l'honneur de la demi-obscurité qui entoure ces amours. La pudeur, la honte et la morale étaient étrangères à Louis XIV. Et si fantaisie lui en eût pris, l'homme qui glorifia l'adultère eût également, et avec le même succès, glorifié l'inceste.

III

MADEMOISELLE DE LA VALLIÈRE

Si puissante que fût l'autorité de Louis XIV, elle ne pouvait arrêter les fâcheuses interprétations que l'on donnait aux assiduités du roi près de la femme de son frère. On trouvait cette préférence marquée un peu bien scandaleuse pour un fils aîné de l'Église, qui venait d'établir un conseil de conscience, *ad majorem Dei gloriam*.

La reine mère, admirablement renseignée sur les moindres faits et gestes du roi, voyait avec effroi grandir chaque jour l'influence de Madame, qui déjà la reléguait au second plan. « Elle avait volontiers passé à son fils des souillons, des filles de chambre, voire une négresse, » elle ne voulut pas lui passer Henriette.

Elle fit tant et si bien qu'elle rendit jaloux Monsieur qui n'y songeait guère; elle lui fit représenter par un de ses favoris qu'en cette circonstance, comme toujours, il était le plastron de son frère et Monsieur poussa les hauts cris. Anne d'Autriche fit chorus, et le roi ne sut plus auquel entendre.

Louis XIV n'était pas encore si absolu qu'il le devint, le scandale lui fit peur.

D'un côté il redoutait la colère de sa mère, pour laquelle il avait toujours eu la plus grande déférence, de l'autre l'explosion de la douleur de la reine, sa femme, qu'une indiscrétion pouvait instruire de tout. Marie-Thérèse était alors enceinte, et un chagrin violent pouvait assurément « lui faire manquer son dauphin. » Enfin, et par-dessus tout, il craignit qu'une intimité si publique, avec une femme d'un esprit supérieur, et Madame avait cette réputation, ne le fît soupçonner de faiblesse et ne donnât à penser qu'il pouvait, lui, le roi, recevoir des inspirations et se laisser conduire.

Madame Henriette, pour sa part, était épouvantée de tout ce bruit, de tout ce déchaînement de calomnies — ou de médisances. Elle eût rompu brusquement, sans cette conviction, qui influa si tristement sur toute sa vie, que son ascendant sur Louis XIV pouvait être à son frère Charles II de la plus grande utilité.

Toutes ces considérations décidèrent Louis et Henriette, non à rompre, ce qui paraissait impossible au roi, mais à se contraindre et à dissimuler.

Il fut convenu entre eux que le roi feindrait une grande passion pour une des filles de Madame, et que Madame semblerait fort irritée d'avoir été si longtemps dupe de prévenances qui, en réalité, s'adressaient à une autre.

Henriette se chargea de trouver elle-même l'écran derrière lequel s'abriteraient ses relations, et après mûre réflexion, elle choisit celle de ses demoiselles d'honneur qui lui sembla la moins jolie et la plus insignifiante, et la désigna à l'attention du roi.

Cette jeune fille dont le maintien modeste, la timidité et le caractère effacé rassuraient si complétement Madame qu'elle consentit à lui prêter le rôle de rivale, était mademoiselle de La Vallière.

Françoise - Louise de La Baume Le Blanc de La Vallière appartenait à une famille d'une mince noblesse. Elle était née en Touraine, dans les premiers jours du mois d'août 1644. Fort jeune encore, elle perdit son père; et sa mère, qui se remaria trois fois, avait épousé en dernier lieu Jacques de Courtavel, marquis de Saint-Rémy, premier maître d'hôtel de Monsieur.

La jeunesse de Louise s'écoula paisible au château de Blois, à la cour bourgeoise et un peu triste de Gaston d'Orléans, ce traître de toutes les conspirations du règne de Louis XIII. C'est là que, pour la première fois, mademoiselle de La Vallière aperçut le roi, à un voyage de la cour. Son amour pour Louis XIV date peut-être de cette époque.

Pauvre, vertueuse, « elle n'avait pas grandes chances de trouver un bon établissement (1) » et s'estima fort heureuse

(1) Selon l'auteur des *Mémoires de madame de Maintenon*, « La
« Vallière, pendant son séjour à la cour de Gaston, avait agréé la
« main d'un gentilhomme de Normandie, auquel elle avait inspiré
« une passion sérieuse. Plus tard, à son retour de l'armée, cet of-
« ficier, ignorant tout ce qui s'était passé en son absence, se rend
« chez Madame, demande en vain La Vallière, court à l'hôtel qu'elle
« occupait, ne comprend rien à ce qu'il voit, ne peut parvenir jus-
« qu'à elle, sort la rage dans le cœur. Un ami lui apprend la vé-
« rité sans ménagement. — Tout est perdu pour moi, s'écrie cet

d'être admise au nombre des filles d'honneur de Madame dont on formait alors la maison. Elle avait été présentée et recommandée par madame de Choisy.

Son arrivée à la cour n'avait pas fait sensation. « Son peu de fortune lui interdisait les toilettes qui attirent l'attention, » et sa beauté était de celles qui restent inaperçues jusqu'au moment où quelque circonstance fortuite vient les mettre dans le jour qui leur est favorable.

Les nombreux portraits qui nous restent de mademoiselle de La Vallière sont loin de nous donner une juste idée du genre de beauté, ou plutôt de charme qui lui était propre.

Il faut, pour bien se la représenter, se livrer à un travail qui a une certaine analogie avec les jeux de patience que l'on met aux mains des enfants. Il faut, en s'aidant des trois ou quatre bons portraits que nous avons d'elle, rassembler les mille traits épars çà et là dans les chroniques, les comparer, les essayer, les ajuster enfin, jusqu'à ce que l'on obtienne un ensemble satisfaisant.

Une grâce pudique et ingénue, une modestie naïve, un grand air de vertu instinctive, étaient le suprême attrait de mademoiselle de La Vallière, et tempéraient à propos ce que sa nonchalance maladive pouvait avoir de passionné.

En elle, point de trait saisissant et vif, mais un ensemble ravissant. Rien de tranché, des nuances.

Les reflets argentés de ses beaux cheveux blonds, la transparence nacrée de son teint éblouissant de blancheur, la suave expression de son regard, d'un bleu céleste, étaient les parties essentielles de sa beauté. Sa voix était douce et péné-

---

« amant malheureux ; et il se perce de son épée. Celle qu'il avait
« tant aimée le pleura. »

trante, pleine de caresses, elle vibrait encore dans l'âme, longtemps après qu'on l'avait entendue.

Enfin « sa boiterie » même donnait à sa démarche une certaine grâce pudiquement effarouchée qui était un attrait de plus.

« Elle était aimable, écrit madame de Motteville, et sa beauté avait de grands agréments par l'éclat de la blancheur et l'incarnat de son teint, par le bleu de ses yeux qui avaient beaucoup de douceur et par la beauté de ses cheveux argentés qui augmentait celle de son visage. »

L'abbé de Choisy, qui avait passé son enfance avec mademoiselle de La Vallière, esquisse d'un trait de plume cette douce et sympathique figure :

« Ce n'était pas, dit-il, une de ces beautés toutes parfaites qu'on admire souvent sans les aimer; elle était fort aimable; et ce vers de La Fontaine,

« Et la grâce, plus belle encor que la beauté,

semble avoir été fait pour elle. Elle avait le teint beau, les cheveux blonds, le sourire agréable, les yeux bleus, le regard si tendre et en même temps si modeste, qu'elle gagnait le cœur et l'esprit au même moment (1). »

---

(1) Un manuscrit français de la Bibliothèque de Saint-Pétersbourg, dont il a été publié en France quelques fragments, trace un portrait infiniment moins flatteur de mademoiselle de La Vallière : « Cette fille est d'une taille médiocre et fort mince, elle marche d'un méchant air à cause qu'elle boite. Elle est blonde, blanche, marquée de la petite vérole; les yeux bruns, les regards languissants et passionnés, et quelquefois aussi pleins de feu, de joie et d'esprit. La bouche grande, assez vermeille, les dents pas belles,

Mais il est un point sur lequel s'accordent tous les Mémoires, c'est lorsqu'il est question du cœur et des grandes qualités de mademoiselle de La Vallière. Aimable, bonne, généreuse, serviable, elle était dévouée « jusqu'à la mort » à ses amis. Sa modestie d'ailleurs était si grande, qu'elle ne songeait qu'à s'effacer et « que jamais elle ne blessa aucune vanité. »

Quel plus bel éloge peut-on faire d'une femme qui pendant sept ans fut toute-puissante sur le cœur de Louis XIV ! Elle eut des envieux cependant, maintes fois on chercha à la renverser, mais aucun de ceux qui cherchaient à lui nuire « n'eût pu trouver un prétexte raisonnable d'être son ennemi. »

Douée d'un jugement sain, d'un esprit solide, plus instruite que ne l'étaient en général les femmes de la cour de Louis XIV, elle n'avait pas cette verve médisante et moqueuse fort à la mode alors, aussi l'accusait-on de manquer d'esprit. « Peu d'esprit, pas d'esprit du tout, » dit en parlant d'elle l'abbé de Choisy ; mais l'abbé veut sans doute ici parler de l'esprit d'intrigue. C'est à peu près dans ce sens que madame de La Fayette disait : « C'est une petite sotte qui n'a pas su profiter à la cour de sa position. »

La conversation de mademoiselle de La Vallière était fine et attachante. « Son esprit est brillant, beaucoup de vivacité et de feu, » telle est l'opinion de Bussy. Le manuscrit de la bibliothèque de Saint-Pétersbourg, « dont j'ai parlé, ajoute : « Elle est gaie et causeuse, elle pense et dit les choses fort plaisamment, et ses reparties sont toujours très-vives, sans jamais être blessantes. »

point de gorge, les bras plats qui font mal juger du reste du corps. »

Enfin madame de Sévigné, qui avait le droit de parler d'esprit et qui s'y connaissait, aimait fort celui de mademoiselle de La Vallière ; dans plusieurs de ses lettres elle cite de ses *mots*, et ce n'est jamais sans ajouter : « Mettez dans cela toute la grâce, tout l'esprit et toute la modestie que vous pourrez imaginer. »

Telle était à dix-sept ans mademoiselle de La Vallière, lorsque Madame eut l'idée de se servir d'elle pour détourner l'attention de la cour et l'orage dont la menaçait la colère d'Anne d'Autriche.

Fidèle aux conventions, Louis XIV, le soir même, s'arrêta devant mademoiselle de La Vallière, qui se trouvait dans un des salons d'attente de Madame ; « il commença par lui dire des choses fort obligeantes, et l'entretien continua à demi-voix. » Les compagnes de La Vallière, mesdemoiselles Montalais et Tonnay-Charente, qui se trouvaient là, s'étant retirées par respect, le roi laissa retomber la lourde tapisserie qui masquait la porte, et ainsi « il resta seul au moins un gros quart d'heure » avec la jeune fille.

Lorsque La Vallière revint au salon, toute confuse de l'honneur inespéré qu'avait daigné lui faire le roi, tous les yeux s'arrêtèrent sur elle comme si son front qui rougissait sous les regards curieux eût pu révéler quelque chose de la conversation royale.

Plusieurs fois dans les jours qui suivirent, on remarqua des scènes analogues. Le roi recherchait La Vallière avec un empressement marqué. Au bal, dans les salons de Madame ou même de la reine, à la promenade, il semblait prendre un grand plaisir à s'entretenir avec elle, et un soir, à la suite d'une chasse, il fit pendant plus d'une lieue galoper son cheval à la portière du carrosse où elle se trouvait.

De toutes ces petites circonstances observées et réunies, on fit un gros événement, et il parut clair que le roi avait du goût pour Louise de La Vallière.

Une indiscrétion des compagnes de la jeune fille d'honneur vint confirmer ce bruit. Un soir, à la suite d'une fête, les demoiselles de Madame s'étaient amusées à passer en revue les plus beaux cavaliers de la cour. C'était l'heure des confidences, chacune avoua sa préférence secrète. Le tour de La Vallière arriva. Elle se taisait; ses compagnes la pressèrent. Elle leur dit alors que la seule présence du roi dans une fête l'empêchait de s'apercevoir même de la présence des autres hommes. Les moqueuses accablèrent Louise de leurs railleries. — Ainsi, mademoiselle la dédaigneuse, il faut au moins être roi pour vous plaire. — Hélas! soupira l'innocente, qui seule peut-être disait la vérité, hélas! la couronne n'ajoute rien à l'éclat de sa personne, mais elle diminue le danger et le rend moins redoutable : qui donc oserait lever les yeux jusqu'au roi?

N'était-ce pas un aveu? Ainsi du moins le prirent les jeunes filles, qui s'en allèrent partout disant que La Vallière se mourait d'amour pour le roi. Tout le monde ne le crut pas, mais tout le monde le répéta

Si bien qu'un soir, chez Madame, le bouffon Roquelaure, — il n'était pas plaisant tous les jours! — prit La Vallière par le bras, et de force, brutalement presque, la traîna jusque devant le roi.

— « Je vous dénonce, Sire, criait-il, cette illustre aux yeux mourants; elle ne sait aimer rien moins qu'un grand monarque. »

Rougissante, éperdue, affolée de voir ainsi révélé et impitoyablement raillé le secret de son cœur, abîmée dans sa honte, La Vallière faillit s'évanouir; on fut obligé de la soutenir.

« Le roi cependant la salua le plus civilement du monde et lui adressa quelques paroles pleines de bonté. »

Jusque-là Louis XIV ne s'écartait pas du plan convenu.

Fidèle à son rôle, Madame se répandit en reproches contre La Vallière, « cette petite hypocrite mielleuse, » et se plaignit amèrement de la conduite du roi, qui, pour dissimuler une amourette avec une fille d'honneur, ne craignait pas de compromettre la femme de son frère.

« Comme il avait honte de venir voir cette fille chez moi sans me voir, fait-on dire à Madame dans un pamphlet publié en Hollande (1), que fit le roi ? Il trouva moyen de faire dire à toute sa cour qu'il était amoureux de moi, et dès qu'il voyait quelqu'un, il s'attachait à mon oreille pour me dire des bagatelles; il me mettait souvent sur le chapitre de sa belle en m'obligeant à lui dire les moindres choses ; comme j'étais aise de le divertir, je l'entretenais tant qu'il voulait.»

Lorsqu'elle se plaignait ainsi de l'humiliante rivalité de La Vallière, Madame était bien loin de se croire si près de la vérité.

Après quelques caprices passagers, le cœur de Louis XIV était sur le point de se fixer, au moins pour un certain temps.

Il s'était vite dégoûté de mademoiselle de Lamothe-Hou-

(1) Parmi cette masse de pamphlets, plus ou moins injurieux, publiés à l'étranger, il en est qui certainement ont été écrits sous l'inspiration de Louis XIV ou de ses ministres. De ce nombre sont deux ou trois libelles contre Madame, fort injurieux quant à la forme, mais qui au fond la disculpent de cette grave accusation d'avoir trop aimé son beau-frère. Déjà avant « le grand roi, » on avait utilisé les pamphlétaires à l'étranger.

dancourt, que n'avait pu défendre contre ses entreprises la duchesse de Navailles, cette duègne infortunée des filles d'honneur, qui passait cependant ses nuits et ses jours l'œil au guet, l'oreille tendue, essayant en vain de préserver de la dent du loup les trop tendres brebis confiées à sa garde.

Délaissée, mademoiselle d'Houdancourt épousa de rage le plus laid, le plus bossu des ducs et pairs, M. de Ventadour. — « Tant mieux si elle aime celui-là, s'écria l'abbé de la Victoire, elle en aimera bien un autre. » Elle en aima beaucoup d'autres.

Le règne de la princesse de Monaco ne dura qu'une nuit, le temps à peine de faire éclater la jalousie de Lauzun, son amant. Lauzun, qui prétendait lutter avec le maître, s'avisa de fermer à double tour la porte dérobée par où chaque soir la princesse se glissait chez le roi. Le moment venu, plus de clef, impossible d'ouvrir, il y eut une scène d'un haut comique à travers le trou d'une serrure.

Au moment où nous sommes arrivés, le cœur du roi flottait fort indécis entre trois femmes également remarquables : mademoiselle de Pons que la comtesse de Soissons venait de lui jeter à la tête, Madame, et enfin mademoiselle de La Vallière.

L'humble fille d'honneur l'emporta. Roquelaure avait cru faire une méchanceté atroce, il atteignit le roi dans la seule chose qu'il eût de véritablement sensible, son amour-propre.

La vanité de Louis fut délicieusement flattée de ce culte profond et mystérieux dont il était l'objet, il eut un regard de bonté pour celle qui se consumait d'amour n'osant lever les yeux jusqu'à lui. Trois ou quatre entretiens achevèrent le charme. Louis XIV n'aimait pas l'esprit, et la conversation douce et tendre de La Vallière le réduisit et l'attacha. Bien que les grandes passions ne soient guère contagieuses, les ardeurs contenues de cette âme brûlante «fondirent pour un moment :es glaces royales. »

Une correspondance secrète s'établit entre les deux amants. Ils échangèrent des vers assez pitoyables et une prose ponctuée de tendres larmes. Dangeau et Benserade tenaient la plume pour le couple illustre. Dangeau, choisi par Louis XIV pour exprimer ses sentiments, fut aussi choisi par La Vallière pour être son interprète. L'illustre courtisan fut ainsi le premier dans le secret. Il écrivait les lettres et les réponses, réservant l'esprit pour le roi, donnant habilement la réplique dans les lettres de La Vallière. Ce fut la source de sa faveur, et la source ne tarit jamais. Il avait le département de la prose, Benserade celui des vers.

Plus tard, en un jour d'épanchement, La Vallière osa avouer au roi que ces lettres si tendres avaient été écrites par un secrétaire. — « Et par qui donc? demanda Louis XIV. — Par Dangeau et Benserade, Sire.» Le roi se mit à rire aux éclats; puis, redevenu sérieux : — « Voilà, dit-il, de bons serviteurs, discrets et fidèles; s'ils faisaient vos lettres, ils faisaient aussi les miennes, et jamais n'en n'ont soufflé mot. »

Telle avait été la discrétion des confidents de Louis XIV, — discrétion qu'explique un intérêt bien entendu, — que rien ne transpira de ses premières relations. Les gens clairvoyants cependant, ceux qui connaissaient à fond la carte de la cour, se doutaient de quelque chose. Interrogeant chaque jour l'horizon de la faveur, ils invoquaient l'étoile de mademoiselle de La Vallière qui se levait.

Mais on n'avait que des doutes, les certitudes ne vinrent qu'après la fête de Vaux.

A cette époque il y avait deux puissances en France.

Louis XIV et Fouquet, le surintendant des finances. Fouquet était plus riche que le roi, il puisait sans compter aux coffres de l'État et ne rendait compte qu'autant qu'il le voulait bien. Non content de voler, il laissait voler les autres. Le plus effroyable désordre régnait dans les finances. Fouquet lui-même ne savait plus où en étaient les comptes.

Le nom de Fouquet est resté le synonyme de générosité et de munificence; au moins faisait-il un royal usage des millions qui restaient dans le double fond de sa caisse. Autour de lui se groupait un peuple d'amis et de flatteurs. Il avait plus de la moitié de la cour à sa solde, c'était un formidable parti qu'il entretenait, si on lui eût donné du dévoûment pour son argent.

A côté des courtisans se pressait à la table du surintendant toute une académie d'artistes et de gens de lettres, il les aidait à vivre ou même les enrichissait les uns et les autres (1). Pour un sonnet il donnait une pension ; pour moins, souvent. Scarron était inscrit pour douze cents livres parce qu'il avait eu une très-belle femme, celle-là même qui devint madame de Maintenon.

Le surintendant si riche adorait les femmes et il était payé d'un tendre retour :

« Jamais surintendant ne trouva de cruelles, »

dit Boileau. Ce vers désignait Fouquet. Il avait chez lui un cabinet tapissé des portraits de celles qui l'avaient aimé ; le cabinet était immense. Le coffret qui renfermait sa corres-

(1) *Histoire de la vie et des ouvrages de La Fonta ne.*

pondance galante avait des proportions analogues, il y avait là pour des millions de tendresses et d'amour (1) !

A la tête de la police amoureuse et politique de Fouquet était madame Duplessis-Bellièvre, une amie dévouée et un agent courageux (2). Elle achetait pour lui des secrets et des femmes, elle n'avait pas une minute de repos. Pélisson, qui devint plus tard le panégyriste patenté de Louis XIV, était comme son intendant. L'ancien parti de la Fronde tenait ses grandes assises dans son salon, la cour nouvelle y accourait en masse, il y avait fusion.

Ce salon inquiétait Louis XIV, qui jalousait les belles fêtes et les millions du surintendant.

Ces millions arrachés à la France, il les considérait comme siens. Aux fêtes de Fouquet se pressait toute la noblesse, ces jours-là, la cour était presque déserte. C'était aussi trop d'insolence.

Deux ou trois fois la fortune de Fouquet avait chancelé, mais elle s'était toujours relevée. Ce financier, artiste et grand seigneur, manquait cependant d'adresse. Il ne crut au danger que le jour où il fut au fond du précipice, un cul de basse fosse. Croyant prendre ses précautions, il avait acheté des gouverneurs de places de guerre et fortifié Belle-Isle. Il donnait simplement des armes contre lui.

Depuis longtemps Louis XIV voulait se défaire du surintendant. Il y était surtout poussé par Colbert, qui désirait voir clair dans ce gâchis des finances, et qui pensait assez justement que l'or des impôts est trop précieux pour le laisser gaspiller.

---

(1) Conrart, *Mém.*, t. XLVIII.
(2) Fouquet, *Défenses*, t. II.

On avait donc résolu de se débarrasser honnêtement de Fouquet. Il en fut averti, et n'en voulut rien croire. Il avoua à demi ses rapines au roi, et comme le roi lui sourit, il pensa que tout était fini et qu'il pouvait dormir tranquille. Il n'en fut que plus vain et plus présomptueux.

D'accord sur la nécessité d'éloigner Fouquet, Louis XIV et Colbert n'étaient plus divisés que sur les moyens à prendre, Colbert poussant à la rigueur, lorsque le malheureux surintendant commit les deux plus lourdes fautes de sa vie, deux fautes à faire pendre dix innocents, et il était vingt fois coupable : il donna la fête de Vaux, et voulut acheter les faveurs de mademoiselle de La Vallière.

Louis XIV ne songeait point encore à l'humble fille d'honneur lorsque Fouquet en eut la fantaisie. Il lui envoya sa courtière habituelle, qui lui proposa deux cent mille livres. C'était beaucoup; Fouquet avait pu à moins se donner des duchesses. La Vallière refusa (1). Surpris de cette résistance si extraordinaire, le surintendant mit en campagne des gens au flair subtil qui découvrirent l'amour de La Vallière d'abord, l'amour du roi ensuite.

Possesseur d'un secret ignoré de la cour, Fouquet ne songea qu'à en tirer parti pour ses affaires, et non à se poser en rival du maître. Ne comprenant pas que La Vallière était l'*amante* de Louis et non la *maîtresse* du roi, il fit marchander son influence tout comme il avait fait marchander sa vertu.

Ces propositions, bien qu'adroitement faites, accablèrent la jeune fille. « En faisant à son amant le sacrifice de sa vertu,

(1) La Fayette, *Mém.*, t. LXIV.
(2) M. le baron Walckenaer, *Mém. touchant la vie et les ecrits de madame de Sévigné.*

elle avait obtenu de lui la promesse que sa réputation serait respectée, et que le voile le plus épais couvrirait leurs amours. » Elle se crut trahie, et raconta tout au roi.

Louis XIV entra dans une épouvantable colère et jura de tirer une vengeance exemplaire de l'insolence du ministre.

C'est ce moment que Fouquet, toujours plein de sécurité, malgré plusieurs avertissements venus de divers côtés, choisit pour donner, à son château de Vaux, cette fête magnifique dont le souvenir est resté comme un monument de la fastueuse prodigalité du surintendant.

Le château de Vaux, prodigieuse *folie* de Fouquet, avait absorbé des millions. Là, il avait convié les hommes de génie ses amis, et, leur ouvrant ses coffres : « — Puisez à mains pleines, leur avait-il dit, et matérialisez vos rêves. » Il avait été obéi, et le merveilleux palais, avec ses jardins, son parc immense, ses étangs, ses bassins, ses rivières, ses forêts, ses charmilles et son peuple de statues, était sorti de terre, comme une des demeures enchantées des contes arabes.

Et c'est là que l'imprudent Fouquet voulut fêter **Louis XIV**. Insensé qui ne comprenait pas que chaque pierre de son palais, chaque détail de sa fête était une terrible accusation contre lui.

— Vous êtes mieux logé que le roi, dit Louis XIV.

Ce seul mot était gros de menaces. Fouquet avait humilié le roi ; mieux eût valu le frapper d'un coup de poignard. Tous le comprirent, lui non.

— Un bon cheval et de l'or plein vos poches, lui dirent ses amis, voilà ce qu'il vous faut.

Il s'obstina à rester, il voulait faire les honneurs de sa merveille. Et à chaque pas Louis XIV se heurtait à quelque nouveau sujet d'indignation. Partout, jusqu'au-dessus des frises de son lit à balustre, au-dessus du royal soleil, grimpait la téméraire devise du surintendant : *quò non ascendam*. Puis au-dessous de l'écureuil, armes parlantes, une couleuvre, *coluber*, dans laquelle se reconnaissait Colbert.

Puis on disait qu'en visitant les appartements, Louis XIV avait aperçu un portrait de femme blonde et que ce portrait était celui de mademoiselle de La Vallière.

C'est à ce moment, pendant ces « fêtes de soixante heures » que couronnaient *les Fâcheux* de Molière, tandis que l'orage s'amassait terrible dans le cœur du roi, que Fouquet osa, frappé d'aveuglement, faire demander à La Vallière quelques instants d'entretien, sans autre but que de s'assurer sa protection.

En apprenant cette inconcevable audace de Fouquet la colère de Louis XIV éclata. Il voulait sur-le-champ « faire prendre Fouquet (1) ; » sa mère, Colbert, deux ou trois confidents eurent toutes les peines du monde à le calmer et à le détourner de ce dessein peu chevaleresque de faire arrêter son hôte. Il se décida à attendre, jurant que la punition n'en serait que plus terrible.

Les murs ont des oreilles partout où habitent les rois : on sut quelque chose de la colère du roi. On flairait un mystère, chacun était dans l'attente de quelque événement imprévu. On suivait d'un œil distrait les enchantements qui se succédaient, l'intérêt n'était plus là ; il était tout au drame que l'on sentait vaguement dans l'air.

Quel sera le dénoûment ? se demandait-on. Il fut tel que si rien ne s'était passé. Louis XIV s'était décidé à dissimuler, et nul, mieux que cet élève de Mazarin, ne sut commander à

(1) L'abbé de Choisy (p. 586) prétend que Louis XIV était venu à Vaux avec cette intention.

son visage. Le roi quitta le château de Vaux en promettant à son ministre la continuation de ses bonnes grâces.

Moins d'un mois après, le 5 septembre, le surintendant, arrêté à Nantes où on l'avait attiré, était conduit au château d'Angers avec le plus grand mystère.

Louis XIV fut mal conseillé en cette circonstance. Fouquet était coupable, il pouvait le faire empoigner par quatre estaffiers et le faire conduire à la Bastille; il préféra ruser, mentir, « conspirer presque contre son sujet. » Le coupable eut le beau rôle; le roi compromit sa dignité. « Fouquet voleur, au contraire, se conduisit comme un chevalier (1). »

Fouquet tombé, les courtisans qui tant de fois étaient venus frapper à sa caisse s'éloignèrent de lui; les femmes et les artistes lui restèrent seuls fidèles. Mademoiselle de Scudéry alla le voir dans sa prison, madame de Sévigné, qui l'avait gardé pour ami après l'avoir refusé pour amant, mit en mouvement pour lui toutes ses influences. Les gens de lettres s'illustrèrent; pour lui, ils risquèrent leur influence, leur fortune et leur liberté. La Fontaine, le naïf fablier, fut héroïque de courage et de dévoûment.

Mais Fouquet ne put être sauvé. On avait trouvé chez lui de quoi faire pendre tout un conseil de ministres. Il se défendit bien cependant. L'accusation de détournement était la moins grave; lorsqu'on lui parlait de ses vols, il répondait seulement : Mazarin volait aussi.

Il fut condamné à un bannissement perpétuel (2). « Louis XIV lors, dit M. Henri Martin, fit une chose étrange, inouïe, que

(1) M. Michelet, *Louis XIV*.
(2) 20 décembre 1664, à la majorité de 13 voix contre 9; Journal ms. de d'Ormesson.

l'on a considérée comme un des grands scandales de l'histoire. Prenant le contre-pied du droit attribué à la clémence royale, d'adoucir les peines des condamnés, il aggrava la sentence de Fouquet, et, au lieu de l'envoyer en exil, il le fit conduire prisonnier à Pignerol, avec l'intention de ne jamais lui rendre la liberté. »

Encore cet horrible abus de justice ne satisfit pas complétement le ressentiment de Louis XIV, il avait espéré un arrêt de mort.

Le roi était chez mademoiselle de La Vallière lorsqu'on vint lui annoncer que la vie de Fouquet était sauvée; il fit un geste de colère, et jetant sur sa maîtresse un regard terrible :

— « S'il eût été condamné à mort, dit-il, je l'aurais laissé mourir. »

Cette fête de Vaux, si désastreuse pour Fouquet, n'avait pas été moins fatale à mademoiselle de La Vallière. A bout de luttes, de vertu et de courage, elle cessa de résister; vaincue bien plus encore par sa passion si longtemps contenue que par l'amour pressant de Louis XIV, elle se donna tout entière ou plutôt elle s'abandonna.

« Le vrai fond de la fête de Vaux, dit M. Michelet, fut réellement une chasse : la chasse de Fouquet par ses ennemis pour le faire tomber au filet; la chasse de La Vallière pour la livrer au roi. Les complaisants y travaillaient. » Ils réussirent; à dire vrai il fallut une surprise. Au milieu du trouble et de l'enivrement de la fête, lorsque tant de magnificences tournaient toutes les têtes, Vardes, Saint-Aignan et d'autres encore l'attirèrent sous un prétexte frivole et la poussèrent dans un cabinet où l'attendait le roi. Elle était prise au piége.

De ce moment commença entre Louis XIV et La Vallière une lutte qui dura autant que la faveur de la pauvre fille. Pudique, craintive, honteuse du mal jusqu'à en mourir, Louise demandait en grâce à son amant la solitude et le mystère; le roi, au contraire, voulait du bruit autour d'elle, il trouvait indigne de lui de se cacher. « Il prétendait éblouir la cour de sa maîtresse. »

C'était à chaque instant des larmes et des prières nouvelles, car sans cesse le roi, par quelque nouvelle fantaisie, paraissait vouloir ajouter à l'éclat de ses amours. Presque toujours, dans les commencements surtout, La Vallière remportait la victoire et réussissait à calmer la vanité jalouse et si susceptible du roi.

Cependant les relations du roi et de La Vallière avaient trop de confidents pour que tous les intéressés n'eussent pas été prévenus. La reine-mère, Madame, la comtesse de Soissons s'indignaient de la faveur de cette petite sotte. Madame surtout, convaincue qu'elle avait été jouée, « était dans la dernière colère, et on ne peut exprimer ses dépits et ses emportements, et combien elle se trouvait indignement traitée. Elle était belle, elle était glorieuse et la plus fière de la cour. Quoi! disait-elle, préférer une petite bourgeoise de Tours à une fille de roi faite comme je suis! »

Ainsi l'on fait parler Madame dans un pamphlet; dans un autre elle note tous les détails qui démontrent la passion de Louis pour La Vallière.

« Le roi, lui fait-on dire, vint un soir avec la reine-mère qui nous montra un bracelet de camées d'une beauté admirable, au milieu desquels une miniature représentant Lucrèce. Toutes tant que nous étions de dames, nous eussions tout donné pour avoir ce bijou : à quoi bon le dissimuler, j'avoue que je le crus à moi, car je ne négligeai rien pour montrer au roi qu'il me ferait un présent bien agréable ! Le roi le prit des mains de la reine sa mère et le montra à toutes mes filles ; il s'adressa à La Vallière pour lui dire que nous en mourions toutes d'envie ; elle lui répondit d'un ton languissant et précieux ; alors le roi vint prier sa mère de le lui troquer ; elle le lui donna avec bien de la joie.

« Aussitôt le roi parti, je ne pus m'empêcher de dire à toutes mes filles que je serais bien étonnée si je n'avais pas ce bijou le lendemain à mon bras. La Vallière rougit et ne répondit rien ; un moment après elle partit, et Tonnay-Charente la suivit doucement. Elle vit La Vallière regardant le bracelet, le baiser, puis le mettre dans sa poche. La Vallière, en se retournant, aperçut Tonnay-Charente. Surprise, elle rougit excessivement et lui dit :

— « Mademoiselle, vous avez maintenant le secret du roi, c'est une chose fort délicate, pensez-y plus d'une fois. »

La pauvre La Vallière se faisait cruellement illusion ; ce qu'elle appelait encore « le secret du roi » n'était plus qu'un secret de comédie. Moins naïve, elle s'en fût aperçue aux hommages dont l'entouraient les hauts seigneurs de l'intimité du roi qui adoraient en elle le caprice du maître. Elle s'en fût aperçue encore aux insinuations perfides de ses compagnes, beautés jalouses qui ne lui pardonnaient pas une faveur dont elles se croyaient infiniment plus dignes.

La malignité avait depuis longtemps fait l'inventaire exact des modestes parures de la pauvre fille, on savait à une épingle près ce qu'elle possédait d'armes dans l'arsenal de sa coquetterie féminine, et pour peu qu'un bijou nouveau vînt relever la simplicité de sa toilette, la chronique scandaleuse en tirait les plus méchantes inductions.

C'était un des bonheurs du roi de parer son idole, il eût voulu la couvrir de perles et de diamants. Sa grossière vanité souffrait cruellement de voir les simples toilettes de Louise écrasées par les tapageuses parures des moindres dames de la cour. Selon lui, la femme aimée du roi devait être par la richesse de sa mise bien au-dessus de toutes les autres femmes. Tous les dons de son amant, précieux pour elle seulement parce qu'ils étaient un gage d'amour, La Vallière les serrait avec soin dans ses coffres, et lorsque le roi lui reprochait de n'en pas faire usage : — « Voulez-vous donc, Sire, disait-elle, me forcer d'étaler à tous les yeux les marques de ma honte ! »

Étranger à toute délicatesse de sentiment, Louis XIV ne comprenait rien aux scrupules de son amie. Il ne voyait pas que l'on pût rougir d'être la maîtresse du roi. Lorsque Louise disait honte, il pensait qu'elle eût dû dire honneur. Beaucoup de gens à la cour étaient de cet avis, et l'on se moquait fort des craintes pudiques de La Vallière, que l'on ne pouvait s'empêcher de taxer de simplicité.

Parfois cependant, « cédant aux sollicitations pressantes de son amant, craignant par ses refus de froisser un amour qui était sa seule consolation, La Vallière consentait à se parer de quelqu'un de ses présents. Elle choisissait alors, parmi les plus modestes et les plus simples, ceux qui lui semblaient devoir le moins attirer l'attention : des pendants d'oreille, une montre d'or, un collier de perles à un seul rang, encore elle rougissait et courbait le front sous « ces bijoux indiscrets » qu'elle devait plus tard appeler « livrée de son infamie. »

Mais le roi avait bien d'autres moyens de l'afficher et de la compromettre. A Fontainebleau, par exemple, toute la cour est surprise par un orage à une lieue du château, le roi ne songe qu'à La Vallière; il court à elle, et se découvrant, il essaye avec son chapeau de la garantir de l'eau qui tombe à grosses gouttes. Quelques jours plus tard, à une revue donnée pour les gentilshommes de l'ambassade d'Angleterre, Louis XIV oublie et les ambassadeurs et les reines, et s'avançant au galop vers le carrosse de La Vallière, il reste à la portière, « la tête découverte, pendant une heure et demie, bien qu'il fît une petite pluie pénétrante que tout le monde trouvait fort incommode. »

Marie-Thérèse elle-même, cette épouse si passivement dévouée, si naïvement idolâtre de Louis XIV, avait, dès cette époque, de cruels soupçons. « Un soir, dit madame de Motteville, j'avais l'honneur d'être auprès de la reine à la ruelle de son lit : elle me fit signe de l'œil, et m'ayant montré mademoiselle de La Vallière, qui passait par sa chambre pour aller souper chez la comtesse de Soissons, elle me dit en espagnol : *Esta donzella, con las aracadas de diamante, es esta que el rei quiere.* — C'est cette fille aux pendants d'oreille de diamants que le roi aime? »

« Cette semaine, dit Bussy (1), le roi et mademoiselle de La Vallière allèrent seuls à Versailles, où ils se régalèrent six ou huit jours, à tout ce qu'ils voulurent. Là, revenant à Paris, La Vallière tomba de cheval; elle ne se serait pas fait grand mal, si elle n'avait été la maîtresse du roi : il fallut la saigner promptement; elle voulut que ce fût au pied. Deux fois le chirurgien manqua l'opération; l'amant devint plus pâle que son linge et voulut la saigner lui-même. Elle fut obligée de garder le lit un mois, et à cause de tout cela le

---

(1) Bussy-Rabutin, *Discours sur les amours de mademoiselle de La Vallière.*

roi différa de deux jours son voyage à Fontainebleau. Au retour, la joie fut grande, celle de la reine ne fut pas de même; elle avait assez déjà de chagrin, sans celui d'avoir à entendre, presque toutes les nuits, le roi qui rêvait tout haut de sa petite cateau. C'est ainsi que la reine nommait La Vallière, parce qu'elle ne savait pas assez bien la valeur précise des mots français. »

Ce dernier trait est joli, et bien dans le ton de raillerie qu'affectionne Bussy. Mais les entrevues des deux amants n'étaient point encore aussi faciles qu'il l'indique. Deux partis rivaux surveillaient furieusement mademoiselle de La Vallière, celui de Madame et celui des dévots. Madame tenait Louise dans sa main; elle était de sa maison, attachée à son service; elle l'enchaînait à ses pas et ne la perdait pas un instant de vue. D'un autre côté, Anne d'Autriche avait ses espions; enfin, on avait réussi à piquer au jeu madame de Navailles, qui n'avait pas assez de clefs ni de verrous pour griller celle de ses ouailles qui lui semblait le plus en danger.

Louis XIV enrageait de tous ces contre-temps, la contrainte lui semblait horrible. A chaque instant, il menaçait de briser comme verre tous ceux qui hérissaient d'obstacles son bonheur le plus cher. Il fallait tout l'ascendant de La Vallière pour apaiser cette colère, toujours près d'éclater.

Et encore on osait railler La Vallière. A la cour, nul n'était censé connaître le secret du maître; on pouvait donc parler de la fille d'honneur de Madame sans attenter à la majesté royale. Certains audacieux ne s'en faisaient pas faute. Ils payèrent cher leur audace.

Un courtisan s'avisa un jour de dire que « la beauté de La Vallière n'était pas la plus parfaite de la cour. » Celui-là était un sot ou ne craignait pas la Bastille. Louis XIV se contint cependant.

— « Je la ferai monter si haut, dit-il, que la tête tournera aux audacieux qui oseraient lever les yeux jusqu'à elle. »

Le malheur est que La Vallière se refusait à toute élévation. Après avoir donné son honneur au roi, elle lui disputait lambeau par lambeau sa réputation; elle y tenait, prétendant que c'était son seul bien. Louis XIV voulait retirer sa maîtresse de chez Madame, lui donner un palais à elle, la faire la plus riche et la plus puissante dame de France; elle repoussait ces offres qui eussent ébloui toute autre.

Le roi, à son grand désespoir, continua son rôle d'amant aventureux, « de chevalier des gouttières, » rôle difficile et plein de périls, qui lui semblait un crime de lèse-majesté, le plus grand des crimes! C'était le beau temps des amours de La Vallière; les entrevues des deux amants étaient furtives et rares, et cependant tous les amis du roi, Dangeau, Saint-Aignan, La Feuillade, Roquelaure même, passaient leur vie à imaginer des ruses nouvelles pour déconcerter toutes les surveillances.

A courir de nuit sur les toits, au bout d'une corde que tenait La Feuillade, le roi avait failli se rompre le cou; on avait enlevé les échelles si bien à la main qui servaient dans les premiers temps; la farouche duchesse de Navailles avait fait murer une porte secrète, percée dans l'épaisseur d'un mur : autant de moyens usés; les confidents du roi se mettaient à quatre pour inventer autre chose. Saint-Aignan, seul, trouva de jolis *trucs*. On défonça un plafond, et pendant une chasse, qui avait entraîné toute la cour, on ajusta un escalier mobile, dont la dernière marche touchait le pied du lit de La Vallière. Elle n'avait qu'un pas à faire. L'escalier-échelle aboutissait à l'appartement de Saint-Aignan, qui avait mis dans de beaux meubles les amours du roi. C'était un charmant et somptueux réduit, orné par des artistes de génie, un nid de satin et de velours.

Là, les deux amants eurent des heures délicieuses, l'oreille au guet entre deux baisers; la crainte sonnait les quarts d'heure; l'anxiété donnait aux minutes un prix inestimable. Saint-Aignan et les autres faisaient sentinelle, Saint-Aignan plus fier que les autres, à cause de l'honneur qu'on faisait à son appartement. Ainsi ces habiles courtisans gagnaient bravement leurs grades au service du roi.

L'escalier finit par être découvert, paraît-il, car Madame changea La Vallière de chambre. Nouveau contre-temps, nouvelles ruses.

Pour les cas extrêmes, et lorsque depuis trop longtemps les entrevues avaient été impossibles, il y avait la ressource des maladies. Le roi, prévenu, invitait toute la cour à quelque fête, l'invitation était un ordre, la fête était une revue, tout le monde devait être sous les armes. Au dernier moment La Vallière se déclarait malade, force était alors de la laisser seule. Qui donc eût osé ne pas se rendre à une invitation du roi! Un gentilhomme qui avait été désigné pour un ballet eut le courage de quitter le lit où il se mourait pour venir danser son pas. Il y perdit la vie, mais non la faveur.

La solitude ainsi faite autour de sa maîtresse, le roi accourait, certain que nul n'oserait s'apercevoir de son absence, encore moins en soupçonner tout haut le but. Encore quelques bons instants pris sur l'ennemi.

Il est bon d'insister un peu sur cette première période des amours de mademoiselle de La Vallière, son caractère en ressort plus digne et plus sympathique. En la comparant à une

« modeste violette qui se cache, » madame de Sévigné, cette femme si spirituelle, dont tout le cœur était dans la tête, n'a fait que lui rendre justice. C'est malgré elle, c'est après bien des larmes et des supplications inutiles, qu'elle sort de son obscurité.

Heure par heure, nous pouvons suivre les phases de la lutte qui, dès le premier jour de leurs amours, s'engage entre l'humble fille d'honneur et le tout-puissant roi de France. La Vallière demande à son amant l'ombre de la solitude, l'obscurité, le mystère, elle le conjure de jeter un voile épais sur des relations que condamne la morale. Le roi, au contraire, veut pour sa maîtresse tous les prestiges du rang, de la richesse et du pouvoir, jusqu'à ce qu'enfin, lui donnant la plus haute dignité que puisse rêver une ambitieuse, il prétende lui faire une auréole d'un amour adultère.

Tandis que cette intrigue du roi se croisait avec les mille intrigues des courtisans, qui mettaient leur gloire à se modeler sur leur maître, le temps marchait. Louis XIV organisait sa cour, et embrigadait la noblesse. Du haut de l'étonnant Sinaï de sa présomption, il commençait à dicter les articles du culte de sa personne, et les cadres de l'étiquette plus révérés cent fois que les tables de l'ancienne loi.

Ce n'est pas tout : il s'agissait, pour être fidèle à un plan habilement calculé, « d'amuser cette cour (1), » d'enchaîner par de perpétuels enchantements cette noblesse autrefois si indisciplinée. « Un roi fait l'aumône en dépensant beaucoup (2). » Louis XIV goûta plus que tout autre cet agréable

---

(1) Œuvres de Louis XIV, *Instructions pour le Dauphin.*

(2) Lemontey, t. V, p. 144. Les dernières années de Louis XIV montrent où peuvent conduire de tels axiomes. Les lettres de Col-

axiome. Charitablement, il voulut faire d'énormes aumônes à son peuple, et les grandes fêtes de son règne commencèrent.

Pour donner plus d'éclat aux réjouissances, et encourager le luxe ruineux des courtisans, Louis XIV inaugura son système de largesses, et ouvrit les réservoirs de ses faveurs. Il fit pleuvoir les cordons bleus : en une seule fois, il y eut une promotion de soixante et onze chevaliers.

Presqu'en même temps, il imaginait une distinction nouvelle qu'on se disputa bientôt avec fureur, *les justaucorps à brevets*, moyen excessivement adroit de faire porter sa livrée à la plus haute noblesse de France (1).

A voir l'ardeur que mettait Louis XIV à s'occuper de la splendeur de sa cour, on eût pu croire qu'il n'avait pas d'autres soins. Il s'intéressait aux moindres détails, voulait tout régler lui-même, tout voir, tout approuver. Il avait avec les ordonnateurs des plaisirs royaux de longues conférences, examinait leurs plans et leur suggérait des idées.

Les divertissements se ressentirent de la surveillance du maître. Le ballet qu'on donna cette année, *Hercule amoureux*, était le plus magnifique et le mieux ordonné qu'on eût vu. Machinistes, décorateurs, costumiers s'étaient surpassés.

---

bert au roi prouvent que ce grand ministre n'approuvait pas cette façon ingénieuse et facile d'*enrichir* un peuple.

(1) Le *justaucorps à brevet* était une casaque bleue, brodée d'or et d'argent, semblable à celle que le roi portait lui-même. Il était un indice de faveur et nullement une récompense de services rendus. Ce fameux *justaucorps* donnait le droit de suivre le roi dans ses chasses et dans ses promenades à la campagne. Pour se parer de cette livrée, il fallait une autorisation spéciale ou brevet; de là le nom.

Jamais Benserade, le poëte officiel, n'avait trouvé des louanges si délicates, des allusions si ingénieuses. Louis XIV, « qui avait toujours aimé la danse, » et qui ne manquait jamais une occasion de monter sur un théâtre, quel qu'il fût, figura dans le ballet, « et daigna danser lui-même. » Il obtint le plus grand succès.

Puis vint le célèbre carrousel qui a donné son nom à la grande place qui s'étend devant les Tuileries, et que, pour cette circonstance, on avait décorée avec une pompe extraordinaire. « Il y eut cinq quadrilles. Le roi était à la tête des Romains, son frère des Persans, le prince de Condé des Turcs, d'Enghien, son fils, des Indiens ; le duc de Guise des Américains. Ce duc de Guise, petit fils du Balafré, était fameux dans le monde par son audace malheureuse. Sa prison, ses dettes, ses amours romanesques, ses profusions, ses aventures, le rendaient singulier en tout. On disait de lui en le voyant courir avec le Grand Condé : — « Voilà les héros de la fable et de l'histoire (1). »

Entre tous ces grands seigneurs si galants, si magnifiques, « le roi se faisait remarquer par le bon goût et la richesse de ses costumes. » Là, pour la première fois, il porta l'emblème devenu fameux, un soleil éclairant un globe de feu avec cette devise : *ne più, ne pari*, dont le *nec pluribus impar* n'est que la traduction (2).

Aux exercices dangereux des fêtes de la chevalerie si chères aux Valois, avaient succédé des jeux de précision et d'adresse, au carrousel des Tuileries, après de brillantes passes d'ar-

(1) *Description du Carrousel de* 1762. Bibl. impér. — Collection gravures.
(2) *Mémoires touchant les écrits de madame de Sévigné*, 2ᵉ partie, p. 466.

mes, il y eut des courses aux bagues et aux têtes, divertissements nouveaux pour la foule « avide de jouir du plus brillant spectacle qu'on eût encore contemplé. »

Marie Thérèse et Anne d'Autriche, la mère et la femme du roi, semblaient les reines de cette fête, de leurs mains elles donnaient les prix aux vainqueurs, mais La Vallière était en réalité la divinité invisible à laquelle s'adressaient toutes ces magnificences. Perdue dans la foule des grandes dames et des filles d'honneur, elle s'enivrait des succès et de la gloire de son amant. N'était-ce pas pour elle qu'il avait déployé toute cette pompe, mis en mouvement ces troupes magnifiques, « ces escadrons de héros? » C'est vers elle qu'en secret montaient tous les hommages, c'est elle que le roi cherchait sur les estrades, heureux lorsque ses yeux rencontraient les yeux de sa maîtresse, et que furtivement ils pouvaient échanger mille promesses dans un regard.

Toutes ces fêtes ne touchaient guère Madame, ou plutôt, il n'y avait plus de fêtes pour la triste Henriette d'Angleterre. Seule, délaissée, elle restait face à face avec cette fille minaudière qu'on appelait Monsieur, honteux mari que lui avait imposé la politique. Son règne avait duré moins de trois mois, et tout prestige s'était évanoui. Elle était enceinte alors, et sa santé si frêle était devenue menaçante. Dans son ennui, elle s'était laissé distraire par Guiche, qui professait pour elle un culte passionné.

Guiche venait chez elle sous tous les déguisements possibles, en vieille femme le plus souvent, sous prétexte de dire la bonne aventure.

Insensiblement, Madame s'était rapprochée d'Olympia Mancini, comtesse de Soissons, une autre délaissée que consolait de Vardes. Olympia détestait La Vallière et ne cherchait qu'à la renverser. Elle avait essayé de déplacer les faveurs du roi en offrant à son amour deux des plus jolies personnes de la cour, mais elle avait échoué. Elle imagina alors, en collaboration avec de Vardes, un complot à double fin qui devait perdre La Vallière dans le présent et Henriette dans l'avenir. Pour arriver au but elle se fit l'alliée de Madame qui, elle aussi, rêvait le renversement de la favorite. Il va sans dire que Guiche était dans le secret.

Les conspirateurs imaginèrent de supposer une lettre du roi d'Espagne à Marie-Thérèse, lettre dans laquelle, après avoir appris à sa fille tout ce qui se passait, il lui représentait qu'il était de sa dignité de reine de faire chasser de la cour la maîtresse de son mari.

Le plan était habile, l'exécution ne l'était pas moins. L'écriture et le style du roi d'Espagne avaient été merveilleusement contrefaits. La reine y eût été prise, de là esclandre et chute de La Vallière. Toute cette belle machination échoua cependant, par la faute d'une comparse, Montalais, fille d'honneur de Madame.

Montalais, pauvre et ambitieuse, à la chasse d'un mari, ne voyait dans toutes ces rivalités qu'un moyen d'assurer son établissement et sa fortune. Elle pêchait en eau trouble. Intrigante de troisième ordre, elle tenait cependant le fil de toutes ces trames. Confidente à double face, elle allait de Madame à La Vallière, et, tout en les amusant de son caquet, surprenait leurs secrets et les emmagasinait pour l'avenir.

Un jour, cette rusée qui pourtant ne s'abandonnait guère, eut la langue trop longue avec La Vallière. Sous le sceau du secret elle lui raconta les moindres détails de l'intrigue galante de Guiche et de Madame.

Le soir même Louis XIV parla à sa maîtresse de cette

grande passion de Guiche que l'on commençait à soupçonner et qui arrachait à Monsieur des hurlements de désespoir faciles à comprendre, puisqu'il se trouvait perdre tout à la fois sa femme et un de ses anciens favoris. Le roi voulait savoir si Louise n'avait entendu parler de rien. Aux questions de son amant, la pauvre fille, qui eût mieux aimé mourir que de trahir la confiance d'une amie, ne sut que rougir et balbutier. Le roi comprit qu'elle savait quelque chose, et insista, lui rappelant leur mutuelle promesse de n'avoir jamais de secrets l'un pour l'autre. Et comme elle s'obstinait encore dans son silence, il se leva brusquement et sortit furieux.

« Les deux amants étaient convenus plusieurs fois, dit Madame de La Fayette, que, quelque brouillerie qu'ils eussent ensemble, ils ne s'endormiraient jamais sans se raccommoder et sans s'écrire. » La Vallière, effrayée de la colère du roi, se hâta de lui faire passer une lettre où elle s'accusait et s'excusait de la façon la plus touchante. Elle attendit la réponse : mainte fois déjà chose pareille était arrivée, et le roi était toujours venu au devant de la réconciliation. Mais cette fois il tint rigueur. La pauvre Louise passa la nuit à pleurer, espérant toujours un mot de pardon : ce pardon ne vint pas.

Alors elle crut que tout était fini ; l'amour de son amant perdu, le reste lui importait peu. Au petit jour, elle sortit désespérée des Tuileries, et s'en alla « se camper » dans un couvent, non pas à Chaillot, mais à Saint-Cloud.

La matinée était déjà avancée lorsque le bruit de la disparition de La Vallière se répandit aux Tuileries. Le duc de Saint-Aignan fut des premiers averti. Sans perdre une minute, l'habile courtisan courut aux informations, afin de découvrir la retraite de la fugitive. Un exempt, qui, voyant à cette heure matinale sortir des Tuileries une femme en toilette de cour, l'avait suivie à tout hasard et l'avait vue frapper à la porte du couvent, put donner le premier renseignement. Restait à avertir le roi, les moments étaient précieux, un autre pouvait avoir la même idée.

Malheureusement Louis XIV, ce jour-là, donnait audience aux ambassadeurs d'Espagne : parvenir jusqu'à lui était difficile, lui parler impossible, l'étiquette était formelle. Mais Saint-Aignan n'était pas homme à s'embarrasser de si peu. Ami et confident du roi, il avait toutes les entrées, les grandes et les petites.

Il pénètre donc dans la salle des audiences solennelles, se glisse à travers les groupes des grands seigneurs présents à l'entrevue, et enfin arrive aussi près que possible du trône, juste au moment où Louis XIV donnait congé aux ambassadeurs. Alors, tout haut, et comme s'il se fût adressé à quelqu'un :

— Vous savez, dit-il, la surprenante nouvelle, La Vallière est religieuse.

A ces mots le roi fait un brusque mouvement, et se tournant vers Saint-Aignan :

— Que dites-vous, duc? s'écrie-t-il, que dites-vous?

La foudre tombant au milieu de la salle eût moins surpris la noble assemblée que cette violation étrange, inconcevable, de l'étiquette, car enfin le tonnerre est dans les choses naturelles. Les reines sont stupéfiées, les ministres épouvantés, les courtisans qui n'ont pas entendu les paroles du duc ne comprennent rien à l'exclamation du roi, les ambassadeurs pétrifiés s'arrêtent à moitié de l'arc de quarante-cinq degrés que décrivait leur dernière courbette.

Cependant Saint-Aignan, sur un signe du roi, s'est approché du trône et en deux mots a tout raconté à son maître.

Louis XIV se lève, ivre de colère :

— Un carrosse ! s'écrie-t-il, vite un carrosse ! Suivez-moi, duc !

La reine-mère, forte de son ascendant, veut essayer de retenir son fils :

— Vous n'êtes guère maître de vous-même, Sire, lui dit-elle.

— Si je ne le suis de moi, répond-il d'une voix tonnante, je le serai de ceux qui m'outragent.

Et sortant aussitôt, il se précipite à travers les escaliers. Dans la cour il n'y a pas de carrosse, mais Saint-Aignan, qui a tout prévu, a d'avance fait préparer des chevaux. Le roi s'élance en selle et, suivi seulement de quatre gentilshommes, il part à fond de train pour Saint-Cloud.

Arrivé au couvent, il trouve La Vallière, à demi évanouie, étendue sur les dalles du parloir, les religieuses lui ont refusé l'entrée du couvent. « Louis XIV fondant en larmes court à sa maîtresse :

« — Ah ! que vous avez peu de soin, lui dit-il, de la vie de ceux qui vous aiment.

Il veut l'entraîner alors, mais elle refuse de le suivre.

« — C'est Dieu, dit-elle, qui m'a conduite ici.

Mais elle ne peut se défendre longtemps contre les prières si tendres de son amant.

« — On est bien faible quand on aime, dit-elle, et je ne me sens point la force de résister à Votre Majesté. »

Louis XIV alors, avec l'aide des religieuses et de ses amis, tous émus jusqu'aux larmes par une scène si touchante, transporte La Vallière dans un carrosse, et, rayonnant de bonheur, reprend avec elle le chemin des Tuileries.

Il paraît que de tous les assistants le seul Roquelaure

n'avait pas été attendri, car le lendemain il disait tout bas :

— « Par ma foi! ces gens-là pleuraient si agréablement qu'ils m'en faisaient venir envie de rire. »

La rentrée de La Vallière à la cour fut presque un triomphe, le roi voulut lui-même la reconduire chez Madame, et en la lui présentant il la pria de la considérer et de la traiter désormais comme une personne qui lui était plus chère que la vie.

— Je la traiterai, Sire, répondit ironiquement Henriette d'Angleterre, comme une fille à vous.

Mais cet esclandre devait avoir bien d'autres suites. Il révéla d'abord à Louis XIV l'intrigue de Madame et de Guiche, puis le complot tramé contre La Vallière. La fausse lettre du roi d'Espagne destinée à la reine arriva aux mains du roi. Il avait la mesure de ce qu'on pouvait oser contre sa maîtresse, il voulut faire un exemple. La comtesse de Soissons reçut l'ordre de quitter la cour, le chevalier de Grammont fut exilé, Montalais fut enfermée dans un couvent; enfin Guiche crut prudent d'aller visiter la Pologne, bien il fit; quelques mois plus tard, Lauzun, rival de son maître, ne fut-il pas enfermé à la Bastille « pour avoir trop plu aux dames (1)! »

Cette fuite au couvent de Saint-Cloud fut heureuse pour La Vallière; elle redoubla la passion du roi. Louis à cette époque était amoureux fou de sa maîtresse, « au point même, dit M. Sainte-Beuve, d'être jaloux dans le passé, et de s'inquiéter s'il était bien le premier qui se fût logé dans son cœur et si

---

(1) La Fayette, t. I et IV, p. 407. — Montpensier, *Mémoires*, t. XL, p. 174 et suiv. — Motteville, *Mémoires*. — *Mémoires de Grammont*, t. I.

elle n'avait point eu quelque première inclination en province pour M. de Bragelone, » auquel il convient d'ajouter le surintendant Fouquet dont le nom revenait dans toutes les querelles des deux amants.

Cette jalousie du roi imposait à La Vallière la plus grande circonspection; un geste, un regard d'elle inquiétaient le roi, « un mot, une pensée lue dans ses yeux lui portaient ombrage. » Qu'on juge donc de la colère du roi, lorsqu'un matin, passant en revue les cadets de sa maison, il vit sa maîtresse sourire à un jeune homme qui de son côté l'avait familièrement saluée. Laissant là tout aussitôt la revue, Louis courut à La Vallière, et d'un ton irrité lui demanda quel était ce jeune homme. Elle se troubla excessivement et répondit enfin que c'était son frère. Le roi n'en voulait rien croire, il envoya tout de suite aux informations. « C'était bien un frère de Louise, en effet, et jamais elle n'en avait parlé au roi, elle qui d'un mot pouvait faire la fortune de ce jeune homme. Il lui eût semblé honteux d'abuser de relations dont elle rougissait pour enrichir sa famille ou lui ouvrir le chemin des honneurs. »

Désormais le roi aima presque ouvertement mademoiselle de La Vallière; le voile était déchiré, le mystère n'était plus qu'officiel. Il passait presque toutes les soirées avec elle, et souvent ne s'en allait qu'après trois heures du matin. Marie-Thérèse, la pauvre reine, n'osait élever la voix pour se plaindre, et elle dévorait sa jalousie et ses humiliations sans cesser de faire bon visage à son mari.

Cependant le parti de la reine mère, et surtout des dévots, qui très-probablement, les événements l'ont prouvé, eût passé au roi une maîtresse adroite et qui eût agi dans le sens de sa politique envahissante, ce parti, qui essayait alors son influence, résolut de tenter quelques efforts pour renverser

La Vallière. En vain. L'heure n'était pas venue de la dévotion.

Ce fut, tout d'abord, le très-ridicule duc de Mazarin qui entra en scène. Un matin, au lever du roi, il parut tout vêtu de noir. Il venait raconter un rêve prodigieux qui avait épouvanté ses nuits. Ce rêve, avertissement céleste, l'avait prévenu que si le roi ne renvoyait pas La Vallière, les malheurs les plus épouvantables allaient fondre sur la France. Louis XIV remercia courtoisement le duc et lui conseilla, avec bonté, de se faire saigner longtemps avant de revenir à la cour.

Le duc, prévenu ainsi, se retira pour ne reparaître à la cour que sous le règne de la folle Fontanges, au sujet de laquelle il avait eu un autre rêve, ou une autre lune, comme on voudra, qui lui montrait la veuve Scarron s'enlevant aux cieux dans un char de feu, à l'instar du prophète.

Au duc de Mazarin succéda le père Annat. Sur les prières instantes des reines, ce bon père consentit « à parler très-fortement au roi et à le menacer de quitter la cour si La Vallière ne la quittait. »

Louis XIV prit fort allégrement la menace du bon père Annat, il lui accorda même son congé, assurant que désormais son curé lui suffirait. L'excellent religieux s'éloigna tout déconfit du peu de succès de ses menaces, et du succès trop inespéré de sa signification de congé.

Le parti dévot eut presque peur. Il comprit qu'avec un prince qui le prenait sur ce ton, il fallait, si on ne voulait tout perdre, user de paternelle indulgence et se montrer coulant. Aussi, le lendemain de la protestation infructueuse du père Annat, deux jésuites parurent au petit lever de Louis XIV.

Les deux pères se faufilèrent jusqu'auprès du roi qui faisait ses prières ; alors l'un dit très-haut à l'autre :

— Il faut avouer, mon père, que le zèle indiscret de notre bon père Annat est allé un peu loin.

— Je suis entièrement de votre avis, mon père, répondit l'autre.

Le successeur du père Annat partageait aussi cette opinion; il savait qu'avec les rois on doit préparer les voies de la grâce, mais non pas essayer de la faire pénétrer avant l'heure.

A ce moment le clergé était en baisse, Louis XIV était bien loin encore de la veuve Scarron. Il venait de faire *saisir* le Pape et lui retenait Avignon. Enfin, il faisait saigner bien cruellement le cœur de l'Église, en défendant les enlèvements d'enfants et en faisant rendre ceux qui étaient détenus dans les couvents.

Mais le clergé est patient. Il prit sa revanche : jusqu'ici il l'a prise toujours.

C'est alors qu'Anne d'Autriche voulut tenter une suprême démarche; elle le fit par ambition et en fut cruellement punie. Louis ne devait pas plus respecter sa mère qu'il ne respecta plus tard les lois sacrées de la conscience et de l'humanité. La reine-mère *osa* lui reprocher le scandale de ses amours, alors il perdit toute mesure :

— Eh quoi! Madame, répondit-il, devez-vous ajouter foi à tout ce qu'on dit? Cette morale que vous me prêchez si chrétiennement a-t-elle été la vôtre? On m'a assuré que non.

Anne d'Autriche se retira cruellement humiliée, et le soir même le roi disait à ses courtisans :

— Quand nous serons las d'aimer et de vivre, nous parlerons comme ceux que l'amour et le plaisir quittent, comme madame de Chevreuse, par exemple, ou madame de Carignan.

Et, comme tous les flatteurs s'extasiaient et riaient, le roi continua :

— Est-ce que la galanterie n'a pas toujours été et ne sera pas toujours? Voyez mesdames de Châtillon, de Ludre, de Soubise, de Luynes, de Vitry, de Monaco, de Vivonne, de Soissons, de Pons, d'Humières, etc., etc., etc.

La litanie eût pu durer encore, car toute la cour suivait les exemples du maître.

La Vallière recevait en amour le contre-coup de toutes ces attaques; le roi qui l'avait aimée en raison des difficultés qu'il lui fallait surmonter pour la voir, l'adorait maintenant en raison de l'acharnement qui se déchaînait contre elle. C'était encore le bon, l'heureux temps.

Depuis la fuite à Saint-Cloud, la situation de La Vallière était devenue plus tolérable. Madame, par ses imprudences, s'était mise à la discrétion du roi, elle respecta la maîtresse de celui qui pouvait tout. Elle fut bonne sans ostentation, indulgente sans fausse pruderie pour sa fille d'honneur. Elle aida même à dissimuler les deux premières grossesses de La Vallière, qui put ainsi mettre mystérieusement au monde deux enfants qui ne furent jamais déclarés. Colbert, le grand ministre, qui, pour conserver son influence dans les grandes affaires du royaume, était obligé de descendre aux plus petits détails de la vie du roi, se chargea de ces deux enfants.

Le terme venu, Madame donnait à La Vallière un des pavillons du Palais-Royal, retraite mystérieuse où nul ne pouvait pénétrer que les confidents, le roi, les médecins, une ou deux amies qui s'étaient attachées à la pauvre Louise. Madame se chargeait d'excuser ou plutôt de cacher l'absence de sa fille d'honneur, et La Vallière pouvait reparaître sans qu'on se fût aperçu de rien, au moins en y mettant un peu de bonne volonté.

Ces deux premiers enfants, deux garçons, qui vécurent

peu, furent secrètement enlevés par Colbert. On les baptisa sous un faux nom à une petite église de la rue Saint-Denis. D'anciens domestiques, de pauvres gens, parmi lesquels un vrai pauvre de la paroisse, tinrent sur les fonts baptismaux ces fils « du plus grand roi du monde (1). »

Les divertissements se continuaient sans interruption à la cour, les prétextes ne manquaient pas. En apparence la reine et Madame étaient les divinités de ces enchantements, mais tout le monde savait maintenant que pour la seule La Vallière Louis XIV déployait toutes ces magnificences, comme s'il eût été besoin d'éblouir sa maîtresse par tout ce frivole et inutile étalage de grandeur.

A toutes ces fêtes, la pauvre Marie-Thérèse se traînait comme au supplice, par ordre du roi. Elle eût tant aimé à pleurer en paix, cette femme éprise et jalouse, mais non, il fallait régner, subir tous ces hommages destinés à une autre, ajouter le triomphe de sa présence à tous les triomphes d'une rivale adorée. Marie-Thérèse alors n'appréciait pas La Vallière à sa juste valeur, elle ne comprenait pas le beau caractère de cette toute-puissante maîtresse, qui osait à peine lever les yeux sur elle, et qui s'inclinait devant elle jusqu'à tomber à genoux. Quelques années encore, et la reine, outragée par d'insolentes favorites, regrettera La Vallière, si humble dans sa puissance, si modeste dans ses succès.

Aux fêtes intimes, impromptus de chaque soir, le roi ne traînait pas Marie-Thérèse.

(1) *Revue rétrospective* (juillet 1834). Extraits d'un manuscrit de Colbert intitulé : *Journal fait par chacune semaine, de ce qui peut servir à l'histoire du roi, du 14 avril 1663 au 9 janvier 1665.* On voit là le grand ministre présidant à deux accouchements de mademoiselle de La Vallière.

Le roi se passait alors le plaisir d'aimer sans contrainte sa bien-aimée maîtresse. Travestis de façon à se rendre méconnaissables, le visage couvert d'un loup de velours, les deux amants se mêlaient aux bandes de masques de la cour qui, pendant les réjouissances du carnaval, couraient toute la nuit des Tuileries au Louvre, du Louvre au Palais-Royal.

Autant qu'elle le pouvait, La Vallière résistait encore à cette publicité qui lui semblait un crime; mais elle était placée dans cette cruelle alternative d'obéir ou de perdre le cœur de son amant. Elle subissait, en courbant le front et en dévorant ses larmes et sa honte, le poids « des honneurs » dont l'accablait le roi, mais elle n'eut jamais un moment d'enivrement.

Les poëtes officiels, certains de plaire au maître, commençaient à mêler à leurs vers les noms de La Vallière. Ce n'était encore que des allusions délicates, mais dont la transparence ne trompait absolument personne. Dans le *ballet des* Arts,

> La Vallière, fille illustre,
> Et si digne du balustre,

pour parler comme cet insipide rimeur qui a nom Loret, figurait déguisée en bergère à côté de son amant, et Benserade faisait dire d'elle :

> Et je ne pense pas que dans tout le village
> Il se rencontre un cœur mieux placé que le sien.

Mais Louis XIV rêvait de bien autres splendeurs! Les enchantements de Vaux étaient encore dans toutes les mémoires, et cette idée d'avoir été surpassé en magnificence par un sujet insolent troublait le bonheur du roi. Fouquet avait été un prodigue insensé, il fallait être plus prodigue encore. De cette époque datent les premiers triomphes de Versailles.

Versailles n'était rien encore, un simple pavillon de chasse bâti par Louis XIII au milieu d'un parc. C'est là cependant que Louis XIV résolut de donner une fête en harmonie avec l'idée qu'il se faisait de sa grandeur. Il fallait tout improviser ; cela charma le roi.

Le 7 mai 1664 commencèrent ces fêtes merveilleuses, étourdissante féerie de sept jours. On avait annoncé : *Les plaisirs de l'île enchantée, divisés en trois journées* ; mais trois jours de seulement vingt-quatre heures ne purent suffire pour dérouler sous les yeux éblouis de toute la noblesse de France les merveilles commandées par Louis XIV.

Vigarani avait été le décorateur. Le Nôtre avait improvisé les jardins et un paysage ; Toricelli s'était chargé des feux d'artifice. Puis, comme il fallait d'autres plaisirs que ces récréations des yeux, on avait appelé la troupe des Béjart ; Benserade composa des madrigaux pour tous les invités, et enfin Molière avait fait ou fait faire *la Princesse d'Élide*.

Puis, au-dessus de tous ces artistes, de ces hommes de génie, planait Colbert, l'ordonnateur suprême, Colbert qui sortait à regret les millions des coffres de l'État, et qui voulait essayer, tout en obéissant à son maître, de faire la part du feu.

A ces fêtes de Versailles, Molière osa célébrer les amours du roi. Dans *la Princesse d'Élide*, tous les assistants comprirent l'allusion, lorsqu'un vieux courtisan dit en s'adressant au prince :

Moi, vous blâmer, seigneur, des tendres mouvements
Où je vois qu'aujourd'hui penchent vos sentiments !
. . . .
Je dirai que l'amour sied bien à vos pareils ;

> Que ce tribut qu'on rend aux traits d'un beau visage
> De la beauté d'une âme est un vrai témoignage,
> Et qu'il est mal aisé que, sans être amoureux,
> Un jeune prince soit et grand et généreux.

Les applaudissements à ces vers si directs éclatèrent comme une tempête, et la pauvre La Vallière faillit mourir de honte sous le poids de tous les regards qui désignaient aux reines indignées « l'objet charmant de ces allusions. »

Cette grande féerie de sept jours fut, dit M. Michelet, « un triomphe sans victoire, fête sans but, donnée, non pour la reine et non pour La Vallière, une maîtresse de trois années, mais donnée par le roi au roi; Louis XIV fêtait Louis XIV. »

Bien d'autres hontes, c'est-à-dire bien d'autres faveurs allaient accabler La Vallière; Louis XIV souhaitait plus de publicité encore; le roi imposa sa maîtresse à Marie-Thérèse sa femme, à Anne d'Autriche sa mère, et les contraignit de la recevoir.

Madame de Montausier, « cette femme qui naturellement avait de l'âpreté pour tout ce qui s'appelle la faveur, » et qui avait remplacé dans la charge de surveillante des filles d'honneur la digne duchesse de Navailles (1), fut chargée de signifier aux reines la volonté du roi. Elle s'acquitta habilement de

---

(1) Avec un roi comme Louis XIV, la garde des filles d'honneur devenant impossible, madame de Navailles eut l'héroïque courage de prendre sa retraite plutôt que de favoriser les amours du roi. Madame de Montausier, en lui succédant, prenait l'engagement tacite de fermer les yeux à propos; de ce moment, en effet, les entrevues du roi et de mademoiselle de La Vallière furent singulièrement facilitées.

cette commission épineuse, et acquit ainsi de nouveaux droits aux bonnes grâces du maître.

La réputation de vertu de madame de Montausier et de son Alceste de mari a été beaucoup trop surfaite, pour qu'il ne soit pas intéressant de rétablir un peu les choses dans leur vrai jour; il n'y a qu'à copier madame de Motteville à la page où elle raconte la démarche, couronnée d'un si heureux succès, de madame de Montausier près des deux reines.

« Je ne puis, en cet endroit, écrit-elle, m'empêcher de dire une chose qui peut faire voir combien les gens de la cour, pour l'ordinaire, ont le cœur et l'esprit gâtés... Je rencontrai madame de Montausier qui était ravie de ce dont la reine était au désespoir. Elle me dit avec une exclamation de joie : — Voyez-vous, madame, la reine-mère a fait une action admirable d'avoir voulu voir La Vallière, voilà le tour d'une très-habile femme et d'une bonne politique. Mais, ajouta cette dame, la reine est si faible que nous ne pouvons pas espérer qu'elle soutienne cette action comme elle le devrait. »

Le langage de la *très-prude* madame de Montausier ne laisse pas que de stupéfier la bonne Motteville.

« Véritablement, continue-t-elle, je fus étonnée de voir dans la comédie de ce monde combien la différence des sentiments fait jouer des personnages différents. Le duc de Montausier, qui était en grande réputation d'homme d'honneur, me donna quasi en même temps une pareille peine, car en parlant du chagrin que la reine-mère avait eu contre la comtesse de Brancas, il me dit ces mots : — Ah! vraiment, la reine est bien plaisante d'avoir trouvé mauvais que madame de Brancas ait eu de la complaisance pour le roi en tenant compagnie à mademoiselle de La Vallière. Si elle était habile, elle devrait être bien aise que le roi fût amoureux de mademoiselle de Brancas, car étant fille d'un homme qui est, à elle, son premier domestique, *lui, sa femme et sa fille lui rendraient de bons offices auprès du roi.* »

Voilà l'homme aux mœurs sévères, le Misanthrope de la cour de Louis XIV! On se demande, avec stupéfaction, comment devaient être les Philintes.

La Vallière acceptée des reines, Louis n'eut pas besoin de l'imposer aux autres dames de la cour, toutes se disputaient les bonnes grâces de la favorite; et lorsqu'il décida « que désormais les dames accompagneraient mademoiselle de La Vallière, » il rendit un décret inutile, depuis longtemps on était allé au devant de ses désirs.

Il y avait d'autant plus de mérite à adorer le caprice du maître qu'on ne le comprenait guère, on n'appréciait nullement à la cour la beauté de La Vallière, et, faut-il le dire, son ambition était pour les courtisans la mesure de son esprit. Tandis que toutes les platitudes rampaient à ses pieds, tout bas on raillait sa figure, « sa démarche cahin caha » et surtout sa niaiserie. On prétendait qu'elle passait des journées entières à une fenêtre, occupée à souffler dans une paille des bulles de savon. Distraction bien innocente, dans tous les cas, et qui n'eût guère amusé toutes ces belles dames qui n'avaient aucun goût pour les plaisirs innocents. La reine Marie-Thérèse elle-même, cette reine si disgraciée de la nature, se demandait par quel charme « cette fille boiteuse et fade pouvait lui avoir enlevé le cœur de son époux. »

Des couplets satiriques, des épigrammes injurieuses contre La Vallière, circulaient sous le manteau de la cheminée, mais on n'osait les fredonner encore que toutes portes bien closes. Pour bien moins que cela le roi déjà avait fait de terribles exemples. On sait le sort du vaniteux cousin de madame de Sévigné, Bussy, cet impitoyable railleur que l'*Histoire amoureuse des Gaules* conduisit droit à la Bastille; le seul soupçon d'être l'auteur d'un noël fameux sous le nom des *alleluia* fit plus pour sa disgrâce que le déchaînement des colères que souleva le très-célèbre pamphlet. Un couplet de ce noël surtout obtint un succès incroyable de vogue clandestine, on le chantait partout, avec les sourdines de la peur bien entendu :

> Que Deodatus(1) est heureux
> De baiser ce bec amoureux
> Qui d'une oreille à l'autre va!
> Alleluia!

Deodatus, c'est le roi, ô comble de l'irrévérence! Quant au bec amoureux, c'est bien celui de la favorite, qui dans le fait avait la bouche un peu grande.

La mort d'Anne d'Autriche (janvier 1666) porta un terrible coup au bonheur de mademoiselle de La Vallière, ce fut le grand et premier échec de sa fortune.

Louis XIV que la crainte de sa mère avait toujours contenu ne garda plus désormais aucune mesure. Il fit sortir sa maîtresse de chez Madame, lui donna l'hôtel Biron, monta sa maison avec une splendeur princière, lui fit présent de meu-

---

(1) Ce nom de Dieudonné qu'avait reçu Louis XIV lors de sa naissance, trop inattendue pour ne pas être un peu miraculeuse, revient dans toutes les épigrammes du temps :

> Ce roi, si grand, si fortuné,
> Plus sage que César, plus vaillant qu'Alexandre,
> On dit que Dieu nous l'a donné,
> Hélas! s'il voulait le reprendre!

bles magnifiques et de toilettes royales. Ainsi, à deux pas des Tuileries, le roi eut, au vu et su de tous, son petit ménage; il eut une autre femme à côté de sa femme légitime, pauvre et malheureuse reine qui tremblait devant cet époux qu'elle adorait, et qui, contre tous les outrages dont il l'abreuva, n'eut jamais que des larmes. Alors, il y eut deux cours, la petite et la grande, la cour officielle où toute la noblesse était admise, la cour intime où seuls les favoris avaient leurs entrées. On désertait les salons de la reine pour ceux de la favorite.

Tous ces honneurs, on disait ainsi alors, ne changèrent rien à la craintive modestie de La Vallière, tant ce scandale lui était aussi odieux qu'à la reine elle-même. Aussi, alors que tant d'autres eussent marché haut le front, elle marchait courbée sous le poids de sa faveur, essayant à force d'abnégation et d'humilité de se faire pardonner son élévation. Bien plus, au péril de sa vie, elle essayait encore de cacher les preuves de sa faiblesse, espérant sauver ce qui lui restait de réputation, après ce grand naufrage de son honneur.

Elle était enceinte et faisait tous ses efforts pour dissimuler sa grossesse. A force d'imprudences, d'extravagances même, elle réussit à ne pas éveiller l'attention. Elle était de toutes les fêtes, accompagnait partout le roi qui, dans sa cruauté égoïste, ne lui épargna pas une occasion de souffrir ou de risquer sa vie. Elle montait à cheval, suivait les chasses, et avec toute la cour changeait à chaque instant de résidence, tantôt à Saint-Germain, à Paris, à Fontainebleau. Jamais les atroces douleurs que devait lui causer le mouvement des carrosses, moins bien suspendus alors que nos moindres charrettes, et toujours menés grand train, ne lui arrachèrent aucun cri, ne troublèrent la douce placidité de son sourire.

Ainsi elle put échapper à la surveillance méchante dont elle était l'objet. Toute la cour était à Vincennes lorsqu'arriva le terme de sa grossesse; elle avait si bien dissimulé jusqu'au dernier moment, « qu'elle ne fit, pour ainsi dire, que passer de la chambre de la reine entre les mains des médecins et de la sage-femme, cachés près de là. »

Les douleurs la prirent vers une heure après minuit. Qu'on juge du courage de la pauvre fille et des précautions qu'il fallut prendre.

Pour sauver les apparences et pour éloigner tout soupçon, on lui avait donné un appartement voisin de celui de la reine et que cette princesse traversait tous les matins pour se rendre à la messe.

C'est là, « séparée seulement par une porte d'une reine trop justement jalouse, » qu'elle donna le jour à une fille légitimée sous le nom de mademoiselle de Blois.

« Le roi fut présent aux couches, aida les médecins, partagea les angoisses de celle qu'il aimait, en père et en amant, et reçut le premier l'enfant dans ses bras. Cependant midi sonnait; la reine allait passer pour entendre la messe. Elle entre, elle voit l'appartement garni de tubéreuses, de fleurs d'oranger et d'autres odeurs mortelles pour les femmes en couche : expédient terrible, meurtrier, mais dont La Vallière était à peine contente.

« On dit à la reine que La Vallière avait été fort tourmentée dans la nuit d'une indisposition. La reine, alors, avec une jupe parfumée de peaux d'Espagne, s'approche du lit de la malade et lui parle avec bonté sur son état.

« Dans la journée le bruit se répandit que La Vallière était accouchée, mais la reine le détruisit par le simple récit de ce qu'elle avait vu.

« Le soir même, elle reparut chez la reine avec toute la compagnie, veilla, soupa, et resta une partie de la nuit en coiffure de bal, la tête découverte, comme si de rien n'était. »

Telle est pourtant la femme que l'on a osé accuser de fausse pruderie, de modestie bien jouée. Pour que la honte l'obligeât à une telle contrainte, il faut que moralement elle ait cruellement souffert.

L'année 1667 fut bien fatale à La Vallière; elle fut faite duchesse d'abord, elle perdit le cœur de son amant, et enfin, pour la seule fois de sa vie, elle fut audacieuse et manqua de respect à la reine.

C'est en mai, au moment de son départ pour la conquête des Flandres, que Louis XIV conféra à sa maîtresse le titre de duchesse. Pour elle il érigea en duché-pairie, sous le titre de La Vallière, les terres de Vaujour et de Saint-Christophe, deux baronnies, situées, l'une en Touraine, l'autre en Anjou, transmissibles à l'enfant que le roi venait d'avoir. Par les mêmes lettres patentes datées de Saint-Germain-en-Laye, le roi légitimait mademoiselle de Blois.

Le préambule de ces lettres est assez curieux pour qu'on s'en soit souvenu; Pélisson le rédigea de sa plus belle écriture. C'est le roi qui parle, mais c'est bien plus encore l'amant passionné.

« Les bienfaits que les rois exercent dans leurs États, dit
« Pélisson-Louis XIV, étant la marque extérieure du mérite
« de ceux qui les reçoivent, et le plus glorieux éloge des su-
« jets qui en sont honorés, nous avons cru ne pouvoir mieux
« exprimer, dans le public, l'estime toute particulière que nous
« faisons de la personne de notre très-chère, bien-aimée et
« très-féale Françoise-Louise de La Vallière, qu'en lui confé-

« rant les plus hauts titres d'honneur, qu'une affection très-
« singulière, excitée dans notre cœur par une infinité de rares
« perfections, nous a inspirée depuis quelques années en sa
« faveur (1)... »

L'édit enregistré, Louis XIV installa à Versailles la nouvelle duchesse, et, rassuré sur le sort de la mère et de l'enfant, il partit le 16 mai, de Saint-Germain, à la conquête de la branche de laurier nécessaire à ses futures apothéoses.

Cette conquête de la Flandre ne fut, à bien dire, qu'une promenade militaire, presqu'un tournoi à armes courtoises. Tout avait été combiné, réglé d'avance, comme à ces jeux de guerre où l'on exerce les soldats. Le jour, on paradait à cheval, le soir on se réjouissait sous les tentes, l'or roulait et le vin coulait, dit La Fare, et jamais les gentilshommes de la maison du roi n'avaient été si joyeux. On eut fini en un tour de main, Turenne était là.

Alors, pour que la fête fût complète, le roi partit au devant de Marie-Thérèse qui venait rejoindre l'armée avec toutes les dames, il fallait montrer leur reine à ces nouveaux sujets et les éblouir des splendeurs de la cour la plus brillante de l'Europe.

C'était bien le moins qu'on montrât à ces bons Flamands ce que désormais on ferait de leur argent.

Cette campagne si facile est un des plus brillants et des plus

---

(1) Louis XIV, dans ses *Mémoires* (année 1667), prend la peine d'expliquer ainsi à la postérité « cet acte de sa toute-puissance. » « N'allant pas à l'armée, dit-il, pour être éloigné de tous les périls, je crus qu'il était juste *d'assurer à cet enfant l'*HONNEUR *de sa naissance*, et de donner à la mère un établissement convenable à l'affection que j'avais pour elle depuis six ans. »

joyeux épisodes du règne de Louis XIV, c'est l'instant que l'excellent Vander-Meulen a choisi pour nous montrer toute cette cour en campagne. Voilà bien les immenses carrosses dorés, maisons roulantes où l'on rit, où l'on joue, où l'on mange. Le roi va de l'un à l'autre, il cause, il rit, il agace les dames. De tous côtés ce ne sont que gentilshommes enrubannés, qui caracolent en tenue de Versailles sur leurs magnifiques chevaux.

Mais cette conquête de la Flandre, dont la Porte Saint-Martin est le monument héroï-comique (1), valut au roi une bien autre conquête, dont *Amphitryon* restera pour Louis XIV le honteux et éternel monument.

Depuis les dernières couches de La Vallière, qui alors était de nouveau enceinte, le cœur du roi s'était peu à peu dégagé de liens qui n'étaient qu'habitude, et errait de l'une à l'autre sans pouvoir se décider. Trois ou quatre dames des plus aimables et des plus belles, Brantôme dirait des plus honnêtes, battaient en brèche le cœur du roi; elles le prirent d'assaut, et ne le gardèrent pas; mais elles aplanirent la voie pour madame de Montespan dont l'heure était venue.

C'est à Compiègne, sous le manteau discret de madame de Montausier « cette vertu si sévère, » qu'eurent lieu les premiers rendez-vous de Louis XIV et de cette fille des Mortemart. Le secret en commençant fut admirablement gardé, et longtemps encore madame de Montespan put tromper la reine par ses hypocrites condoléances et sa dévotion affectée.

La Vallière, elle, plus clairvoyante, ne s'y trompa pas une

---

(1) « Le monument de cette agréable campagne est notre porte Saint-Martin, quoique datée d'une autre époque. » (M. Michelet. *Louis XIV*.)

minute, elle comprit bien que le roi, peu à peu, se détachait d'elle, et qu'il en aimait une autre, mais sans savoir encore quelle était cette rivale.

Madame la Duchesse, c'était ainsi qu'on l'appelait désormais, avait voulu suivre la cour en Flandre. Depuis sept semaines elle était séparée de son amant, et sentait le besoin de rassurer son cœur. Elle osa partir, malgré la reine qu'indignait cette audace de venir lui disputer le cœur de son mari. Oubliant tout ce qui l'effrayait tant autrefois, elle se mêla à la suite, et l'exaspération de la reine fut telle, qu'à la première halte elle défendit qu'on lui donnât à manger.

Tout le cortége de Marie-Thérèse était arrivé en vue de l'armée ; au loin déjà on distinguait le roi, monté sur un de ces énormes normands, comme les peint si bien Vander-Meulen. Le carrosse de la reine tenait la tête de la file, elle avait défendu que personne la précédât, elle se faisait une fête d'être la première à embrasser le roi.

Tout à coup on aperçut un carrosse qui, se détachant du cortége, coupait à travers champs et courait vers le roi au grand galop de ses chevaux. « La reine le vit, elle se mit dans une incroyable colère. — Arrêtez-la, criait-elle, arrêtez-la ! » Nul ne l'osa faire, on craignait trop encore l'amour du roi, et elle arriva la première.

Voilà cependant ce qu'en vue de toute l'armée osa faire la timide, la modeste La Vallière ; plus tard, elle se reprochait amèrement cette audace, et s'accusait de ce que « sa gloire et son ambition d'être aimée avaient été comme des chevaux furieux qui l'entraînaient dans le précipice. »

Le roi reçut admirablement cette maîtresse déjà délaissée, il l'emmena même, seule avec lui, jusqu'à La Fère, où les deux amants restèrent près d'une semaine.

La fin de cette année « si glorieusement commencée » s'acheva triste et menaçante pour l'infortunée duchesse. Le roi dissimulait encore ; mais avec cette délicatesse d'impressions d'une femme véritablement aimante, elle sentait que chaque jour se détachait ce cœur qui si longtemps n'avait battu que pour elle.

Toute espérance n'était pas perdue cependant, elle était enceinte, et un fils pouvait renouer encore cette chaîne qui menaçait de se rompre. La Vallière ne savait pas tout ce qu'il y avait d'égoïsme et de bestialité dans ce roi qui, pour repousser du pied ses maîtresses, pour les remplacer, choisit toujours le moment où les autres hommes redoublent d'attentions, de soins et d'amour pour celles qu'ils aiment.

Dans les premiers jours du mois d'octobre, La Vallière donna au roi un fils, le duc de Vermandois, dont la mort mystérieuse et tragique devait ouvrir le champ aux plus étranges rumeurs.

Le roi était seul avec sa maîtresse, lorsqu'arriva le moment décisif. « La pauvre créature, dit Bussy, fut prise de ce mal qui fait tant souffrir, et en fut prise avec tant de violence et des convulsions si terribles, que jamais homme ne fut si embarrassé que notre monarque. Il appela du monde par les fenêtres, tout effrayé, et cria qu'on allât dire à mesdames de Montausier et de Choisy qu'elles vinssent au plus tôt, et une fille de La Vallière courut à la sage femme ordinaire. Tout le monde vint trop tard... Les dames, arrivant, trouvèrent le roi, suant comme un bœuf d'avoir soutenu sa maîtresse, dont les douleurs avaient été assez fortes pour lui faire déchirer un collet de mille pistoles en se pendant au col du roi.

« Un instant, on crut la pauvre créature morte. Elle avait été prise d'une effrayante syncope, et madame de Montausier dit qu'elle croyait bien qu'elle venait de passer. Alors le roi se jetant au pied du lit et fondant en larmes :

— « Oh! mon Dieu! s'écria-t-il, prenez-moi tout ce que j'ai et rendez-la-moi. »

Dieu la lui rendit en effet, et il en fit la plus malheureuse des femmes. Ce fut le dernier élan de passion de Louis XIV pour une favorite si digne de son amour, pour cette âme douce et tendre, « timide violette qui se cache sous l'herbe, dit madame de Sévigné, et qui rougissait d'être maîtresse, d'être mère, d'être duchesse. »

La Vallière vécut, mais pour expier ses fautes d'amour; l'étoile d'une autre se levait.

La passion nouvelle de Louis XIV pour madame de Montespan ne tarda pas, en effet, à se manifester au grand jour et de la façon la plus scandaleuse. Comme il fallait « sauver les apparences, » — le mot est joli, — madame de Montespan alla s'installer chez la duchesse de La Vallière, et la pauvre favorite délaissée eut à souffrir les horribles tourments de la jalousie que, bien malgré elle, autrefois, elle avait fait endurer à l'infortunée Marie-Thérèse.

Mais quelle différence! Chastement craintive, La Vallière, lorsque ses yeux rencontraient ceux de la reine, sa rivale, semblait toujours demander grâce, « on croyait qu'elle allait tomber à genoux. » Madame de Montespan, au contraire, presque aussi brutalement égoïste que le roi, mais bien autrement cruelle, semblait prendre plaisir à retourner le poignard dans le cœur de l'infortunée. Chaque jour quelque insulte nouvelle, quelque humiliation méditée avec d'incroyables raffinements.

La Vallière n'essaya même pas de lutter. Elle ne savait que gémir et fondre en pleurs. Et comment eût-elle pu lutter, d'ailleurs, contre cette superbe rivale qui, à une éclatante et splendide beauté, joignait l'esprit et la méchanceté des Mortemart; contre cette femme qui, d'un mot, tuait ses ennemis? La pauvre duchesse, elle, n'avait plus que son amour. Sa beauté s'était flétrie, ses charmes s'étaient envolés. Sa dernière couche avait été désastreuse, elle y avait laissé ce qui lui restait encore de jeunesse et de fraîcheur, et le roi, le croirait-on, fut assez misérable pour le lui reprocher.

Les chagrins achevèrent l'œuvre du temps et des souffrances. Elle était pâle comme une morte, disent les Mémoires, et avait toujours les yeux rouges. Elle était d'une maigreur effrayante et avait été frappée d'une sorte de paralysie qui lui rendait les mouvements très-difficiles.

Parfois l'idée lui venait que toutes ces amertumes n'étaient qu'une expiation de sa faute. — « Dieu me châtie cruellement, disait-elle alors, mais je l'ai mérité. »

Et cependant elle n'avait pas encore le courage de s'éloigner, de se dérober par la fuite à toutes ces humiliations si honteuses pour le roi et pour madame de Montespan. — « Je suis la faiblesse même, disait-elle. »

Et en effet, un regard, une bonne parole de son amant suffisaient pour lui faire oublier ses souffrances et ses larmes. Le roi semblait revenir vers elle quelquefois, aux jours où l'orgueil de madame de Montespan, presqu'aussi grand que le sien, lui résistait et lui tenait tête.

De même qu'elle acceptait les avanies, La Vallière acceptait ces retours plus humiliants encore. Bien plus elle s'en réjouissait. Au fond de son cœur à toutes les illusions avait survécu l'espérance, cette plante vivace qui croît au fond des âmes les plus corrodées, et dont la dernière racine ne s'arrache qu'avec la vie. A chaque retour du roi elle croyait que son amant d'autrefois lui était rendu. Elle séchait ses larmes, ses yeux redevenaient radieux de bonheur, sa démarche semblait plus légère. Mais toujours par quelque odieuse méchanceté, elle était arrachée à ce beau rêve.

Telle est cependant la femme que madame de Montespan attacha au char insolent de sa prospérité, qu'elle traîna misérablement dans toutes les traverses de la passion, qu'elle enchaîna entre le roi et elle, par un excès de dépravation incompréhensible chez une femme jeune et passionnée, mais que pourtant on explique.

Car enfin il faut savoir comment ce roi et cette favorite traitaient cette pauvre âme déchue. Madame de Montespan en avait fait sa servante et le roi quelque chose de pis. On la faisait coucher dans une chambre par où passait le roi lorsqu'il allait chez madame de Montespan, comme si on eût craint de lui épargner une seule goutte de ce calice d'amertume.

Écoutons plutôt la princesse Palatine, on ne peut pas l'accuser d'aimer les favorites, celle-là, elle les abomine, elle les exècre; si un instant elle était toute-puissante, certainement elle les jetterait à la porte du palais de Versailles, et cependant le malheur de La Vallière la touche, elle s'apitoie sur le sort de cette infortunée, elle regrette presque de n'avoir pas été là pour essuyer ses larmes.

« Madame de La Vallière, dit la Palatine, a cru ne pouvoir faire une plus rude pénitence que de rester avec la Montespan. Celle-ci la traitait indécemment, cruellement, et se moquait d'elle en toute occasion, même en public.

« Elle fit plus; sa jalouse rage ne fut pas satisfaite qu'elle n'eût excité le roi à avoir pour La Vallière les façons les plus désobligeantes et les plus dures. Il fallait que le roi passât par l'appartement de la duchesse de La Vallière pour aller dans celui de la Montespan : il avait un petit chien épagneul que l'on nommait *Malice;* le roi, à la prière de la Montespan, le jeta à la duchesse de La Vallière en lui disant : — Tenez, Madame, voilà votre compagnie, c'est assez. Cela était bien dur, d'autant plus qu'en parlant ainsi il ne faisait que passer, n'ajouta pas le moindre correctif à ce peu de mots, et s'en allait trouver sa Montespan (1). »

Les avanies de madame de Montespan, pour être moins grossières, n'en étaient que plus cruelles :

— Le roi a fait La Vallière duchesse, disait-elle un jour, parce qu'il savait que pour fille de chambre je ne voudrais pas une personne de moindre qualité.

C'est madame de Montespan qui répandit à la cour une abominable épigramme qui faisait une allusion cyniquement méchante aux accouchements mystérieux de celle qui était devenue son souffre-douleur :

Soyez boiteuse, ayez quinze ans,
Point de gorge, fort peu de sens,
Des parents! Dieu le sait! faites, en fille neuve,
Dans l'antichambre vos enfants,
Sur ma foi! vous aurez le premier des amants;
Et La Vallière en est la preuve.

Madame de Montespan avait bien le droit de railler l'héroï

---

(1) *Mélanges historiques* de la princesse de Bavière. Cette simple affectation de la princesse à donner toujours à La Vallière son titre de duchesse, tandis qu'elle appelle l'autre *la* Montespan, n'exprime-t elle pas bien mieux son indignation que de longues tirades?

que pudeur de La Vallière : la belle dame, pour donner des enfants au roi, n'y mettait pas tant de façons.

Brisée de douleur, La Vallière eut bien l'audace, un jour, de faire entendre une timide plainte.

— Je n'aime pas à être gêné!...

Telle fut la sèche et laconique réponse de ce roi, si poli qu'il se découvrait devant les chambrières, et qui eût bien mieux fait de se conduire avec une maîtresse délaissée un peu en gentilhomme. Ainsi vont les réputations, cependant, et le nom de Louis XIV restera pour beaucoup de gens le synonyme de galante courtoisie.

C'est vers cette époque que La Vallière envoyait au roi ce sonnet touchant, rimé sur une de ses lettres, par un des poëtes restés ses amis :

Tout se détruit, tout passe, et le cœur le plus tendre
Ne peut d'un même objet se contenter toujours.
Le passé n'a point eu d'éternelles amours,
Et les siècles futurs n'en doivent point attendre.

La constance a des lois qu'on ne veut pas entendre,
Des désirs d'un grand roi rien n'arrête le cours;
Ce qui plaît aujourd'hui déplaît en peu de jours
Son inégalité ne saurait se comprendre.

Louis, tous ces défauts font tort à vos vertus;
Vous m'aimiez autrefois et vous ne m'aimez plus;
Mes sentiments, hélas! diffèrent bien des vôtres!

Amour à qui je dois et mon mal et mon bien,
Que ne lui donniez-vous un cœur comme le mien!
Ou que n'avez-vous fait le mien comme les autres!

Bien différente elle était des autres, cette pauvre duchesse, et rien ne put la consoler de la perte de son amour. Car les consolateurs ne manquèrent pas : plus d'un grand seigneur, voyant dans ce mariage une source de prospérités pour sa maison, lui offrit de l'épouser, elle refusa toujours en disant qu'elle n'aurait pas trop du reste de sa vie pour pleurer les fautes de sa jeunesse.

Cependant la mesure était comble, et La Vallière ne put se résigner davantage à voir sous ses yeux le bonheur de celle qui lui avait enlevé le cœur du roi. Depuis longtemps, le repentir avec la désillusion était entré dans son âme, elle se dit que Dieu seul pouvait pour elle remplacer l'homme, le roi qu'elle avait tant aimé, et elle résolut d'aller demander la paix, sinon l'oubli, aux solitudes du cloître. Une pieuse cohorte de dévots personnages la soutenait dans cette résolution. Bien des fois, avant le règne de la veuve Scarron, on retrouve autour du roi cette sainte phalange, surveillant d'un œil demi-clos les événements. Patiente, elle attend son heure. Elle aide à précipiter les favorites du haut du caprice royal, jusqu'à ce qu'enfin dans la couche de Louis XIV elle pousse une Vasthi de son choix, une élue de son cœur et de sa politique impitoyable.

Beaucoup de ceux qui entouraient la duchesse de La Vallière étaient convaincus que la faveur de madame de Montespan ne résisterait guère à l'éloignement de sa rivale. Ils ne se trompaient pas; quoi qu'il en soit, les pieuses exhortations de ces amis de son infortune décidèrent la duchesse, et un soir de mardi-gras, à une grande fête de Versailles, on apprit qu'elle s'était réfugiée aux Carmélites de Chaillot, près de mademoiselle de La Motte d'Argencourt, cette première passion de Louis XIV.

En apprenant la fuite de La Vallière, le roi eut comme un éclair de remords, le souvenir des enivrements de cette première passion lui revint au cœur; peut-être se dit-il qu'il avait été bien cruel pour cette pauvre fille dont l'amour unique était un culte. Il quitta la fête presqu'aussitôt, et dès le lendemain il fit porter à la fugitive une lettre dans laquelle il la conjurait de ne le pas abondonner. Le maréchal de Bellefonds, en qui La Vallière avait la plus grande confiance, fut chargé de la missive royale; mais il ne put rien obtenir d'elle. En quelques lignes elle répondit au roi que désormais elle ne voulait plus songer qu'à son salut.

Cette réponse désola Louis XIV (1), et non moins inutilement il lui renvoya Lauzun qu'elle ne voulut même pas recevoir. Alors il cessa de prier, il ordonna. Colbert alla signifier les volontés du maître, et La Vallière se décida à revenir prendre sa lourde chaîne.

— Hélas! dit-elle à Colbert, autrefois il serait venu me chercher lui-même.

Puis elle embrassa les religieuses qui déjà avaient tué le veau gras pour fêter la bienvenue de l'enfant prodigue.

— Adieu, mes sœurs, leur dit-elle, vous ne serez pas longtemps sans me revoir.

Au retour, dit madame de Sévigné, « le roi a causé une heure avec elle, il pleurait fort. Madame de Montespan fut au devant d'elle les bras ouverts et les larmes aux yeux; tout cela ne se comprend pas... enfin nous verrons. »

Six jours après madame de Sévigné écrit à sa fille (2) · « Madame de La Vallière est toute rétablie à la cour, le roi la

---

(1) Sévigné, *Lettres*, 12 février 1671.
(2) Sévigné, *Lettres*, 18 février 1671.

reçut avec des larmes de joie, et madame de Montespan avec des larmes... devinez de quoi?... Tout cela est difficile à comprendre. Il faut se taire. »

Il faut parler au contraire, et dire que madame de Montespan ne jouait nullement la comédie. La Vallière pour elle était un gage de la durée de sa faveur. A sa faveur seulement elle tenait, et lorsque quelquefois, pendant une brouille, le roi retournait à la pauvre délaissée, réduite aux miettes du banquet de l'amour, elle riait aux larmes et disait que La Vallière ne la gênait point.

On avait approuvé le départ de madame de La Vallière, on blâma son retour. Toutes les femmes, madame de Sévigné en tête, trouvèrent qu'elle manquait de dignité, comme si l'amour, une passion véritable et la dignité n'étaient pas choses incompatibles.

Alors on se moquait de ce que l'on appelait les velléités de repentir de La Vallière, ou on l'appelait une demi-repentie. Ici apparaît la sécheresse du cœur de madame de Sévigné, qui, malgré son surprenant esprit, ne put jamais arriver à la sensibilité et s'arrêta toujours à la sensiblerie.

« A l'égard de madame La Vallière, écrit-elle à sa fille, nous sommes au désespoir de ne pouvoir vous la remettre à Chaillot; mais elle est à la cour beaucoup mieux qu'elle n'a été depuis longtemps, et il faut vous résoudre à l'y laisser. »

Et encore près de deux ans après (15 décembre 1673) : « Madame de La Vallière ne parle plus d'aucune retraite; c'est assez de l'avoir dit : sa femme de chambre s'est jetée à ses pieds pour l'en empêcher; peut-on résister à cela?...»

Cependant madame de La Vallière n'avait pas abandonné son projet de retraite, seulement ni le roi ni madame de Montespan ne voulaient la laisser partir. Que d'affligeants spectacles pour elle, cependant, pendant ces années d'épreuves ! C'est Madame qui meurt : cette belle, cette touchante Henriette d'Angleterre a été empoisonnée par un des honteux favoris de son mari. Avec toute la cour, La Vallière frémit à la grande voix de Bossuet qui tonne du haut de la chaire : Madame se meurt ! Madame est morte ! Puis, autour d'elle, elle voit grandir et croître la lignée impure de madame de Montespan, ces bâtards qui étalent sur la pourpre le déshonneur de leur mère.

Cette vie d'immolation, d'inépuisables amertumes dura trois ans encore, trois ans encore on foula aux pieds celle qu'on n'appelait plus que l'ancienne favorite, vieille avant l'âge, — elle n'avait pas trente ans, — flétrie comme une de ces fleurs frêles fanées une heure après qu'on les a détachées de leur tige.

Un jour que sa douleur était plus amère encore que tous les jours et qu'elle parlait d'entrer en religion, la veuve Scarron, qui faisait déjà le ménage de madame de Montespan, lui dit comme pour sonder la profondeur de son désespoir :

— Songez aux privations et aux austérités du cloître ! aurez-vous le courage de les supporter?

— Si jamais se plaignait la chair, répondit La Vallière, je n'aurais pour me trouver heureuse qu'à me rappeler ce que ces gens-ci me font souffrir.

Et elle montrait le roi et madame de Montespan.

Enfin, l'heure du repos sonna pour elle, et il lui fut permis de se retirer dans un de ces cloîtres d'où, à trois reprises déjà, le roi était venu l'arracher. Cette fois elle y entrait pour toujours.

Dès lors elle ne vécut plus pour le monde, et jamais le bruit de cette cour de Versailles dont elle avait été la reine ne put troubler sa méditation. Que d'événements cependant! Ainsi elle apprit tour à tour la chute de madame de Montespan et celle de la belle Fontanges, et celle de bien d'autres qui ne régnèrent qu'un jour, jusqu'à cette surprenante nouvelle du mariage « du grand roi » avec la veuve du Cul-de-jatte.

A la grille du parloir bien des amis vinrent la visiter, et pour les malheureux, l'affligée avait de bonnes paroles. Elle la désespérée, elle eut cet honneur insigne de recevoir la reine Marie-Thérèse et de la consoler; elle pleurait avec elle lorsque cette épouse tant outragée lui racontait les monstrueux scandales du roi; alors Marie-Thérèse, qui l'avait tant haïe, et depuis tant regrettée, put lui donner le baiser du pardon.

Pendant trente longues années que se prolongea sa dure pénitence, elle n'eut jamais un seul mot de regret ou d'amertume. La gloire de sa fille, cette ravissante mademoiselle de Blois qui épousa le prince de Conti (1680), sembla la toucher à peine. Lorsqu'on lui apprit la mort si douloureuse du comte de Vermandois, ce fils qui avait tous les vices de son père, sans avoir la puissance qui les fait excuser, elle ne put s'empêcher de verser des larmes abondantes, et comme Bossuet s'efforçait de la consoler, elle lui dit en essayant de sécher ses larmes :

— Oui, vous avez raison, c'est assez pleurer la mort d'un fils dont je n'ai pas encore assez pleuré la naissance.

« Ce n'est plus la duchesse de La Vallière, c'est la sœur Louise de la Miséricorde, » écrivait un de ses anciens amis. Ce mot exprime tout le changement qui s'était opéré; c'est comme la paraphrase de la parole si laconique de Bossuet le jour où cette autre Madeleine prononça ses vœux : « Quel état!... et quel état ! »

Mais aussi quel abime entre les lettres d'amour de la belle

et jeune fille d'honneur de Madame, et les réflexions sur la miséricorde de Dieu de la religieuse carmélite.

Il y avait trente ans qu'elle jeûnait et couchait sur la dure, lorsqu'en 1710 elle s'éteignit sur un lit de cendres, elle, la maîtresse adorée de la jeunesse du grand roi.

On prit des ménagements pour annoncer cette mort au vieux monarque; mais qu'en était-il besoin?

— La duchesse de La Vallière, dit-il d'un ton sec, est morte pour moi le jour où elle a quitté ma cour.

IV

MADAME DE MONTESPAN

MADEMOISELLE DE FONTANGES

Le jour où la duchesse de La Vallière, emportée par son amour, osait, au mépris des ordres de Marie-Thérèse, lancer en avant son carrosse et arriver la première près de Louis XIV, il y eut autour de la reine comme un cri d'indignation arraché par l'audace de la favorite.

— Pour moi, dit une des dames, Dieu me garde d'être jamais la maîtresse du roi; mais, si j'étais assez malheureuse pour cela, je n'aurais jamais l'effronterie de paraître devant la reine.

Cette dame plus vertueusement indignée que les autres était la marquise de Montespan. Et lorsqu'ainsi, devant la reine, elle prenait parti pour l'épouse contre la favorite, son audace était bien autrement grande que celle de La Vallière; car en ce moment même elle travaillait à renverser la pauvre duchesse, et, la veille de ce jour peut-être, sa chambre s'était mystérieusement ouverte pour le roi.

Françoise-Athénaïs de Rochechouart-Mortemart appartenait à l'une des plus nobles et des plus anciennes familles du royaume; elle était née en 1641. Toute jeune, elle était venue à la cour, et, sous le nom de Tonnay-Charente, avait brillé, à côté de La Vallière, au milieu de l'escadron fringant des filles d'honneur de Henriette d'Angleterre.

Brouillonne, intrigante, médisante à faire frémir, se moquant de tout, elle réussit à se faire chasser de chez Madame, qui était la bonté même. Comme elle avait envie de prendre son essor, elle se décida à choisir parmi les nombreux et honorables partis qui se présentaient.

Elle épousa en 1663 un homme de cœur et d'esprit, Henri Louis de Pardaillan de Gondrin, marquis de Montespan, petit-fils de ce riche Zamet, chez qui la belle Gabrielle prit son dernier repas. Le roi signa au contrat.

La jeune marquise, elle avait vingt-trois ans, commença par donner un fils, un héritier à son mari, le duc d'Antin; c'était l'usage du temps. Nommée surintendante de Marie-Thérèse, elle sut capter la confiance de la reine par sa dévotion affectée et par ses médisances contre la pauvre La Vallière.

Madame de Montespan était mariée depuis moins de dix-huit-mois, lorsqu'elle chercha, semble-t-il, à disputer le cœur de Monsieur à un de ses petits amis, le chevalier de Lorraine. Elle perdit sa peine. Elle écouta alors, dit-on, l'irrésistible Lauzun; mais cette passion, d'ailleurs tenue fort secrète, ne dura qu'un jour.

Lauzun en la quittant voulut reconnaître ses faveurs par de bons offices, et il parla fort avantageusement au roi de la marquise de Montespan. Louis XIV fit la sourde oreille, *il* aimait encore La Vallière et la marquise ne lui avait jamais plu.

Le roi la connaissait de longue date, et seul peut-être de sa cour, il n'avait point admiré cette superbe beauté. Il l'avait vue jeune fille dans les salons de Madame; mariée, il la retrouvait chaque soir chez la reine, et ne semblait faire aucune attention à elle. Peut-être la redoutait-il. Louis XIV détestait l'esprit et les femmes spirituelles ; or madame de Montespan passait pour une des plus redoutables railleuses de la cour. Ses bons mots armés en guerre blessaient mortellement, lorsqu'ils ne tuaient pas. Elle avait cette verve caustique si amusante pour tous ceux qui se croient à l'abri, et qui semblait un des priviléges de sa famille ; on disait : « *l'esprit des Mortemart.* »

On peut le dire hardiment, jamais la superbe marquise de Montespan n'eût succédé à la timide La Vallière dans le cœur de son amant, sans un de ces hasards vulgaires qui, presque toujours, décident souverainement des destinées, hasard qui la jeta sur le chemin du roi.

C'était pendant cette joyeuse promenade de Flandre, en 1667. Toute la cour, à la suite de la reine, s'était établie en camp-volant à Compiègne, et, en attendant le roi, menait la plus joyeuse vie du monde. Madame de Montespan, avec un luxe de prudence, un peu exagéré peut être pour une femme de trente ans, ne voulut pas demeurer seule, elle demanda asile à madame de Montausier, et vint mettre sa vertu et sa réputation sous la clef « de cette dame si austère. »

Un soir, le roi arrive, les fourriers avaient oublié son logement ; l'appartement voisin de celui de la reine avait été donné à Mademoiselle. Louis XIV ne veut déranger personne, il déclare qu'en campagne le plus humble logis lui suffit, et il se contente d'une petite chambre qu'un simple escalier de quelques marches séparait seul de l'appartement occupé par madame de Montausier. Pour plus de sûreté, comme « cette reine des Précieuses » avait sous sa garde la vertu des filles d'honneur, on plaça une sentinelle sur l'escalier. Sentinelle perdue.

Toutes ces précautions dont se bastionnait la vertu de madame de Montespan devaient irriter la tentation. La curiosité prit le roi. Il vit là des difficultés à vaincre, de l'adresse à déployer. C'était une aventure, il la courut. César vint, il vit, il triompha. Ou plutôt non, tout le triomphe fut pour la marquise. Le lendemain, on ne replaça plus de sentinelle dans l'escalier.

La surprise, le mystère, les périls presque, donnaient un piquant attrait à cette bonne fortune. Il y avait mille obstacles ; et que de précautions à prendre ! L'escalier à franchir, sans être vu, la porte à forcer, bien discrètement ; la reine logeait au-dessous, il fallait marcher sur la pointe du pied, puis, on pouvait éveiller madame de Montausier : que dirait cette dame « aux mœurs si sévères ? » Hélas ! faut-il le dire, madame de Montausier dormit autant que le souhaitait le roi.

A dater de cette première nuit, le roi sembla prendre en affection sa petite chambre, il s'y enfermait des journées entières, pour travailler, et souvent ses travaux le retenaient jusqu'à une heure fort avancée de la nuit. La reine était pleine d'inquiétude de cet excès de labeur, elle craignait que le roi ne compromît sa santé, mais Louis la rassurait, et lui faisait comprendre les pénibles nécessités du métier de roi.

Enfin, au bout de huit jours, ou plutôt de huit nuits, le roi était amoureux fou de madame de Montespan.

Et certes, la marquise en valait la peine. Un matin, au temps de sa plus grande faveur, elle était à sa toilette et se faisait des mines dans son miroir, lorsqu'il lui arriva de dire :

— Le roi devait bien à la dignité de sa couronne de prendre pour maîtresse la plus belle femme de son royaume.

Cette présomption superbe était, il faut l'avouer, admirablement justifiée. La marquise de Montespan, au dire de tous ses contemporains, et ce qui est mieux, de ses contemporaines, était la plus belle femme de la cour.

Beauté plantureuse et exubérante, elle était le vivant contraste de la blonde et frêle La Vallière; elle étalait avec orgueil des épaules et des bras admirables, et une gorge dont les splendeurs n'avaient pas de rivales ; ses traits étaient réguliers, un peu virils, peut-être, ou du moins trop nettement accusés, son teint éblouissant de fraîcheur; elle avait la bouche sensuelle, la lèvre un peu épaisse, mais des dents magnifiques; ses yeux brûlaient de passion ou pétillaient de malice, selon les sentiments qui l'agitaient ; enfin, elle avait une chevelure opulente, ses pieds et ses mains étaient d'une délicatesse exquise et d'une rare perfection de modelé.

Malgré cette beauté si rayonnante, madame de Montespan n'était cependant pas sympathique. Elle pouvait inspirer des désirs furieux, mais non un véritable amour, comme la douce et tendre La Vallière; remuer les sens, mais non le cœur. On se rend compte de la puissance de cette femme si belle, lorsqu'on regarde avec réflexion le beau portrait qui nous en est resté; elle est là dans tout l'épanouissement de sa riche nature; les seins nus, elle allaite un enfant beau comme elle, comme elle éclatant de vie et de fraîcheur. Et cependant elle ne séduit pas, une pensée méchante plisse imperceptiblement le coin de sa bouche moqueuse, on attend l'épigramme cruelle, enfin on lit dans cet œil aux lueurs phosphorescentes son terrible caractère.

Légère, capricieuse, hardie, hautaine, tous ses goûts étaient des passions, toutes ses passions des orages. Jalouse, tyrannique, un rien lui portait ombrage; la mobilité de ses caprices eût lassé toutes les patiences; ses dédains étaient écrasants. Son égoïsme était plus grand encore que celui de Louis XIV, jamais elle n'aima personne, pas plus son amant que son mari, elle n'aima pas même ses enfants. Son esprit cruel était sans pitié, pas un ridicule, pas un travers ne lui échappaient, et souvent elle immola ses meilleurs amis, ses plus dévoués, au seul plaisir de dire un mot plaisant. Ses emportements étaient incroyables, ses colères furieuses; une de ses contemporaines la peint d'un trait : « C'était un ouragan. »

C'est à cette femme que Louis XIV sacrifia La Vallière, la bonne, la dévouée La Vallière, le seul amour vrai de sa vie. Avec madame de Montespan la tempête entrait à Versailles.

Cette nouvelle passion du roi déjoua pendant quelques mois l'incessant espionnage organisé par les courtisans autour de la personne du maître; les trois ou quatre confidents de Louis XIV gardèrent scrupuleusement le secret. L'orgueil toujours croissant de madame de Montespan finit par donner l'éveil, et du jour où l'on tint le premier fil de cette intrigue, tout l'écheveau fut bientôt déroulé.

Ce fut un rude échec pour la réputation de madame de Montausier : on se demandait comment « l'Alceste femelle » avait pu prêter les mains à la double infidélité du roi, et donner à des amours adultères l'abri de son manteau d'austérité.

La reine, qui avait la plus grande confiance en la surveillante des filles d'honneur, fut plus particulièrement indignée; elle la fit venir, afin d'avoir avec elle une explication. Madame de Montausier nia tout, mais la reine ne parut pas convaincue.

« On me mande, disait Marie-Thérèse, que c'est madame de Montausier qui conduit cette intrigue, qu'elle me trompe, que le roi ne bougeait d'avec madame de Montespan chez elle...... Je ne suis dupe de personne, j'en sais plus qu'on ne croit (1). »

La duchesse de La Vallière, elle aussi, était depuis longtemps au courant de tout, mais, comme la reine, elle se contenta de pleurer sans mot dire; depuis longtemps elle s'attendait à voir le roi la quitter pour une autre. « Ma beauté m'a abandonnée, disait-elle tristement, le roi a fait de même. »

Comme toujours en pareille occurrence, le trop confiant marquis de Montespan fut le dernier informé de ce qui se passait. Il l'apprit cependant, et, comme « il était original en tout, » il ne fut que médiocrement satisfait de l'honneur que le roi lui faisait en aimant la marquise.

Comme cependant on ne savait rien de positif, le marquis pensa que le plus court était d'emmener sa femme dans leurs terres. La marquise refusa net de le suivre. Une scène d'intérieur s'ensuivit, scène si orageuse vers la fin, que M. de Montespan leva la main sur sa femme.

— Eh bien! oui, le roi m'aime! s'écria la marquise avec un geste de défi, le roi m'aime. Et maintenant, frappez si vous l'osez.

(1) *Mém. de Mademoiselle.*

Le marquis osa; il osa même si fort, que madame de Montespan, échevelée, les habits en désordre, s'enfuit de l'hôtel conjugal et alla demander l'hospitalité aux époux Montausier. Ils étaient l'un et l'autre trop bons chrétiens et trop habiles courtisans pour laisser à la porte une pauvre femme, la maîtresse du roi, sans refuge; ils l'accueillirent comme une bénédiction de Dieu, et lui firent fête. Ils pensaient qu'avec madame de Montespan la fortune et la faveur allaient entrer dans leur maison.

Le marquis de Montespan, un entêté, ne se tint pas pour battu. Il pensa que son titre de mari lui donnait quelques droits, et directement il se rendit chez madame de Montausier pour reprendre sa femme.

Ce fut un esclandre épouvantable : la marquise, aidée de sa protectrice, se défendit comme une lionne contre son mari qui voulait l'entraîner de force. Le marquis allait être le plus fort, lorsque madame de Montausier appela ses domestiques à la rescousse. Ils accoururent, se faisant arme de tout, et M. de Montespan dut battre en retraite devant un ennemi par trop supérieur en nombre. Mais il ne s'éloigna pas sans avoir passé sa fureur sur madame de Montausier; « il lui dit des choses horribles, et mêla ses reproches des injures les plus atroces. »

Cette terrible scène fit une telle impression sur madame de Montausier, déjà souffrante à ce moment, qu'elle tomba malade sérieusement, et se mit au lit pour ne plus se relever. Au moins son mari fut récompensé, « Alceste fut nommé gouverneur du Dauphin. »

Lorsque la marquise éplorée vint informer le roi de ce qui s'était passé, il entra dans une fureur impossible à décrire. Il n'osait pourtant rien entreprendre contre le mari de sa maîtresse, il se contenta de lui faire conseiller de se tranquille.

Le malheur est que le marquis de Montespan ne vou pas se tenir tranquille. Ne pouvant empêcher qu'on lui prît femme, il prétendait avoir la liberté de ne s'en pas montrer satisfait, et, qui plus est, de le publier partout.

Moins de trois jours après cette aventure, le marquis parut au lever de Louis XIV vêtu de noir de la tête aux pieds, et le visage lugubre, « comme un homme qui aurait enterré toute sa famille. »

— Avez-vous donc perdu quelqu'un, marquis? lui demanda le roi de son air le plus bienveillant.

— Non, Sire, répondit-il brutalement, je porte le deuil de ma femme.

Et il se retira gravement, au milieu de l'ébahissement général, laissant les courtisans véritablement stupéfaits de l'audace de cet original et de l'incompréhensible longanimité du roi.

Ce n'était pourtant pas encore assez pour le marquis : il fit draper son carrosse de noir, et aux quatre coins, en guise de panaches, il fit placer des cornes, — ses armes parlantes, disait-il. Puis, avec cet équipage fantastique, il se promena par tout Paris.

C'était plus que n'en pouvait supporter Louis XIV ; il écrivit à son ministre pour châtier l'insolent :

« Monsieur Colbert, il me revient que Montespan se permet
« des propos indiscrets. C'est un fou que vous me ferez le
« plaisir de suivre de près et de chasser de Paris. »

On ne le chassa pas. Pour l'avoir toujours sous la main, on le mit à la Bastille. — Une douche à un cerveau malade. Après cet acte éclatant de justice souveraine, Louis XIV dormit plus tranquille, et madame de Montespan étala avec plus d'orgueil encore l'immense ampleur de ses jupes.

On pensait que le roi laisserait éternellement le marquis à la Bastille, comme assurément il en avait le pouvoir; on se trompait. Un beau matin, on lui ouvrit les portes, et on lui donna une belle escorte pour le reconduire à sa terre de Guienne. On essaya même de l'avilir en lui faisant accepter de l'argent. On l'inscrivit sur une liste de pensions, mais il ne voulut jamais en toucher les quartiers.

Arrivé en Guienne, Montespan poussa jusqu'au bout sa lugubre vengeance, un des actes les plus courageux de cette époque de platitudes rampantes. Il fit prévenir tous les gentilshommes de sa province que la marquise était morte, il s'obstina à porter le deuil, et chaque mois il faisait chanter une messe en musique pour le repos de l'âme de sa défunte femme.

Tout ce scandale ne suffit pas à Louis XIV; ses relations doublement adultères dévoilées, il entreprit de les justifier, bien plus, de les glorifier. Au nom de sa toute-puissance, il prétendit déifier ses passions, réhabiliter sa favorite, et changer en honneur insigne l'opprobre qu'il infligeait au mari.

Les courtisans, troupe plate et servile, applaudirent des deux mains à cette prodigieuse audace de Louis XIV; ils firent litière de leur honneur, déclarant par là que tous accepteraient avec joie le rôle de Montespan, cet original qui semblait mépriser l'illustration nouvelle que le caprice royal donnait à sa maison.

Molière prêta le secours de son génie au monstrueux projet de Louis XIV, et l'on joua sur la scène, devant toute la cour, en présence de Marie-Thérèse, de la pauvre La Vallière et de madame de Montausier, à deux pas de madame de

Montespan, on joua les mystères de Compiègne, c'est-à-dire *Amphitryon*.

Sombre page de l'histoire de Molière! N'est-ce pas la fatalité antique qui s'acharne après lui? Le génie est-il donc un si grand crime, que, vivant, il faille en porter la peine?

Molière obéit à Louis XIV. Il fit pour la fantaisie du maître cette terrible comédie, *Amphitryon*, tout comme il avait fait écrire *la Princesse d'Élide,* comme il fera représenter *Georges Dandin*.

Et cependant il n'est pas de ces vils adulateurs qui se traînent à plat ventre autour du trône. Il paie royalement la protection royale. Il achète ainsi le droit de donner des chefs-d'œuvre : *la Princesse d'Élide* a sauvé *Tartufe, Amphitryon* ouvre le chemin à *Don Juan*.

C'est que Molière est seul contre tous. Le grand homme n'a que le roi pour le défendre. Il a déchaîné toutes les haines; les partis, lorsqu'il s'agit de le perdre, d'étouffer sa voix, se donnent la main. Il les a tous flagellés et souffletés de ses vers, abîmés et ridiculisés de son rire. Les dévots ne pardonnent pas *Tartufe,* les marquis veulent se venger de la critique de l'*Ecole des Femmes,* Alceste atteint la cour, Pourceaugnac fait grincer des dents à la province. C'est qu'il n'a ménagé ni la ville, ni la cour, ni la bourgeoisie, ni la noblesse.

Il n'en épargne qu'un, celui qui le protége contre les autres, et encore il sent sa chaîne, il gémit tout bas, et tout haut il se plaint de l'esclavage :

> Sosie, à quelle servitude
> Tes jours sont-ils assujettis!
> Notre sort est beaucoup plus rude
> Chez les grands que chez les petits.

> Ils veulent que pour eux tout soit dans la nature
> Obligé de s'immoler.

Et voilà pourquoi Molière s'immole. Mari passionnément épris d'une femme coquette, cette détestable Béjart, le voilà qui glorifie l'adultère. Il pleure des larmes de sang sur les infidélités de sa femme, peu importe, il rira, il fera rire des trahisons conjugales, et, cocu sublime, il jettera à pleines mains le ridicule sur les époux trompés.

Ainsi, nous avons *Amphitryon*, et Molière-Sosie ; mais cherchez bien sous ce rire, vous trouverez la plaie qui saigne ; malgré le bruit de cette verve désolante et convulsive, vous entendrez le sanglot sourd. En tel endroit, il secoue sa chaîne et la révolte perce ; c'est l'argument du bâton qui seul peut convaincre Molière-Sosie, terrible argument de la loi du plus fort.

Donc, autour de Sosie les voici tous, les acteurs de la comédie ignoble, Molière les a mis en scène. Voici Jupiter-Louis XIV, et Amphitryon-Montespan, et la belle Alcmène-favorite. C'est une apothéose en règle, la divinité excuse la marquise, les cornes de l'époux trompé se changent en couronne triomphale.

Et les courtisans applaudissent à leur opprobre, et Mercure-Lauzun est tout fier et fait la roue.

> Un partage avec Jupiter
> N'a rien du tout qui déshonore,
> Et sans doute il ne peut être que glorieux
> De se voir pour rival le souverain des dieux.

Telle est la morale, et cette noblesse, autrefois si fière, n'y trouve rien à redire, et il n'est pas un seul de ces grands seigneurs qui ne soit disposé à porter à sa femme le mouchoir que daignera lui jeter Louis XIV. Tel est le degré d'avilissement où les a réduits ce roi qui tient pour eux la *corne* d'abondance.

> Le véritable Amphitryon
> Est l'Amphitryon où l'on dîne,

et les broches tournent du matin au soir dans les cuisines de Versailles, et le couvert est toujours mis chez Louis XIV. Demandez plutôt à Vivonne, il vous montrera les roses qui fleurissent sur ses joues, et le double menton qui bat sa poitrine ; il les doit aux perdrix que l'on mange à la table royale.

Comme on pourrait jaser, pourtant, comme un envieux mal avisé pourrait hasarder un blâme, Sosie, avant de se retirer, transmet les volontés de Jupiter-Louis. Écoutez l'oracle, et à bon entendeur salut :

> Tout cela va le mieux du monde.
> Mais enfin, coupons aux discours,
> Et que chacun chez soi doucement se retire.
> Sur telles affaires toujours
> Le meilleur est de ne rien dire.

Après ce scandaleux étalage d'un amour adultère, après ce monstrueux déni de morale, il semble que Louis XIV n'ait plus aucune mesure à garder ; cependant il se contraint encore. Il fait mettre en scène ses amours « qui honorent celles qui en sont l'objet, qui honorent même leurs maris, » — mais il essaie, au moins dans les commencements, d'en dissimuler les suites. On cache donc les premières grossesses de madame de Montespan.

Déjà dans le courant de l'année 1669 elle avait mis au monde une fille qui ne vécut que trois ans; le 30 mars 1670, elle donna au roi un fils qui fut le duc du Maine.

La naissance de ces deux enfants fut tenue extrêmement secrète. Lorsque pour la seconde fois madame de Montespan se trouva enceinte, le roi, malgré l'aversion, que lui inspirait Paris s'installa au Louvre où l'étiquette était beaucoup moins sévère, où il était beaucoup moins entouré, ce qui lui permettait de visiter presque tous les jours madame de Montespan à laquelle on avait fourni un prétexte plausible de s'éloigner pour quelques jours de la cour.

« Le terme venu de l'accouchement, une fille de service de la marquise de Montespan, en qui le roi et elle avaient une confiance particulière, monta en carrosse et alla dans la rue Saint-Antoine chercher un nommé Clément, fameux accoucheur, à qui elle demanda s'il voudrait venir avec elle, pour une femme qui était en mal d'enfant. On lui dit que s'il voulait venir, il fallait qu'il consentît à se laisser bander les yeux, parce qu'on ne voulait pas qu'il sût où on le menait.

« Clément, à qui de pareilles choses arrivaient souvent, voyant que celle qui venait le chercher avait l'air honnête, répondit qu'il était prêt à tout ce qu'on voudrait (1). »

Il monta donc en carrosse, les yeux bandés, et s'assit à côté de la fille de chambre. On resta plus d'une heure et demie en route; le cocher, qui avait ses ordres à l'avance, fit faire au carrosse d'innombrables détours, afin de dérouter complétement le chirurgien. Enfin, on s'arrêta. La fille de chambre prit la main du chirurgien, l'aida à descendre, le guida à travers l'escalier et l'introduisit dans un apparte

(1) OEuvres de Bussy-Rabutin.

ment peu éclairé, où seulement il put ôter son bandeau.

Un homme, — le roi, — était debout près du lit; il lui dit de ne rien craindre. Clément répondit qu'il ne craignait rien; il s'approcha de la malade, l'examina attentivement, et dit que l'instant n'était pas encore venu.

Alors, s'adressant au roi, qu'il avait peut-être reconnu, mais qu'il eut l'habileté de traiter comme le premier gentilhomme venu, il demanda « s'il se trouvait dans la maison de Dieu, où il n'est permis ni de boire ni de manger ; que pour lui, il avait grand faim, étant parti de chez lui au moment où il allait se mettre à table pour souper.

« Le roi, sans attendre qu'une des femmes qui était dans la chambre s'entremît pour le servir, s'en alla lui-même à une armoire où il prit un pot de confitures qu'il lui apporta, ainsi qu'un morceau de pain, en lui disant de n'épargner ni l'un ni l'autre, qu'il y en avait encore dans la maison. Le roi lui apporta de même une bouteille de vin et lui versa deux ou trois coups.

« Lorsque maître Clément eut bu, il demanda au roi s'il ne boirait pas bien aussi, et le roi ayant répondu que non, il lui dit en souriant que la malade n'en accoucherait pas si bien, et que s'il avait envie qu'elle fût promptement délivrée, il fallait qu'il bût à sa santé (1). »

Cette dernière considération décida Louis XIV : il emplit deux verres de vin, et trinqua avec maître Clément à la santé de la malade.

Sans doute le choc des verres porta bonheur à la marquise, car moins d'une heure après elle était délivrée, et maître Clément annonça que tout danger étant passé, il allait se retirer.

(1) *Amours du roi et de la marquise de Montespan.*

On lui banda les yeux de nouveau, et, avec les mêmes précautions prises pour l'amener, on le reconduisit chez lui.

« Lorsqu'on fut arrivé devant la porte de sa maison, sa conductrice lui ôta son bandeau, lui mit dans la main une bourse qui contenait cent louis d'or, et tout aussitôt le carrosse repartit au grand galop des chevaux.

La naissance de l'enfant que madame de Montespan mit au monde l'année suivante, fut cachée avec presqu'autant de soin. Cette fois, la marquise accoucha au château de Saint-Germain. Lauzun, qui était dans la confidence, emporta l'enfant dans les plis de son manteau, et le remit à madame Scarron, qu'on n'avait pas osé introduire au château, et qui attendait dans un carrosse, à quelques pas d'une porte de service.

Voici donc, pour la première fois, la veuve Scarron mêlée au ménage illégitime du roi. « Elle avait le pied dans l'étrier. »

La veuve du cul-de-jatte devait cette heureuse fortune à madame de Montespan elle-même. Lorsqu'il s'était agi de faire élever, loin de la cour, ces bâtards dont le nombre devait aller croissant chaque année, la marquise crut faire un coup de maître en confiant les enfants du roi à quelque créature du parti dévot qui avait fini par accepter La Vallière, et de qui elle avait à cœur d'être acceptée.

Elle désigna donc au roi madame Scarron qu'elle avait autrefois connue chez madame d'Hendicourt, et qui, depuis quelque temps, tournait fort à la dévotion, et s'entourait des plus habiles intrigants du parti. Le roi se sentait peu de sympathie pour cette veuve adroite et discrète, mais madame de Montespan prouva si bien à son amant que cette dame avait précisément le mérite et l'esprit nécessaires pour donner une éducation convenable à des rejetons si illustres, qu'il finit par donner son consentement.

« On fit donc sonder madame Scarron, mais en termes mystérieux. En parlant des enfants, on ne disait pas le nom du père, et on voulait que l'éducation fût très-secrète. » Madame Scarron hésita ; elle redoutait, disait-elle, d'aliéner sa liberté et de se donner de trop lourdes chaînes ; sa *conscience* même lui en faisait quelques scrupules. Elle demanda à consulter l'abbé Gobelin, et, après quelques jours, finit par accepter, mais à une condition, c'est qu'on lui déclarerait que les enfants étaient bien du roi.

« Ce mystère qu'on exige de moi, écrivait-elle à M. de
« Vivonne, le frère de madame de Montespan, peut me faire
« supposer qu'on me tend un piége. Cependant, *si les enfants*
« *sont bien au roi, je le veux bien ; je ne me chargerais pas*
« *sans scrupule de ceux de madame de Montespan*. Ainsi, il
« faut que le roi me l'*ordonne ;* voilà mon dernier mot (1). »

Cette lettre, digne d'Escobar, n'ouvrit pas les yeux à la marquise ; plus elle sentait madame Scarron aux mains des dévots, plus elle s'applaudissait de son choix. Aussi elle insista près de son amant afin qu'il donnât un ordre positif. Louis XIV céda, et ce fut pour l'insinuante veuve « le commencement de sa fortune singulière. »

A dater de la naissance de cet enfant (1670), la marquise de Montespan, abandonnant le reste de pudeur qui la faisait s'as-

---

(1) Correspondance de madame de Maintenon. Cette lettre est du 24 mars 1670 ; on n'en a pas l'autographe ; elle est seulement citée par La Beaumelle, et M. le duc de Noailles, panégyriste déterminé de madame de Maintenon, ne semble pas la révoquer en doute.

treindre au mystère, laissa de côté toute contrainte ; il est vrai que sa déplorable fécondité l'eût obligée à de perpétuelles précautions. C'eût été ne pas vivre. Elle préféra déchirer le voile, et désormais elle afficha ses grossesses annuelles. C'était les afficher, en effet, que de les déguiser comme elle le faisait. Elle inventa, dit la princesse de Bavière, « les robes volantes pour ses grossesses, parce qu'on ne pouvait voir la taille sous ces robes. Mais quand elle en prenait une de ce genre, c'était comme si elle eût écrit sur son front qu'elle était enceinte. Chacun disait à la cour : « Madame de Montespan a pris la robe volante, donc elle est grosse. »

D'ailleurs, à quoi bon cacher ces naissances illégitimes ? Louis XIV, par un acte véritablement incroyable, ne va-t-il pas les révéler à l'Europe ? De sa main, le roi osa écrire le divorce du marquis et de la marquise de Montespan, et bientôt après (1673) il légitima la naissance de ses enfants, les reconnut, et, au mépris de toutes les lois humaines, lui, le roi, il proclama ces bâtards fils de France. Et pas une voix ne s'éleva pour protester contre ce fait inouï, contre cet exorbitant mépris de la morale.

Nous voici arrivé à l'époque la plus brillante du règne du « grand roi. » Versailles est presque terminé. Le dieu s'est assis sur son nuage. Louis XIV a pris possession de cette fameuse chambre où frappe chaque matin le premier rayon du soleil, son emblème.

Le désert est devenu oasis, comme au coup de baguette d'un enchanteur. Pourquoi, hélas ! faut-il tant de millions aux enchanteurs terrestres ! L'empyrée du roi-fétiche a ruiné la France. Et cependant, que de chefs-d'œuvre ! Voici Mansard ; c'est lui qui a remué ces montagnes de pierres, échafaudé cette nouvelle Babel ; et Le Nôtre, le créateur du paysage, qui a tracé ces lignes, dessiné ces parterres, courbé ces ifs à tous les caprices de sa fantaisie. Lebrun, Mignard, Jouvenet, Audran, Philippe de Champaigne, ont animé les murs de ces salles immenses; ils ont tiré de leur palette des effets merveilleux; ils ont lancé aux plafonds ces nuages légers, scellé dans le mur ces fresques grandioses. Pour orner cet olympe nouveau de Louis XIV, ils ont mis au pillage l'olympe de la Rome païenne. C'est maintenant le bataillon des sculpteurs : Coysevox, Girardon, Puget, Pygmalions de ce peuple de statues qui enchantent les bosquets, se mirent dans les eaux des bassins, et donnent la vie à tout ce paysage magnifique que, du haut de son balcon, le roi peut embrasser d'un seul coup d'œil.

Que le peuple gémisse, de loin on lui montrera Versailles, de très loin. Tiens, France, voici tes sueurs, voici ton sang, voici ton pain. Et de quoi se plaindrait-on, Louis XIV n'est-il pas le maître de la vie et de la fortune de ses sujets? Colbert, le grand génie du règne, a fécondé la France; on dévore le revenu, demain on pillera le fonds.

Colbert a vu l'abîme, il voudrait arrêter le roi sur cette pente terrible; vains efforts! Il s'est jeté aux genoux du maître et le maître l'a repoussé du pied. Avec la Montespan, Colbert, l'homme de l'industrie, de la paix, de l'agriculture, l'homme du peuple en un mot, n'est plus rien. Tout à Louvois, le ministre de l'incendie du Palatinat, tout à lui, jusqu'au jour où un crime peut-être débarrassera de ses services, devenus importuns comme un remords.

Mais nul autre que Colbert n'avait alors de ces pressentiments lugubres, nul ne comprenait que cet immense échafaudage de puissance était bâti sur le sable, tous les yeux se fermaient à l'avenir.

Et Louis XIV régnait dans le nuage, il avait mené son œuvre de patience à bonne fin, il avait absorbé la France; toutes les gloires, tous les mérites, n'étaient plus que les rayons de son génie; il s'était sacré héros, ses flatteurs l'avaient déclaré Dieu.

C'est que Louis XIV autour de son trône eut, jusque vers la fin de son règne, des flatteurs de génie; — la tête pouvait bien lui tourner un peu. Mais tous ces beaux esprits, ces savants, ces poëtes qu'il protégeait, ont fait son règne, le grand règne. Si l'illusion a duré si longtemps, c'est que toutes ces gloires si fausses vivaient presque réelles dans des pages immortelles. Les gens de lettres ont rendu à Louis XIV plus qu'il ne leur avait donné, et lorsque le poëte s'écrie :

> Grand roi, cesse de vaincre ou je cesse d'écrire,

on est tenté de prendre le poëte au sérieux et d'être saisi d'admiration pour ce roi qui

> Se plaint de sa grandeur qui l'attache au rivage.

Le règne entier de Louis XIV n'est qu'un passage du Rhin. Peu à peu, la vérité se fait jour. Longtemps on a considéré cet exploit comme un des plus grands faits militaires de France. On croyait sur parole les historiens et les poëtes. Mais un jour, un curieux est venu qui a mesuré le fleuve et le vers de Boileau; le fleuve était de beaucoup le plus petit. Alors la flatterie s'est retournée contre l'idole, et de ce passage du Rhin, fait de guerre des plus simples, l'ode boursoufflée du poëte a fait un exploit héroï-burlesque.

Tout est ainsi dans le règne de Louis XIV, pour qui veut se donner la peine de l'étudier sérieusement. — « Je veux ôter la perruque au grand roi, » disait, il y a quelques mois, un des écrivains les plus éminents de notre siècle; il a tenu parole, mais hélas! la perruque ôtée, il n'est plus rien resté. A chaque instant dans ce règne, sous la pompe du décor, sous le grandiose de la mise en scène, le grotesque apparaît.

La Feuillade élève un autel à son maître, nuit et jour brûlent des lampadaires autour de la statue, voilà l'apothéose. Mais attendez, un Gascon se glisse dans l'ombre et écrit sur le piédestal l'épigraphe oubliée :

> Eh sandis! La Feuillade, est-cé qué tu nous bernes,
> De mettre le soleil entre quatre lanternes?

A la fin du règne cependant, le grotesque disparaît pour faire place à l'horrible. Louis XIV croit expier ses fautes par une Saint-Barthélemy qui dure quinze années. Ce roi fait tout en grand.

L'odieux seul est réel, le reste n'est qu'illusion. Il y a de vrai encore l'avilissement de la noblesse et l'avénement du tiers, l'acheminement à la révolution.

Mais nous sommes encore au temps des grandeurs et des magnificences, et madame de Montespan est souveraine. Elle est définitivement déclarée, elle règne avec un tapage infernal.

La marquise avait élu domicile chez la duchesse de La Vallière; là elle s'était emparée de tout: autour d'elle, ses domestiques, ses créatures, ses amis étaient venus se grouper. Comme pour assurer sa puissance, elle avait appelé à la rescousse tous les Mortemart de la terre, sœurs, frères, cousins. Elle marchait toujours entre ses deux sœurs, belles et spirituellement méchantes comme elle. L'une était la marquise de Thiange; « grande mangeuse et grande buveuse; » l'autre, l'agréable abbesse de Fontevrault, que le roi avait dispensé de la résidence, et qui, très-exigeante et très-austère pour ses nonnes, faisait gaiement son salut à la cour. Vivonne n'apparaissait, lui, que dans les grandes occasions, il partageait son temps entre la table et la lecture.

La duchesse de La Vallière avait bien essayé de s'opposer à cet envahissement, mais la marquise avait vite comprimé ces velléités de rébellion. Madame de Montespan avait fini par réduire La Vallière au rôle de Cendrillon, elle en avait fait sa première fille de chambre. Elle se faisait habiller et parer par cette pauvre délaissée, la grondant lorsqu'elle était maladroite. — « Pensez-vous, lui demandait-elle quelquefois, que le roi me trouve belle ce soir? »

Le roi la trouvait toujours belle, le matin comme le soir. Véritablement, elle l'avait endiablé, étourdi de son esprit et de sa conversation. Il en avait même un peu peur, comme tout le monde.

Souvent la marquise se mettait avec son amant au grand balcon de Versailles, et, avec une verve étourdissante, elle caricaturait tous les courtisans qui passaient à portée de son regard. « En une minute, elle habillait son homme, » et le roi riait des mille ridicules qu'elle donnait à tous. C'était sa façon de distraire Louis XIV.

Les courtisans appelaient ce genre de récréation *passer par les armes* de madame de Montespan, c'était pour eux une terreur. La marquise paraissait-elle à une fenêtre avec le roi, en moins de rien les cours étaient vides, c'était comme une déroute générale.

Aux moments de bonne humeur, Louis XIV appelait madame de Montespan une agréable étourdie; d'autres fois, il disait : On ne peut lui en vouloir, c'est une véritable enfant. Enfant terrible, alors. En réalité, il subissait toutes ses brusqueries et lui passait les plus incroyables caprices. Jamais plus fantasque maîtresse ne mit à l'épreuve la patience d'un amant.

Chaque jour, quelque folie nouvelle. Son luxe était insensé, son train princier. Jamais la France n'entretint une favorite avec cette splendeur. Elle avait des toilettes fabuleuses, des parures folles. Quelquefois, le roi lui prêtait les diamants de la couronne, et elle trouvait la force de les porter tous. Dieu sait le poids pourtant! Un jour, Louis XIV eut l'idée, pour recevoir ces fameux ambassadeurs apocryphes destinés à le distraire, de faire coudre tous ses diamants sur un habit, il ne put le garder plus d'une heure, tant il pesait, — c'est Dangeau qui nous l'affirme, — et pour dîner il prit une autre veste.

Rien d'étrange comme les goûts et les amusements de la belle marquise; elle adorait les bêtes. Une partie des splendides appartements que le roi lui avait donnés dans toutes les résidences royales était transformée en ménagerie. Là, elle élevait des chats, des chiens, et même des cochons d'Inde. Elle avait un grand coffre tout rempli de souris blanches, et son grand bonheur était de faire mordiller ses belles mains par ces dégoûtantes petites bêtes, ou de les faire courir sur ses bras et sur ses épaules. Lorsqu'elle ne sortait pas, elle passait ses journées à atteler des souris apprivoisées à un petit carrosse en filigrane et à les faire galoper à travers sa chambre.

Mais que dire des bizarres idées qui traversaient à chaque instant la tête folle de la marquise et que presqu'aussitôt elle mettait à exécution! Un jour, elle envoyait des coussins à l'église pour ses chiens favoris ; le lendemain, elle causait au milieu de quelque solennité une horrible confusion ; une autre fois, pour une question d'étiquette, elle brouillait presque toute la famille royale.

Ainsi, de sa personnalité bruyante madame de Montespan emplissait ce palais de Versailles, bâti par Louis XIV pour la duchesse de La Vallière. Des éclats de sa gaîté ou de ses colères, du matin au soir retentissaient les grandes salles et les corridors.

— « Cette catau me fera mourir, » disait souvent Marie-Thérèse.

La pauvre reine n'avait pas assez de regrets pour cette douce La Vallière que si longtemps elle avait méconnue ; mais il était trop tard, et pour comble d'humiliation et de désespoir, le roi imposait à sa femme la présence presque continuelle de la marquise.

L'ingratitude de madame de Montespan était passée en proverbe, et Lauzun, ce modèle du courtisan, Lauzun à qui elle devait son élévation, lui dut la perte de sa prodigieuse fortune.

Ce favori, qui avait pris pour armes parlantes une *fusée*, était parti de rien, et par sa seule habileté s'était élevé au plus haut rang à la cour. Un jour, il eut un rêve éblouissant, il faillit épouser Mademoiselle. Pendant vingt-quatre heures il eut l'autorisation du maître, mais le roi, on ne sait pourquoi, retira sa parole.

On dit à Lauzun que le retour du roi provenait de madame de Montespan ; le favori n'en voulut rien croire, il était bien certain que la marquise, son ancienne maîtresse, sa créature, lui était une fidèle alliée. Cependant les mêmes propos lui étant revenus de plusieurs côtés à la fois, il voulut s'assurer du fait.

Il alla trouver la marquise, et la pria d'intercéder en sa faveur auprès du roi. La favorite le promit, et en même temps elle jura à Lauzun que plusieurs fois déjà elle avait parlé pour lui.

Lauzun feignit alors de se retirer; mais, profitant de la connaissance parfaite qu'il avait de l'appartement, il se faufila dans la chambre à coucher de la marquise, se glissa sous le lit et attendit.

Presqu'aussitôt madame de Montespan entra, suivie du roi. La conversation tomba sur Lauzun, et le favori put entendre celle qu'il croyait son alliée dire de lui un mal horrible. La colère l'étouffait, mais il réussit à se contenir, sachant bien que s'il faisait un mouvement c'en était fait de lui.

Le roi sorti, il accabla de reproches et d'injures l'ingrate marquise, et il la menaça, si le roi ne consentait à son mariage, de divulguer « ce qu'il avait vu et entendu. » Que voulait dire Lauzun? on ne peut que le conjecturer; mais la chose devait être grave puisqu'on ne trouva qu'une prison perpétuelle pour se mettre à l'abri des indiscrétions de ce favori si audacieux, le seul qui ait jamais osé braver la colère de Louis XIV, mais qui la brava à ce point que le roi levait sa canne pour châtier l'insolent, lorsque, réfléchissant, il fit un des plus beaux actes de sa vie, il ouvrit la fenêtre et jeta sa canne en disant :

« Ainsi je ne serai pas exposé au malheur de frapper un gentilhomme. »

En vain Mademoiselle se traîna aux pieds du roi, pour obtenir non plus une autorisation de mariage, mais la liberté de l'homme qu'elle aimait, le roi fut inflexible ; il pleurait avec elle, mais il laissait Lauzun à Pignerol, méditer avec Fouquet sur le danger de déplaire au maître.

Bien des années seulement après cette aventure, Mademoiselle obtint qu'on lui rendît Lauzun, et à quel prix ! On lui extorqua une partie de son immense fortune pour en enrichir un des bâtards de la favorite. Ajoutons que Lauzun paya de la plus noire ingratitude le dévoûment si absolu de cette bonne et romanesque Mademoiselle.

A tout moment les frasques de madame de Montespan obligeaient le roi d'intervenir et d'interposer son autorité. Cette liaison du roi était un continuel orage, mais tous ces tourments étaient calculés.

— Savez-vous, marquise, lui disait un de ses amis, qu'à ce jeu vous risquez fort de perdre l'amour du roi?

— Je n'en crois rien, répondit madame de Montespan, en agissant comme je le fais ; je distrais Sa Majesté, j'occupe son esprit et son cœur, et il n'a pas le loisir de penser à une autre.

Mais madame de Montespan avait sur le roi un moyen d'influence bien autrement sérieux. Chaque année, avec une désolante ponctualité, elle donnait à son amant un nouveau bâtard, et cette honteuse fécondité emplissait de joie le cœur du monarque.

De ces enfants devait pourtant venir la ruine de la marquise, non d'eux précisément, mais de leur institutrice, madame Scarron. Cette intrigante, qui avait le génie de la patience, n'avait pas tardé à prendre une place très-sérieuse dans le petit ménage de Louis XIV. Chaque enfant de la marquise augmentait son importance. Pour élever tous les bâtards, on avait donné à madame Scarron un vaste hôtel isolé, du côté de Vaugirard, et elle tenait avec une habileté admirable le pensionnat royal. Peu à peu elle avait été admise à saluer le roi d'abord, puis à lui rendre compte de la santé des enfants, et insensiblement, de causerie en causerie, elle était devenue presque nécessaire à Louis XIV.

On reste saisi d'admiration lorsqu'on considère l'œuvre de patience de madame Scarron ; c'est la force de l'eau qui goutte à goutte use le rocher. Grain de sable par grain de sable elle comble l'abîme qui la sépare du roi. On se rappelle involontairement en suivant ce magnifique travail de persévérance ces petites araignées qui parfois dans leur toile prennent une mouche énorme. elles ne sautent pas dessus tout d'abord, elles savent se contenir, elles se tiennent à distance; alors, avec un art infini, elles jettent un fil, puis deux, puis des milliers de fils sur la mouche terrible, elles l'enveloppent, la lient, la réduisent à l'impuissance. C'est là, exactement, le labeur de madame de Maintenon : quelle patience! mais aussi quel succès !

Il faut voir cependant quelle était alors l'existence du grand roi, lorsqu'il régnait à Versailles, un peu comme Bajazet au fond de son sérail. Il avait la reine d'abord, sa femme légitime, puis sa maîtresse de la veille, La Vallière, puis celle du présent, la Montespan, et peut-être encore celle du lendemain.

Entre ces trois femmes, il se pavanait et faisait la roue. Parfois il les mettait toutes trois ensemble, dans le même carrosse, et les traînait au grand soleil, l'une enceinte, l'autre pâle encore de ses couches. A ce spectacle inouï d'une reine de France entre les deux maîtresses du roi, les populations, remplies d'étonnement, se demandaient si la morale n'était pas un vain mot, et si toutes les lois humaines n'étaient pas un détestable mensonge.

Et cette trigamie ne suffisait pas encore au grand roi, il égayait l'uniformité de cette vie à quatre par de nombreuses infidélités; à chaque instant on croyait voir surgir un astre nouveau; mais la terrible Montespan, d'un mot, rejetait dans la foule sa rivale d'un jour.

On se demande, en voyant ce scandale étrange, ce que faisaient à la cour ces hommes si pieux, ces saints évêques, ces prêtres dévorés du zèle de Dieu. Ils ne faisaient rien, ils attendaient. Ils secondaient madame Scarron dans son œuvre et préparaient l'heure de la Grâce. Ils savaient que plus les débordements du roi seraient grands, plus, à l'heure de la conversion, ils auraient le droit de se montrer exigeants. Et ils laissaient faire.

Louis XIV, au milieu de la plus grande fougue de ses passions, n'avait jamais cessé, non d'être religieux, il ne le fut jamais, mais d'être dévot. A côté de ses maîtresses, il protégeait toujours les prêtres et les confesseurs; peut-être les considérait-il un peu comme des valets de chambre nécessaires à son salut. Ainsi, jamais il ne manqua à remplir les devoirs qu'impose l'Église, et un saint jour de Pâques put voir ensemble s'approcher de la Sainte-Table le roi, la reine, madame de Montespan et la duchesse de La Vallière. La femme et les deux maîtresses, et encore, à quelques pas, la quatrième, peut-être.

La retraite au couvent de madame de La Vallière fut pour la marquise un coup terrible, mais depuis longtemps prévu. En retenant près d'elle la favorite délaissée, l'habile étourdie savait parfaitement qu'elle liait son amant.

Louis XIV, n'ayant plus qu'une maîtresse en pied, crut pouvoir se permettre quelques infidélités de plus, et chaque jour la jalousie de la marquise éclatait en scènes terribles.

A ses côtés elle voyait avec inquiétude grandir, grandir toujours, lentement, peu à peu, mais avec une persistance soutenue, la veuve habile de Scarron; et les choses en étaient venues au point qu'elle voyait une rivale dans cette femme qu'elle était allée chercher dans le lit de Ninon de Lenclos. Elle voulut la faire chasser, trop tard. Le roi ne pouvait plus se passer de la causerie de cette adroite personne.

Déjà l'influence de madame Scarron était énorme ; soutenue par toutes les dévotes gens de la cour, elle se préparait à entrer dans le cœur de Louis XIV, incessamment battu en brèche, sur les ruines de son amour pour madame de Montespan.

Le roi vieillissait, les digestions devenaient pénibles, les purges plus fréquentes, la goutte aussi s'en mêlait. Avec l'apparence d'une santé à défier le temps, Louis XIV était vieux avant l'âge ; il n'eût pu faire seulement une lieue à cheval.

C'est le moment que choisit madame Scarron pour parler du ciel d'abord, de l'enfer ensuite; elle parla de repentir et de conversion, de morale outragée; le roi prêta l'oreille. Un instant madame de Montespan dut quitter la cour. Mais elle ressaisit bientôt sa puissance.

De ce jour, il y a lutte ouverte entre madame de Montespan et la veuve Scarron. Cette dernière a conquis son premier grade ; le roi l'a appelée un jour madame de Maintenon, et ce sera son nom désormais. Dans l'espoir d'éloigner cette rivale, d'autant plus dangereuse que son jeu est plus insaisissable, madame de Montespan essaye de la marier, de lui faire accepter les brillants partis qui se présentent pour elle ; toutes ses négociations échouent, comme si madame de Maintenon avait le pressentiment de sa fortune future.

Bientôt, il y eut entre le roi et madame de Montespan une

séparation nouvelle; madame de Maintenon y avait plus contribué que personne; elle ne perdait pas une occasion de remettre le roi sur la voie du salut, car c'est sous ce spécieux prétexte qu'elle voila son ambition. Après une revue des mousquetaires, elle s'enhardit jusqu'à dire au roi :

— Que feriez-vous cependant, Sire, si l'on vous disait que l'un de ces jeunes gens est marié et vit publiquement avec la femme d'un autre ?

Louis XIV ne répondit pas, mais sans cesse exhorté par Bossuet et par Bourdaloue, il se décida à quitter la marquise. Les deux amants se séparèrent, dit madame de Caylus, s'aimant plus que la vie; le roi partit pour l'armée, madame de Montespan alla cacher sa douleur à Clagny.

Le roi et la favorite firent leurs dévotions chacun de son côté, rien n'était plus édifiant; Louis XIV, tout glorieux de la victoire remportée sur ses passions, disait à Bossuet :

— Eh bien! mon père, vous le savez, madame de Montespan est à Clagny?

— Oui, répondit Bossuet, mais Dieu serait, je crois, plus content si Clagny était à soixante lieues de Paris.

On était à l'époque du Jubilé, et toute la cour, à l'exemple du roi, ne songeait qu'à prendre la haire et le cilice. Madame de Maintenon et ses amis étaient bien convaincus qu'ils étaient à tout jamais débarrassés de madame de Montespan, et ils songeaient à profiter de leur victoire, lorsqu'il y eut chez le royal pénitent une nouvelle et hélas! bien scandaleuse rechute. Ils rentrèrent donc la discipline jusqu'à une occasion nouvelle et meilleure, et de nouveau s'arrangèrent le mieux possible avec les passions du maître.

« Il est avec le ciel des accommodements, »

Et dans le lointain ils entrevoyaient la révocation de l'édit de Nantes, cette prime offerte par le roi pour son salut.

« Le Jubilé étant fini, dit madame de Caylus, il fut question de savoir si madame de Montespan reviendrait à la cour. Pourquoi non? disaient ses parents et ses amis, même les plus vertueux. Madame de Montespan, par sa naissance ou par sa charge, doit y être; elle peut y vivre aussi chrétiennement qu'ailleurs. L'évêque de Meaux fut de cet avis; il restait cependant une difficulté : madame de Montespan, ajoutait-on, paraîtra-t-elle devant le roi sans préparation? Il faudrait qu'ils se vissent avant que de se rencontrer en public, pour éviter les inconvénients de la surprise.

« Sur ce principe, il fut conclu que le roi viendrait chez madame de Montespan; mais pour ne pas donner à la médisance le moindre sujet de mordre, on convint que des dames respectables et les plus graves de la cour seraient présentes à cette entrevue, et que le roi ne verrait madame de Montespan qu'en leur compagnie.

« Le roi vint donc chez madame de Montespan comme il avait été décidé; mais insensiblement il l'attira dans une fenêtre; ils se parlèrent bas assez longtemps, pleurèrent, et se dirent ce qu'on a accoutumé de dire en pareil cas; ils firent ensuite une profonde révérence à ces vénérables matrones, passèrent dans une autre chambre, et il en advint madame la duchesse d'Orléans et ensuite M. le comte de Toulouse.

« Je ne puis me refuser, continue madame de Caylus, de dire ici une pensée qui me vient dans l'esprit. Il me semble qu'on voit encore dans le caractère, dans la physionomie et dans toute la personne de madame la duchesse d'Orléans les traces de ce combat de l'amour et du Jubilé. »

Ce retour désola madame de Maintenon, mais ne lui fit pas

perdre l'espérance. Dans une lettre à madame de Saint-Géran, elle se plaint amèrement de la maladresse de M. de Condom :

« Je vous l'avais bien dit, écrit-elle, que M. de Condom jouerait dans cette affaire un personnage de dupe. Il a beaucoup d'esprit, mais il n'a pas celui de la cour. Avec tout son zèle, il a fait précisément ce que Lauzun aurait eu honte de faire; il voulait les convertir, et il les a raccommodés. C'est une chose inutile, madame, que tous ces projets : *il n'y a que le père de La Chaise qui puisse les faire réussir.* Il a déploré vingt fois avec moi les égarements du roi; mais pourquoi ne lui refuse-t-il pas absolument l'usage des sacrements? il se contente d'une demi-conversion. »

Cette lettre n'explique-t-elle pas admirablement l'odieux caractère de madame de Maintenon, n'y dévoile-t-elle pas, pour ainsi dire, la redoutable ambition qui la dévore? Elle va feindre de quitter la cour, mais le roi la retiendra; s'il lui a échappé deux fois, il n'échappera pas une troisième; le père de La Chaise est là qui veille pour faire réussir ses projets.

Le roi, cependant, n'était même pas à demi-converti. Il avait repris la marquise, et avec elle ses anciennes habitudes. Cette séparation, sans avoir complétement effacé l'amour du roi, l'avait au moins affaibli, et bientôt de nombreuses infidélités révélèrent à la favorite que son influence diminuait.

Le roi n'eut d'abord que des caprices d'un jour. Il faillit s'arrêter à mademoiselle de Sévigné; mais elle était trop maigre. — « Quel malheur! s'écrie le fier, l'orgueilleux Bussy, elle eût rendu tant de bons offices à notre famille. »

Madame de Soubise dura quelques jours; mais elle craignait la Montespan, et la ménagea. Mandée au moment du caprice, elle se rendait près du roi à la première réquisition; Bontemps, le valet de chambre, venait la chercher, souvent au milieu de la nuit. Elle quittait alors le lit conjugal, sans trop se gêner; son mari était le premier dormeur du royaume. « Une fois, ainsi pressée, dit M. Michelet, elle ne trouvait pas ses pantoufles, cherchait sous le lit, ramonait; le mari dit en songe : — « Eh! mon Dieu! prends les miennes! » et il continua de ronfler. »

Villarceaux essaya de pousser une de ses nièces. — « J'ai ouï parler, dit-il au roi, que Votre Majesté a quelque dessein sur elle; s'il en était ainsi, je la supplie de ne charger nul autre que moi de cette affaire. »

Le roi rit et refusa, il avait mieux. Une toute jeune fille, mademoiselle de Laval, lui avait plu une heure. Elle se trouva enceinte, et pour ne pas légitimer encore un enfant, « Louis XIV écoula sa maîtresse au duc de Roquelaure. » Elle enrichit son mari; aussi, lorsque vint l'enfant, presqu'aussitôt le mariage, le duc de Roquelaure lui fit fête :

« — Je ne vous attendais pas si tôt, dit-il, néanmoins soyez le bienvenu. »

Un instant on crut qu'une jeune et belle fille de Lorraine, mademoiselle du Lude, chanoinesse de Poussay, allait prendre la première place dans le cœur du roi; mais on comptait sans madame de Montespan. La maîtresse en titre fit une querelle terrible à sa rivale, l'étrangla presque, et finit par la chasser de Fontainebleau. Le roi n'osa rien dire, et de cette liaison il ne resta qu'une épigramme railleuse :

> La Vallière était du commun,
> La Montespan est de noblesse,
> Et la du Lude est chanoinesse :
> Toutes trois ne sont que pour un.
> Mais, savez-vous ce que veut faire
> Le plus puissant des potentats?

La chose paraît assez claire,
Il veut unir les trois états.

Tandis que les courtisans se fatiguaient à suivre les passagères amours de Louis XIV, une nouvelle favorite apparut tout à coup, qui d'un seul bond escalada tous les degrés de la faveur, mademoiselle de Fontanges.

C'était une rousse éblouissante, exactement belle de la tête aux pieds; les La Feuillade, courtisans expérimentés, lui firent la courte échelle, madame de Montespan elle-même la détailla au roi : — « J'ai près de moi, Sire, lui disait-elle, une belle idole de marbre. »

Elle fit plus : un jour à la chasse elle enleva d'un geste brusque le fichu qui couvrait les épaules de Fontanges, et appelant le roi : — « Voyez donc, Sire, que tout cela est beau ! »

Ce fut tout à fait l'avis du roi, et huit jours après l'idole de marbre était l'idole de la cour.

Madame de Montespan au désespoir eût voulu chasser Fontanges comme elle en avait chassé tant d'autres; mais *l'innocente* tint bon, elle s'était cramponnée à la faveur et prétendait bien ne céder sa place à personne.

Déjà le roi aimait Fontanges avec l'emportement des vieillards. Plus elle était absurde et folle, plus il se sentait épris. La petite était sotte comme un panier, dit l'abbé de Choisy; peut-être est-ce pour cela qu'il l'adorait. Madame de Montespan l'avait fatigué d'esprit.

Voilà donc Fontanges maîtresse déclarée et duchesse. La tête lui tourna, il y avait de quoi. Elle qui la veille encore « n'avait, dit M Pelletan, que la cape et l'épée, c'est-à-dire sa beauté, » elle eut tout à coup un palais et des trésors, Versailles et la fortune de la France, et le roi à ses genoux.

Aussi elle prit sans compter, et à pleines mains jeta l'argent par toutes les fenêtres de ses fantaisies. Les grandeurs lui montèrent au cerveau, et véritablement elle se crut reine, elle passait devant Marie-Thérèse sans la saluer. Elle vengea La Vallière et traita ignominieusement madame de Montespan.

Le roi lui donnait cent mille écus par mois, le double en cadeaux, mais il ne parvenait pas à lasser ses prodigalités ; elle conduisait grand train, avec huit chevaux, le carrosse de sa fortune, elle semblait vouloir « dévorer son règne en un moment. »

Pour Fontanges, Louis XIV était redevenu jeune; il reprit les diamants, les rubans et les plumes. C'était tous les jours quelque fête nouvelle, chasses, ballets, comédies, jamais le luxe n'avait été poussé si loin.

L'intérieur du roi était, grâce à Fontanges, devenu un enfer. Tandis que la nouvelle sultane régnait avec tout l'emportement de la folie, l'ancienne emplissait l'air de ses cris d'Ariane abandonnée. Chaque matin quelque sujet nouveau de jalousie, de colère, de haine. Entre ces deux femmes madame de Maintenon avait fort à faire, elle courait de l'une à l'autre, essayant de les apaiser, de les réconcilier, mais elle y perdait toute son éloquence si persuasive.

Parfois elle voulait faire de la morale à Fontanges, mais la duchesse d'hier n'entendait pas de cette oreille. — « Quand je serai à votre âge, disait-elle à l'officieuse veuve, je songerai à ma conversion. » Une autre fois elle disait : — « Croyez-vous donc qu'il est aussi aisé de quitter un roi que de quitter une chemise ? »

Hélas ! c'est le roi qui la quitta. Elle devint enceinte. C'était, on le sait, l'écueil des maîtresses de Louis XIV. Elle perdit sa beauté, et avec sa beauté son amant. Blessée au service du roi, elle demanda sa retraite et alla au fond d'une campagne cacher sa laideur et son désespoir.

Elle éblouit la cour un instant, comme un météore, puis elle disparut. Rose, elle vécut ce que vivent les roses. Elle ne laissait en quittant Versailles, ni un ami, ni un regret, et nul ne se fût souvenu de son nom sans un hasard, un coup de vent, une coquetterie heureuse.

Un jour à la chasse, le vent emporta son chapeau. D'un geste mutin elle réunit en un tour de mains ses admirables cheveux, et les lia avec un flot de rubans. Elle était si jolie ainsi, si mutine, si effrontée, que le roi ravi la pria de toujours porter cette coiffure.

Le lendemain, toutes les dames de la cour qui avaient copié les robes honteusement flottantes de madame de Montespan, copiaient la coiffure de la folle sultane et portaient leurs cheveux à la Fontanges.

La pauvre fille ne survécut guère à sa retraite. Un jour on apprit que Fontanges allait mourir et qu'elle faisait demander le roi. Louis XIV se rendit aux désirs de la malade, madame de Maintenon l'y avait poussé, elle pensait que cette mort ferait une grande impression sur le roi et qu'on en pourrait profiter.

Louis ne reconnut pas la pauvre moribonde, c'était une ombre déjà lorsqu'il s'approcha de son lit. Cette passion devait être extraordinaire en tout, il sembla touché des souffrances de la pauvre fille et pleura.

— Je remercie Votre Majesté, murmura Fontanges, je suis contente puisqu'à mon lit de mort j'ai vu pleurer mon roi.

Elle mourut en accusant madame de Montespan de l'avoir

fait empoisonner par un de ses domestiques dans une tasse de lait. Mais elle se trompait, madame de Montespan était incapable d'un tel crime.

La duchesse de Fontanges fut le dernier éclair de passion de Louis XIV; de ce jour il tomba sous la tutelle de madame de Maintenon, qui de plus en plus lui était devenue indispensable.

La marquise de Montespan essaya de lutter encore, mais son règne était définitivement passé. Comme à La Vallière, le roi lui déclara qu'il ne voulait pas être gêné. C'était un ordre formel de quitter la cour ; la marquise se résigna, elle partit, laissant à Versailles pour la représenter une armée de bâtards à la tête desquels marchait le duc du Maine, le favori de la vieillesse du roi, l'élu de madame de Maintenon.

La belle, l'orgueilleuse Montespan quitta les robes volantes pour le cilice, l'éventail pour la discipline : c'était la mode alors. Elle essaya à force de mouvement de dissiper son chagrin et de tromper son ennui, « mais le vide s'était fait autour d'elle, « et sans pouvoir trouver une heure de repos ou d'oubli, elle passait sa vie à changer de résidence, « ne se trouvant heureuse que là où elle n'était pas. » Le roi lui donnait vingt mille louis par mois, une belle pension de retraite, et elle les dépensait presque entièrement en bonnes œuvres. Elle dotait des filles pauvres, enrichissait des couvents, ou faisait bâtir des chapelles.

La mort, telle était la grande, l'épouvantable terreur de la marquise de Montespan : elle redoutait jusqu'au sommeil qui en est l'image. Elle ne dormait que dans une chambre resplendissante de lumières, et toujours autour de son lit se tenaient cinq ou six femmes de service, qui devaient jouer ou causer gaîment tandis qu'elle sommeillait.

Était-ce donc un pressentiment? Cette mort tant redoutée

arriva à l'improviste tandis qu'elle dormait, et à peine put-elle prononcer quelques paroles.

Louis XIV pleura la marquise de Montespan à peu près comme il avait pleuré la duchesse de La Vallière :

— Depuis que je l'avais congédiée, répondit-il, j'avais espéré ne jamais la revoir.

V

MADAME DE MAINTENON.

Avec madame de Maintenon commence ce qu'on est convenu d'appeler les sombres années du règne de Louis XIV; ceci, vrai pour les horreurs religieuses, est inexact quant au reste. Depuis 1670, la prospérité n'était qu'apparente, et chaque année les dépenses avaient été croissant. Le trésor était vide, les troupes sans solde, les routes étaient infestées de brigands. Le luxe dévorait la noblesse; enfin, les pierres, les bâtiments, Versailles, engloutissaient des sommes immenses. Il était bien évident que la débâcle arriverait, qu'un jour viendrait où tous les expédients du crédit et de l'emprunt feraient défaut.

Colbert avait prévu ces désastres, et il avait conjuré le roi de modérer ses dépenses. Louis XIV ne l'écouta pas; il était alors dans l'ivresse de la puissance et ne se doutait guère que vers la fin de son règne il en serait réduit, lui, le grand roi, le roi-soleil, à faire les honneurs de Versailles à Samuel Bernard, et à flatter l'importance du financier pour lui soutirer quelques pauvres millions.

Il est bien nécessaire d'insister sur cette pénurie des finances, parce qu'elle explique la révocation de l'édit de Nantes et les rigueurs des persécutions et des proscriptions religieuses. Le clergé n'eût jamais obtenu cela du roi sans la noblesse ; la noblesse y poussa, parce que, complétement ruinée, elle savait trouver d'immenses avantages pécuniaires à ces rigueurs déployées contre les protestants. La révocation fut bien moins une affaire religieuse qu'une spéculation, le fait n'en est que plus odieux. Ce fut une confiscation générale. Les réformés eurent sous le règne de Louis XIV le sort des juifs au moyen âge ; on les laissa prospérer, s'enrichir, et lorsqu'on jugea leurs coffres assez pleins, on les saisit à la gorge : — Halte-là ! la bourse ou la vie ! au nom du roi, au nom de Dieu ! Tous y laissèrent leur fortune, beaucoup leur vie.

Il serait, on le voit, injuste de faire retomber toute l'atrocité de l'action sur madame de Maintenon, l'idée ne lui appartient pas, mais elle commit le crime déjà énorme de contribuer au succès, malgré elle, malgré ses convictions, prise entre son ambition et sa conscience.

Avec madame de Maintenon, le cotillon disparaît, mais il est remplacé par la robe noire du jésuite. Sous les guimpes dont s'enveloppe sa prude coquetterie, je distingue le père de La Chaise, dans sa manche je vois s'agiter le bras du fanatique Le Tellier. Aux caprices parfois désastreux, mais passagers, d'une maîtresse intrigante et coquette, se substitue le sombre plan d'une société ambitieuse, qui, froidement, lentement, par tous moyens, veut arriver et arrive à son but.

Les dévots ont jeté la veuve Scarron dans la place. C'est à la marquise de Maintenon de leur ouvrir les portes; elle entretiendra les démangeaisons de la conscience royale, les jésuites se chargeront de les calmer.

Et Louis XIV est dupe, et, malgré lui, il laisse faire; entouré, circonvenu, il perd cette audacieuse initiative qui fut sa force. Résiste-t-il, son confesseur entr'ouvre immédiatement une des trappes de l'enfer, et il se rend; son ignorance fait la force de ceux qui l'ont pris à leur toile; écoutons plutôt Madame :

« On avait, dit-elle, fait tellement peur au roi de l'enfer, qu'il croyait que tous ceux qui n'avaient pas été instruits par les jésuites seraient damnés, et qu'il craignait d'être damné aussi en les fréquentant. Quand on voulait perdre quelqu'un, il suffisait de dire : Il est huguenot ou janséniste; alors son affaire était faite. On ne saurait être plus ignorant en matière de religion que n'était le roi. Il croyait tout ce que lui disaient les prêtres, comme si cela venait de Dieu même. La vieille Maintenon et le père La Chaise lui avaient persuadé que tous les péchés qu'il avait commis avec La Montespan lui seraient remis, s'il tourmentait et chassait les réformés, et que c'était la voie du ciel. Il l'a cru fermement. Il était du moins de bonne foi, et ce n'était pas du tout sa faute que sa cour fût hypocrite; la vieille Maintenon avait forcé les gens à l'être. »

Louis XIV, en ses belles années, avait applaudi à l'exécution des faux dévots; il avait encouragé Molière, il ne s'en souvenait plus. Tartufe mit des jupons et des coiffes, alors il ne le reconnut plus. Que dis-je! il lui fit fête, le pauvre homme! il lui ouvrit son palais et son lit, et finalement l'installa à côté de lui sur le trône. Ce fut l'apothéose de Tartufe.

Jamais pouvoir ne fut moins éclatant et pourtant plus réel

que celui de madame de Maintenon ; elle eut la main à tout. — Elle fit des généraux et des ministres, plus nuls les uns que les autres, mais les uns et les autres ses créatures. Louis XIV n'avait rien à lui refuser ; elle le dominait par le cœur, par les sens et par la conscience ; seule elle était l'arbitre de son bonheur en ce monde et dans l'autre. Favorite d'un genre nouveau, elle tenait du directeur et de la maîtresse, et un confessionnal était le boudoir de ses glaciales amours.

Plus on étudie le caractère de cette femme froide, sèche, moins on a pour elle de sympathie ; toute sa conduite est louche comme sa position. Rien de net, d'arrêté, de précis ; elle hésite, elle tergiverse, elle ne sait dire ni oui, ni non. Tout est vague, ambigu, voilé ; il n'y a de positif en elle que sa souplesse. Les péripéties de sa vie expliquent jusqu'à un certain point ce caractère. Ambitieuse, passionnée, la première moitié de sa vie n'est qu'une longue humiliation, sa jeunesse se passe, sa beauté se fane, avant qu'elle ait même l'espérance d'une situation dans le monde ; admise un peu partout, mais en subalterne, elle ne sauve sa position qu'à force d'habileté et d'aménité insinuante ; il lui reste de toutes ces épreuves quelque chose de vil et de bas, le sceau indélébile de la domesticité.

C'est dans la conciergerie de la prison de Niort que naquit, le 2 novembre 1635, d'une vieille famille calviniste, Françoise d'Aubigné, la future marquise de Maintenon. Constant d'Aubigné, son père, fils maudit et déshérité du vieil Agrippa, avait eu une triste vie, infamante à plus d'un titre, et était alors enfermé pour des intelligences avec le gouvernement anglais.

Rendu à la liberté, sur les sollicitations pressantes de sa femme, il partit avec toute sa famille pour la Martinique, où l'on commençait à fonder des établissements, et où il espérait rétablir promptement sa fortune follement dissipée.

« On aime à entourer de merveilleux l'enfance des personnes célèbres, » aussi la biographie de madame de Maintenon commence presque comme un conte de Perrault. Elle tombe malade sur le vaisseau, on la croit morte, on va la jeter à la mer, un mouvement qu'elle fait la sauve. Elle n'échappe à ce danger que pour en courir un plus grand encore. Des corsaires sont au moment de s'emparer du vaisseau qui la porte; par bonheur un ouragan éloigne les pirates. A la Martinique, une servante imprudente laisse seule sur le rivage la petite Françoise, et il s'en faut de rien qu'elle ne soit dévorée par un énorme serpent.

Mais des malheurs plus grands et plus réels l'attendaient. Son père refit en effet sa fortune, mais il la dissipa de nouveau au jeu, et il mourut comme il perdait son dernier louis, laissant sa femme et ses enfants dans un dénûment absolu.

Revenue en France avec la petite Françoise, alors âgée de dix ans, madame d'Aubigné, réduite à la plus profonde misère, fut obligée de travailler de ses mains pour vivre, tandis qu'elle poursuivait les débris de la fortune de son mari. Ses affaires l'ayant rappelée à la Martinique, elle confia sa fille à madame de Villette, qui eut pour elle une tendresse maternelle.

Ce bonheur dura peu ; la jeune d'Aubigné fut arrachée de cette maison par madame de Neuillant, catholique zélée, qui, se fondant sur sa parenté, obtint par autorité de justice le droit d'élever et de convertir sa jeune parente.

C'est une des phases les plus terribles de la vie si agitée de mademoiselle d'Aubigné : elle tenait au culte réformé, et madame de Neuillant voulait absolument lui faire accepter la religion romaine. « On employa d'abord la douceur et les caresses, en vain. On voulut la vaincre alors par les humiliations et les duretés. On la confondit avec les domestiques, et on la chargea des plus bas détails de la maison. « Je commandais à la basse-cour, a-t-elle dit depuis, et c'est par là que son règne a commencé. Tous les matins, une gaule à sa main et un petit panier sous son bras, on l'envoyait garder les dindons, avec défense de toucher aux provisions du panier avant d'avoir appris cinq quatrains de Pibrac. »

Sa conversion n'avançait pas, malgré la dureté de ces traitements; madame de Neuillant la fit entrer aux Ursulines de Niort. Elle n'y resta que quelques mois; personne ne payant sa pension, les sœurs la rendirent à sa mère, qui la plaça à Paris aux Ursulines de la rue Saint-Jacques. « C'est là qu'on obtint son abjuration, après beaucoup de résistance de sa part. »

A peine sortie du couvent, mademoiselle d'Aubigné perdit sa mère, et de nouveau se vit forcée de recourir à l'hospitalité de madame de Neuillant « qui, dit Tallemant, bien que riche et quoique sa parente, la laissait nue par avarice. »

Sans ressources, sans expérience, sans famille, la pauvre jeune fille mangeait avec douleur le pain amer et souvent reproché de l'aumône, lorsqu'elle se trouva pour la première fois en relation avec le poëte Scarron.

Cet infortuné, qui doit sa réputation bien moins à ses vers burlesques qu'à la gaîté courageuse avec laquelle il railla ses douleurs et fit un jouet de son mal, était un raccourci de toutes les infirmités humaines.

Horriblement paralysé, contrefait, tordu par de continuelles souffrances, il n'avait de libre que la bouche et les mains. Seul, l'estomac était bon et avait conservé toute sa vigueur. On faisait cent contes de l'horrible torture du pauvre Scarron, et lui-même s'en plaint dans une de ses préfaces : « Les uns disent que je suis cul-de-jatte, les autres qu'on me met sur une table dans un étui où je cause comme une pie borgne, d'autres encore que mon chapeau tient à une corde qui passe dans une poulie, et que je la hausse et la baisse pour saluer ceux qui me visitent, je veux arrêter ces mensonges. » Sur ce, il fait son portrait, et assure qu'il n'est guère plus contrefait qu'un Z.

En ce triste état, n'ayant presqu'aucune fortune, Scarron sut tirer parti de son mal ; il en vécut au moins autant que de ses vers. Il s'était déclaré *malade de la reine*, et touchait une petite pension pour *remplir son office*. Bien des gens lui venaient en aide, et il ne se faisait pas faute de se rappeler au souvenir de ceux qui pouvaient pour lui quelque chose, par de burlesques requêtes auxquelles il était bien difficile de ne pas faire droit.

> Je suis, depuis quatre ans, atteint d'un mal hideux
>   Qui tâche de m'abattre ;
> J'en pleure comme un veau, bien souvent comme deux,
>   Quelquefois comme quatre.

Tel est le style des plaintes du pauvre Scarron, ce qui ne l'empêche pas de « bien manger et de bien boire, nous avoue-t-il, comme le plus grand glouton bien portant, surtout lorsqu'il n'est pas *logé à l'hôtel de l'impécuniosité,* ce qui lui arrive parfois. »

Tel est le malheureux qui prit en pitié le malheur de mademoiselle d'Aubigné, et lui offrit sa main. Elle accepta, « aimant mieux encore cet extrait de mari que le couvent. » et que la pauvreté, eût-elle pu ajouter ; car tel était son dénûment, que le jour de sa noce elle fut réduite à emprunter un habit.

Fidèle à ses habitudes burlesques, Scarron reconnut par contrat à sa future : « Quatre louis de rente, une paire de belles mains, un très-beau corsage, une jolie figure, deux grands yeux fort mutins et beaucoup d'esprit. »

Ce portrait n'est point flatté, si flatteur qu'il semble : mademoiselle d'Aubigné était, à dix-sept ans qu'elle avait alors, une des plus ravissantes personnes que l'on pût voir. On ne l'appelait que *la Belle Indienne*. Mademoiselle de Scudéry nous en a laissé dans sa *Clélie* un vivant portrait, sous le nom de Lyrianne, épouse de Scaurus (Scarron). « Lyrianne était de grande et belle taille, mais de cette grandeur qui n'épouvante point et qui sert seulement à la bonne mine. Elle avait le teint fort uni et fort beau, les cheveux d'un châtain clair et très-agréables, le nez très-bien fait, la bouche bien taillée, l'air noble, doux, enjoué, modeste, et, pour rendre sa beauté plus parfaite et plus éclatante, elle avait les plus beaux yeux du monde, noirs, brillants, doux, passionnés et pleins d'esprit. »

Chez Scarron, dont le salon s'emplissait chaque soir du regain de la Fronde, la jeune épouse, la garde malade plutôt étendit le cercle jusque-là assez restreint de ses connaissances. Elle devint la reine de ce cénacle de beaux esprits et de grands seigneurs, et, toute jeune qu'elle était, imposa assez aux habitués de son mari pour qu'au moins en sa présence on s'abstînt des plaisanteries licencieuses qui avaient cours auparavant chez le poëte burlesque.

Madame de Maintenon a eu trop d'ennemis acharnés à essayer de salir son passé pour qu'il soit possible d'ajouter foi aux pamphlets qui racontent les mille et une aventures galantes de madame Scarron. Elle sut dans tous les cas sauver bien habilement les apparences. Rien ne prouve que Fouquet le surintendant ait eu autre chose que de l'amitié pour elle et de l'admiration pour les vers de son mari, d'où une pension. Rien ne prouve qu'elle n'ait pas repoussé et désolé tous ses adorateurs, Villarceaux comme les autres. Elle n'a qu'une chose qui puisse faire douter de sa vertu, sa liaison avec Ninon de Lenclos, liaison on ne peut plus intime, et un mot de cette même Ninon :

— Que de fois je lui ai prêté ma chambre jaune pour ses entrevues avec Villarceaux !

Je prendrais presque le parti de la sagesse de madame Scarron, en l'étudiant avec soin année par année; ses traits se tirent, son regard devient dur, sa physionomie est sèche, elle a tous les caractères de la vieille fille sortie victorieuse d'une lutte contre le célibat.

La mort de Scarron réduisit sa veuve à la mendicité; la reine-mère heureusement lui rendit la pension dont avait joui son mari, mais cette pension s'éteignit avec la reine-mère. Voilà la pauvre veuve de nouveau sans pain, et accablant Louis XIV de pétitions, bien inutiles, hélas!

Enfin un jour le roi lui accorda gracieusement, et lorsqu'elle y pensait le moins, ce que tant de fois elle avait demandé en vain ; elle eut strictement de quoi vivre et parut s'en contenter. Elle était même si habile qu'elle paraissait riche avec ce qui n'eût pas suffi à une autre. — « Deux mille livres! s'écria-t-elle, c'est plus qu'il n'en faut pour ma solitude et mon salut. »

Déjà, on le voit, madame Scarron inclinait fort à la dévotion, ce qui ne l'empêchait pas de suivre ses anciennes relations et de fréquenter le monde où elle avait de vrais succès; elle soupait encore avec Ninon de Lenclos, mais elle avait pris l'abbé Gobelin pour directeur.

Ainsi elle vivait, ne sachant quelle direction donner à l'immense ambition qui la dévorait, lorsque madame de Montespan eut la très-malheureuse idée de lui confier l'éducation de ses enfants.

L'ambitieuse veuve accepta, avec de jésuitiques restrictions, il est vrai; elle voulut un ordre du roi, elle l'eut. Il est probable que, du premier jour où elle se trouva en relations directes avec Louis XIV, son plan de campagne fut fait. Tout d'abord, elle se fit l'*amie* de madame de Montespan, et ne redressa la tête que le jour où elle fut certaine de son empire sur le roi.

Quel chef-d'œuvre de patience, d'habileté et d'insinuation que cette victoire de madame Scarron! Détestée du roi d'abord, elle arrive à se faire tolérer comme une servante discrète, puis accepter comme une amie de bon conseil, puis aimer comme une confidente dévouée. Les premiers désastres du règne de Louis XIV lui furent d'un grand secours; elle devint la garde malade de l'orgueil du roi-soleil et pansa les blessures de son amour-propre.

Longtemps avant que sa puissance n'éclatât, on la pressentait à la cour; le roi avait pour elle une inimaginable déférence, et un noël fort répandu lui attribue plus de faveur qu'elle n'en avait encore; un provincial interroge le *Messager fidèle qui revient de la Cour.*

> Que fait le grand Alcandre,
> Tandis qu'il est en paix?
> N'a-t-il plus le cœur tendre,
> N'aimera-t-il jamais?

Le messager répond :

— On ne sait plus qu'en dire,
Et l'on n'ose parler.
Si son grand cœur soupire,
Il sait dissimuler.

— Est-il vrai qu'il s'occupe
Au moins le tiers du jour
Où son cœur est la dupe,
Ainsi que son amour?
— En homme d'habitude,
Il va chez Maintenon
Il est humble, elle est prude,
Il trouve cela bon.

— La superbe maîtresse
En est-elle d'accord?
Voit-elle avec tristesse
La rigueur de son sort?
— L'on dit qu'elle en murmure
Et que sans ses enfants
Elle ferait figure
Avec les mécontents.

Mais le messager fidèle s'abuse en cet endroit; les enfants de madame de Montespan ne sont plus rien pour leur mère, ou plutôt ils l'ont oubliée; la seule mère pour eux est leur gouvernante, l'habile veuve Scarron. Elle les a élevés avec un soin extrême, pour elle, pour ses desseins; elle en a fait de petits saints, dévots convenables, ambitieux, hypocrites, égoïstes surtout. « Le lien entre elle et le roi, image burlesque de l'Amour, est le petit boiteux, le duc du Maine, avorton de malheur, rusé buffon, Scapin fait Tartufe. » Aussi, le jour où madame de Maintenon obtient du roi le renvoi de madame de Montespan, est-ce le duc du Maine, le favori de Louis XIV, qui va annoncer à sa mère la décision du roi; cherchant ainsi, par sa bassesse, à mériter sa grandeur future.

Guidés par madame de Maintenon, encouragés par elle, ces bâtards deviennent une cause de ruine pour la France, de discorde pour la cour, et dans ses dernières années Louis XIV essaie de leur léguer le trône au détriment de ses descendants légitimes.

Souveraine absolue par le départ de madame de Montespan et par la mort de la reine, madame de Maintenon se trouva dans la plus difficile des situations. Tint-elle rigueur à ce monarque inamusable, qu'elle renvoyait toujours affligé, mais jamais désespéré, ou sacrifia-t-elle sa vertu au salut et à la conversion du roi? Cette dernière hypothèse est la plus probable. Au moins chacun était-il convaincu de la défaite de cette dévote austère, défaite imposée peut-être par un directeur; car à tout prix il fallait prévenir le retour de quelque Montespan, et le roi, plus adonné à la table que jamais, n'avait pas un tempérament à supporter les dures privations du cloître.

Sa position à la cour était louche, fâcheuse, peu assurée. Lorsque les dévots et la noblesse eurent besoin de sa voix pour la révocation de l'édit de Nantes, préparée depuis longtemps, et lui promirent en échange de son appui leur approbation à un mariage secret avec Louis XIV, elle n'hésita pas. Et le jour où les dragons se répandirent à travers la France pour prêcher le catéchisme à main armée, l'union du roi-soleil et de la veuve Cul-de-jatte fut décidée.

Ce mariage honteux fut la dernière chute de Louis XIV; à

l'exemple des vieux célibataires libertins, il épousa sa servante, secrètement, dans une chapelle de Versailles, avec ses valets de chambre pour témoins, la nuit sans doute, pour dérober sa rougeur aux assistants et pour ne pas voir la leur.

Cette union souleva la réprobation universelle, et le sonnet suivant, parti de trop haut pour qu'on pût songer à punir celui qui l'avait mis en circulation, donne une juste idée de l'opinion de toute la cour :

> Que l'Éternel est grand! que sa main est puissante!
> Il a comblé de biens mes pénibles travaux.
> Je naquis demoiselle et je devins servante;
> Je lavai la vaisselle et souffris mille maux.
>
> Je fis plusieurs amants et ne fus point ingrate;
> Je me livrai souvent à leurs premiers transports.
> A la fin, j'épousai ce fameux cul-de-jatte,
> Qui vivait de ses vers comme moi de mon corps.
>
> Mais enfin il mourut, et vieille devenue,
> Mes amants sans pitié me laissaient toute nue,
> Lorsqu'un héros me crut propre encore aux plaisirs;
>
> Il me parla d'amour, je fis la Madeleine;
> Je lui montrai le diable au fort de ses désirs,
> Il en eut peur, le lâche!... Et je me trouvai reine.

Reine elle était en effet, mais non heureuse. Garde-malade du plus triste des rois, rivée à la même chaîne, elle expiait cruellement son ambition.

— « Que ne puis-je m'enfuir, disait-elle quelquefois, » et

son frère d'Aubigné, qui connaissait bien son caractère, de lui répondre : — « Vous avez donc promesse d'épouser Dieu le père ? »

Forcée de renoncer à l'espérance de faire déclarer son mariage, son ambition n'eut plus de but ; et, cruellement désabusée, elle dut se contenter de gouverner mystérieusement du coin de sa cheminée. On ne prit plus une décision sans elle ; et lorsque Louis XIV avait à trancher quelque lourde difficulté, c'est toujours à elle qu'il s'en rapportait. — « Qu'en pense, lui disait-il, votre solidité ? »

Le peuple, qui s'en prenait à elle de tous les désastres, des défaites, du sang, de la ruine, la haïssait à ce point qu'elle n'osait plus se montrer dans Paris ; on ne comptait plus les épigrammes blessantes, les noëls injurieux, et la fureur populaire s'en prenait autant au roi qu'à la favorite :

> Créole abominable,
> Infâme Maintenon,
> Quand la Parque implacable
> T'enverra chez Pluton,
> Oh ! jour digne d'envie,
>   Heureux moment,
> S'il en coûte la vie
>   A ton amant.

Nous n'entreprendrons pas de retracer ici les dernières années du couple royal, nous ne suivrons pas le conseil des ministres chez madame de Maintenon ; de ce moment elle appartient à la politique : cette figure de l'amie de Louis XIV est déjà bien sombre pour un livre si léger.

Disons seulement qu'après avoir échoué dans son projet de

donner toute la puissance aux bâtards, elle assista impassible à la mort du roi, et se retira ensuite à la maison de Saint-Cyr qu'elle avait fondée.

Fidèle jusqu'au bout à son rôle d'hypocrisie, elle écrivit un livre sur l'éducation des filles, livre dont la morale peut se résumer en deux mots : — la dévotion bien entendue mène à tout.

LA MARQUISE DE PARABÈRE

VI
LES FEMMES DE LA RÉGENCE

MADAME D'ARGENTON

Un abîme sépare les deux règnes si différents de Louis XIV et de Louis XV, un abîme ou un cloaque, la Régence. Il fallait une transition; Philippe d'Orléans est le trait d'union qui relie ces deux rois, contrastes vivants. Louis XIV avait conduit la monarchie à l'abîme, Louis XV la conduit à l'égout, il verse dans la boue le char de la royauté. Pour régner, il fallait au grand roi les enivrements de son Olympe de Versailles, les pompes d'une apothéose de tous les instants ; plus modeste dans ses goûts, le Bien-Aimé ne se sent à l'aise que dans les petits appartements, et son sanctuaire d'élection sera le boudoir d'une courtisane.

A tort, cependant, on imputerait à Philippe d'avoir préparé le règne de Louis XV ; le régent, nous ne parlons ici que de l'homme d'État, fut la première victime de la politique de

Louis XIV; il dut payer les frais de l'apothéose. Pour tout héritage à recueillir sans bénéfice d'inventaire, le grand roi laissait la France saccagée, ruinée, ensanglantée, et deux milliards six cents millions de dettes. Une catastrophe était inévitable; le régent eut le mérite de la retarder. On lui jette à la face cette grande duperie du système, mais il n'avait pas à choisir; Saint-Simon lui conseillait une banqueroute pure et simple; il préféra le système de Law, qui du moins semblait sauver les apparences, et la banque de l'aventurier avait encore plus de chances que les projets des frères Pâris.

La débâcle des mœurs n'est pas plus le fait du régent que la débâcle des finances. Après avoir, trente ans durant, donné au monde l'étrange spectacle d'un roi de France vivant au milieu de sa cour comme un sultan au fond de son sérail, après avoir glorifié l'adultère et lâché la bride à toutes les passions, Louis XIV crut pouvoir, du jour au lendemain, réformer les mœurs dépravées par son exemple. Etrange erreur! Parce qu'il se convertissait dans les bras de madame de Maintenon, il crut que toute la cour allait le suivre sérieusement dans cette voie nouvelle et se convertir aussi. En effet, tous les courtisans prirent le masque de la vertu. Mais sous ce voile de triste austérité qui ravissait le vieux monarque, la corruption fit encore des progrès.

On s'en aperçoit, à la mort de Louis XIV; tous les masques tombent. La réaction arrive, d'autant plus furieuse que la contrainte a été plus grande; chacun semble vouloir se dédommager, « on avait été gêné, on ne se gêne plus. » La licence devient effroyable, les désordres insensés. Il semble que tous les liens qui retiennent la société sont près de se rompre; plus de morale, plus de retenue; on n'a plus qu'une hypocrisie, celle du vice. Rien ne surnage dans ce grand naufrage des mœurs, toute la noblesse se donne la main pour cette ronde infernale, la famille même ne subsiste plus, le mariage est ridiculisé, la fidélité conjugale bafouée, les grands seigneurs prennent leurs maîtresses au coin des rues, et les grandes dames, ouvrant leur lit à la populace, se font gloire d'y faire passer tout Paris.

Le régent, malheureusement, suivait l'exemple général, mais au moins ne songea-t-il jamais à se faire honneur de ses désordres. Il sut faire deux parts bien distinctes de sa vie: il donnait le jour aux affaires, la nuit à la débauche, et jamais la nuit n'empiéta sur le jour, c'est-à-dire que jamais aucune de ses maîtresses n'influença sa politique : roués et rouées, convives de ses soupers, favoris et maîtresses, n'obtinrent jamais le moindre rôle politique. Il détestait « les hommes qui se grisaient à demi et les femmes qui parlaient d'affaires. » Ni les uns ni les autres ne purent jamais lui tirer un secret d'État.—« Je ne donne point d'audience sur l'oreiller, » disait-il à une belle dame qui s'était avisée de lui parler des affaires d'Espagne. Une autre fois, il conduisait devant une glace une de ses maîtresses qui avait voulu essayer de causer politique. — « Comment une si jolie bouche, lui dit-il, peut-elle prononcer d'aussi vilains mots ? »

Aussi aucune des femmes aimées du régent n'appartient à l'histoire; elles dominent l'homme privé, mais leur pouvoir s'arrête à l'homme d'État. Tout au plus sont-elles du ressort de la chronique; elles restent dans le huis-clos des petits appartements, et rien ne signale dans les affaires le passage de ces favorites d'un jour.

A part la vie privée, et il n'en est pas pour les gouvernants, le duc d'Orléans tient une place honorable dans l'histoire; « et quand Louis XV, devenu homme et roi, se rappela son enfance chétive et souffreteuse, grande dut être sa reconnaissance pour le tuteur, pour l'oncle qui, en dépit de la nature, l'avait rendu à la vie et au trône. »

Peu d'hommes cependant ont été plus indignement calomniés que Philippe d'Orléans; il n'est pas de crime dont on ne l'ait accusé, de dépravation qu'on ne lui reproche, de forfait qui ne semble naturel venant de lui. Ce devait être sa destinée; et il passa le moitié de sa vie à essayer de démontrer l'insigne fausseté des soupçons atroces qui pesaient sur lui. Dans les dernières années de Louis XIV, n'avait-on pas voulu voir en lui l'auteur de ces morts mystérieuses qui décimaient la famille royale!

A la mort de Louis XIV, lorsque le parlement eut cassé le testament qui léguait la régence au duc du Maine, le bâtard favori de madame de Maintenon, lorsque Philippe d'Orléans eut pris la direction des affaires, on essaya de faire revivre ces accusations insensées, et Lagrange-Chancel, le poëte des haines et des vengeances de la petite cour de Sceaux, adresse au jeune roi sa première *Philippique :*

> Royal enfant, jeune monarque,
> Ce coup a réglé ton destin ;
> Pour lui, l'inévitable Parque
> Un jour te fera son butin.
> Tant qu'on te verra sans défense
> Dans une assez paisible enfance
> On laissera couler tes jours ;
> Mais quand, par le secours de l'âge,
> Tes yeux s'ouvriront davantage,
> On les fermera pour toujours.

N'est-il pas temps de le dire? si jamais une main versa le

poison aux héritiers légitimes du trône de Louis XIV, ce n'est assurément pas celle du duc d'Orléans.

Le régent, ainsi que le disait Louis XIV, ne fut qu'un fanfaron de vices. Homme ennuyé avant tout, peut-être avait-il toutes les dépravations, mais il était incapable d'un crime, et tant qu'il eut la toute-puissance, on ne peut lui reprocher une cruauté. Il versa des larmes le jour où l'on exécutait ceux qui avaient comploté sa mort, et il les eût graciés sans l'inflexible résistance de Dubois.

« M. le duc d'Orléans, dit Saint-Simon, était de taille médiocre au plus, fort, plein sans être gros, l'air et le port aisé et fort noble, le visage large, agréable, fort haut en couleur, le poil noir et la perruque de même. Quoiqu'il eût médiocrement réussi à l'académie, il avait dans le visage, dans le geste, dans toutes ses manières, une grâce infinie, et si naturelle qu'elle venait jusqu'à ses moindres actions. Il était doux, accueillant, ouvert, d'un accès facile et charmant, le son de la voix agréable, et un don de la parole qui lui était naturel en quelque genre que ce pût être..... Il excellait à parler sur-le-champ, et en justesse et en vivacité, soit de bons mots, soit de reparties. »

Tel était ce prince, qui avait toutes les grâces et tous les défauts de la faiblesse; on déplore ses déportements, on maudit ses désordres, et cependant on ne peut se défendre d'une certaine sympathie pour lui.

Élevé par un précepteur profondément corrompu, et dont l'occupation fut d'inoculer tous les vices à son élève, Philippe commença de bonne heure ses fredaines amoureuses :

> Chez les âmes bien nées,
> La valeur n'attend pas le nombre des années.

Il n'avait pas encore treize ans, lorsque « une dame de qualité » s'avisa de faire son éducation. La leçon profita, et dès l'année suivante il eut un enfant « de la petite Léonore, fille du concierge du garde-meuble du Palais-Royal. »

A dater de ce moment, on suit dans les mémoires de Madame, mère du régent, toutes les passions de son fils; elle semble déplorer ses égarements, mais elle les enregistre avec une scrupuleuse exactitude et même une certaine complaisance.

« Mon fils, dit-elle, n'a pas du tout les manières propres à se faire aimer; il est incapable de ressentir une passion et d'avoir longtemps de l'attachement pour la même personne. D'un autre côté, ses manières ne sont pas assez polies et assez séduisantes pour qu'il prétende à se faire aimer..... Tout le monde ne lui plaît pas. Le grand air lui convient moins que l'air déhanché et dégingandé comme celui des danseuses de l'Opéra. J'en ris souvent avec lui..... Mon fils n'est pas délicat; pourvu que les dames soient de bonne humeur, qu'elles boivent et mangent goulument, et qu'elles soient fraîches, elles n'ont même pas besoin d'avoir de la beauté. »

Madame, on le voit, semble prendre assez allègrement son parti des goûts de son fils; il n'est qu'une femme qu'elle ne lui pardonne pas, sa femme légitime. On sait que le jour où le duc d'Orléans, qui épousait malgré lui mademoiselle de Blois, fille légitimée du roi et de madame de Montespan, vint annoncer ce mariage à sa mère, elle répondit par un soufflet.

La duchesse d'Orléans tient une fort petite place dans la vie de son mari. « Peu m'importe qu'il m'aime, ou non, avait-elle dit, pourvu qu'il m'épouse. » Son désir fut exaucé. Le duc d'Orléans, lorsqu'il lui parlait, l'appelait *madame Lucifer*, et « elle convenait que ce nom ne lui déplaisait pas. »

Mais revenons au jeune duc d'Orléans. On comprend qu'avec ses théories en amour, il eut bientôt nombre de noms sur sa liste ; d'ailleurs il s'adressait où il savait fort bien ne pas devoir être repoussé : aussi le mot de « conquêtes, » que Madame emploie est-il une insigne flatterie.

C'est au théâtre que le duc d'Orléans alla chercher ses premières maîtresses. « La Grandval, comédienne, disent les Mémoires de Maurepas, succéda à Léonore, mais on s'opposa à cette intrigue, parce qu'on trouvait cette fille trop vieille et trop corrompue pour lui. »

Une actrice charmante, arrière-petite-fille de la Champmeslé, Ernestine-Antoinette-Charlotte Desmares, prit la place de la Grandval ; elle ne la garda pas longtemps, et pourtant cet amour de comédie eut quatre ou cinq rechutes. Madame signale cette nouvelle conquête : « Mon fils a eu de la Desmares une petite fille. Elle aurait bien voulu lui mettre sur le corps un autre enfant, mais il a répondu : — Non, celui-ci est par trop arlequin. »

Mademoiselle Desmares, en effet, ne se piquait pas d'une bien exacte fidélité, et la porte de son boudoir s'ouvrait à tout venant.

>On vit de la même façon
>Chez Desmares que chez Fillon,

assure une annonce du temps. Mais Philippe ne s'en souciait guère, et la preuve, c'est que dès le lendemain de la rupture définitive, ou la veille, il alla porter son cœur chez une princesse de l'Opéra.

La danseuse Florence, admirablement belle, adorablement sotte, eut le pouvoir, avec l'aide de quelques-unes de ses amies, de retenir quelque temps le futur régent, elle en eut même un fils, cet abbé de Saint-Albin, favori de Madame, « le seul des enfants naturels du duc d'Orléans qui eût véritablement un air de famille. »

Mais il est impossible de suivre, même au vol de la plume, les aventures sans nombre de Philippe, en un temps où, jaloux avant tout de se faire une réputation solide de débauché, il courait de boudoir en boudoir, effeuillant sa vie et son cœur à tous les vents des passions : mieux vaut tourner brusquement quelques feuillets et arriver au premier, au seul amour probablement du duc d'Orléans.

Quoi, Philippe amoureux ? Hélas ! oui. Une fois en sa vie il subit la loi commune. Sérieusement épris, on crut un instant qu'il allait devenir fidèle. Les beaux yeux de mademoiselle de Séry, la plus gracieuse des filles d'honneur de Madame, opérèrent ce miracle. « C'était, dit Saint-Simon, une jeune personne de condition, sans aucun bien, jolie, piquante, d'un air vif, mutin, capricieux et plaisant. Cet air ne tenait que trop ce qu'il promettait. »

Discret « pour cette fois seulement, » le duc d'Orléans entoura d'abord son amour d'un tendre mystère, il écrivait des billets doux et rimait en secret pour sa belle :

> Tircis me disait un jour :
> Je ne connaîtrais pas l'amour,
> Sans vous Philis, je vous le jure,
>   Sans vous, Philis.

> Quand on a dépeint la beauté,
> On n'a jamais représenté
>   Que vous, Philis.

Une grossesse malencontreuse vint par malheur révéler les faiblesses de mademoiselle de Séry. Philippe ne l'en aima que davantage; et comme elle ne pouvait, dans son état, continuer à porter ce titre de demoiselle, il lui fit présent de la terre d'Argenton, et à force d'instances obtint de Louis XIV. pour son amie, la faveur signalée de s'appeler désormais madame.

C'est le beau moment des amours de mademoiselle de Séry, devenue madame d'Argenton. Douce, modeste, bienveillante, toujours disposée à rendre service, elle sut se faire accepter de tous; autour d'elle, au Palais-Royal, elle s'était fait comme une petite cour de femmes aimables et spirituelles, et Philippe passait presque toutes ses soirées dans ces réunions intimes qu'il animait et égayait par son esprit charmant et sa verve facile.

Malheureusement pour elle, madame d'Argenton voulut user de son influence sur le duc d'Orléans pour le transformer, pour en faire un homme; elle réussit à demi, et une bonne partie de l'honneur qu'acquit son amant en Italie et en Espagne lui revient de droit.

Ce fut là sa perte. Madame de Maintenon qui, toute dévouée à la fortune du duc du Maine et des autres bâtards, voyait avec inquiétude grandir la popularité du duc d'Orléans, entreprit de faire renvoyer cette maîtresse dangereuse, assez hardie pour inspirer à son amant de nobles sentiments. Rien n'était impossible à l'élève du père Gobelin : elle porta au tribunal du roi les plus étranges accusations contre le duc d'Orléans, et les calomnies portèrent si bien leurs fruits que le prince se trouva dans cette alternative cruelle, de subir la colère royale ou de renvoyer sa maîtresse. Il hésitait; le duc de Saint-Simon le décida en lui prouvant que par ce sacrifice il désarmait la cour, toujours si hostile à sa famille. Le renvoi de madame d'Argenton fut résolu, et mademoiselle de Chausseraye fut chargée d'aller annoncer à l'infortunée cette rupture, qui la surprit comme un coup de foudre. Philippe, lui, retourna à la Desmares ; il lui fallait une chaîne.

La cour battit des mains à la décision du duc d'Orléans, ou du moins fit semblant; mais le public fut indigné, et les chansonniers, les interprètes de l'opinion, commencèrent contre le jeune prince un feu roulant de couplets satiriques.

D'Orléans va bien s'amuser
Avec les maîtres à chanter,
Et le grand œuvre il pourra faire,
Lère, là, lanlère.

Quand la Séry le possédoit,
Mieux des trois-quarts il en valoit;
Maintenant il n'est bon qu'à faire
Lère, là, lanlère.

L'épigramme suivante est plus explicite encore :

Philippe ayant eu la faiblesse
De proscrire la d'Argenton,
Désormais n'aura pour maîtresse
Qu'une élève de la Fillon.
Il fait succéder à la gloire
La musique et la volupté :
On le nommera dans l'histoire
Le héros de l'oisiveté.

Le bon sens public ne se trompait pas. Après le départ de madame d'Argenton, le duc d'Orléans sembla se résigner à ce rôle de prince oisif que lui imposait la volonté du roi et de madame de Maintenon. Renonçant à toute légitime ambition, il reprit avec la Desmares ses habitudes décousues, « et ne sembla plus occupé qu'à soutenir sa réputation de premier débauché du royaume. »

Avec madame de Parabère, qui recueillit et partagea avec beaucoup d'autres l'héritage de madame d'Argenton, nous entrons en pleine régence; elle inaugure ces soupers qui de nuit en nuit croissent en licence, dégénèrent en orgies, et finissent par les saturnales des fêtes d'Adam. Digne maîtresse d'un homme comme le régent, madame de Parabère semble créée expressément pour lui; ils s'entendent, ils se comprennent, ils s'aiment même autant qu'ils peuvent aimer. Point de brouilles, point de jalousies mesquines, ils portent gaîment la chaîne de leur union illégitime, et n'hésitent point à se faire aider lorsqu'elle leur devient trop lourde.

Marie-Madeleine de La Vieuville appartenait à une famille où la légèreté semblait héréditaire chez les femmes. Sa mère, madame de La Vieuville, avait fait beaucoup parler d'elle, ainsi que le témoigne maint couplet du recueil Maurepas. Devenue vieille, elle tourna à la dévotion et entreprit de défendre la vertu de sa fille mieux qu'elle n'avait défendu la sienne. C'était une tâche difficile. La jeune Marie-Madeleine annonça de bonne heure tout ce qu'elle tint depuis. Vive, légère, audacieuse, elle essayait déjà la portée de ses œillades meurtrières, et toute la vigilance d'une maman expérimentée ne l'empêcha pas de se mettre en coquetterie réglée avec « plus d'un soupirant, et il y en avait bon nombre. » Mais ce n'étaient encore qu'escarmouches sans conséquence, sinon sans danger; des billets doux et quelques petits présents entretinrent seuls ces innocentes amitiés. Elle redoutait cependant assez sa mère pour se cacher d'elle autant que possible, et cette petite hypocrisie lui avait valu le surnom de *Sainte n'y touche*.

> Quand sa mère approchait,
> Faisait la souche,
> Pas un mot ne disait,
> Mais quand elle sortait.....

Elle sortait rarement, il faut le dire, cette mère modèle, et la mort seule débarrassa Marie-Madeleine d'une surveillance qui lui pesait horriblement. Libre, elle se dédommagea de sa contrainte, car la colère de son mari ne l'effraya jamais assez pour l'empêcher de suivre ses goûts.

C'est en 1711 que mademoiselle de La Vieuville épousa le marquis de Parabère, bon gentilhomme du Poitou, qui sans doute ne s'attendait guère à l'illustration que sa femme donnerait au nom de ses aïeux. « C'était un fort pauvre homme en tout que ce mari, » dit Saint-Simon. « Borné d'esprit et de cœur, et *sot* avant de le devenir, ce qui ne tarda pas longtemps. »

Le marquis de Parabère ne commença à se soucier de sa femme que le jour où il s'aperçut que définitivement il était le seul à ne point avoir part à ses faveurs. Alors ne s'avisa-t-il pas de devenir jaloux ?

La marquise lui prouva qu'il avait tort, et désormais il noya ses soupçons dans les pots.

C'est chez madame de Berry que le duc d'Orléans s'éprit de madame de Parabère. « Il aimait les victoires faciles, il tomba bien ; à peine y eut-il un souper entre la première parole échangée et le premier rendez-vous. »

Les nombreux portraits qui nous sont restés de madame de

Parabère expliquent l'attachement du régent pour elle. Il ne tarda pas à reconnaître en sa nouvelle maîtresse tous les défauts, tous les vices qu'il adorait, et qui étaient pour lui autant de charmes.

« Elle était vive, légère, capricieuse, hautaine, emportée; le séjour de la cour et la société du régent eurent bientôt développé cet heureux naturel. L'originalité de son esprit éclata sans retenue; ses traits malins atteignaient tout le monde excepté le régent; et, dès lors, elle devint l'âme de tous ses plaisirs, quand ses plaisirs n'étaient pas des débauches. Il faut ajouter qu'aucun vil intérêt qu'aucune idée d'ambition n'entrait dans la conduite de la comtesse. Elle aimait le régent pour lui; elle recherchait en lui le convive charmant, l'homme aimable, et se plaisait à méconnaître, à braver même le pouvoir et les transports jaloux du prince. »

Rien de plus vrai que cette esquisse, sauf pourtant la restriction à propos des débauches, dont au contraire elle devint la reine : quelques traits de Madame ne laissent à cet égard aucun doute :

« Mon fils dit qu'il s'était attaché à la Parabère parce qu'elle ne songe à rien, si ce n'est à se divertir, et qu'elle ne se mêle d'aucune affaire. Ce serait très-bien si elle n'était pas si ivrognesse. »

« Mon fils a une maudite maîtresse qui boit comme un trou et qui lui est infidèle; mais comme elle ne lui demande pas un cheveu, il n'en est pas jaloux.

« Elle est capable de manger et boire, et de débiter des étourderies; cela divertit mon fils et lui fait oublier tous ses travaux. »

Cette passion de l'orgie était ce que le duc d'Orléans aimait le plus en madame de Parabère. Grand buveur qui portait mal le vin, le régent admirait cette folle femme, « qui portait le champagne aussi légèrement que l'amour. »

« Ce n'est pas elle, en effet, dit M. de Lescure, le très-spirituel et très-érudit historien de la vie privée du duc d'Orléans (1), ce n'est pas madame de Parabère qui se fût exposée, comme madame d'Averne, à la honte de mourir d'indigestion. Elle avait l'héroïsme du plaisir. Tout nerfs, cette femme, frêle en apparence, apportait dans ces défis sensuels chaque soir jetés à la force humaine, une santé d'acier. Les convives s'abaissaient successivement sous la table, comme écrasés par une main invisible. Seule, madame de Parabère, toujours souriante, souriait au dernier buveur; seule, toujours la coupe à la main, elle défiait le dernier rieur. Et, quand elle s'était assez rassasiée de lumière, de parfums, de rires et de chansons, elle daignait laisser tomber sa paupière sur son œil toujours étincelant, et abdiquait un moment la royauté du festin. Une heure de repos lui suffisait pour se relever plus fraîche que les roses de son sein, plus disposée que jamais à rire d'un bon mot ou à goûter d'un bon cœur. »

Il faut passer légèrement sur les soupers qui firent de la vie du régent une perpétuelle saturnale, les détails sont de nature à faire monter le rouge au front d'un agent de la police secrète ; mais il est nécessaire cependant de les indiquer, ils tiennent une trop large place dans la vie du duc d'Orléans, et d'ailleurs ils sont un des traits caractéristiques de cette époque étrange.

Arrivé au pouvoir par la mort de Louis XIV, libre enfin, mais chargé du poids écrasant d'un royaume presqu'en ruines, Philippe entreprit de faire marcher de front la politique et le

---

(1) *Les Maîtresses du Régent*, 1 vol. in-18, E. Dentu, édit. 1860.

plaisir. Il fit deux parts de son existence, bien distinctes, bien séparées. Le jour, depuis sept heures du matin, appartenait aux affaires, son temps était réglé avec une précision digne de l'étiquette de Louis XIV; mais à six heures du soir l'homme d'Etat disparaissait pour faire place au débauché.

De six heures du soir au lendemain, plus de régent; pour l'affaire la plus urgente il ne se fût point levé de table, personne même n'eût osé lui proposer de se déranger. Dubois, le bizarre ministre de ce prince extraordinaire, l'essaya une ou deux fois en des cas extrêmes, il fut repoussé avec perte.

Toute la nuit, le régent courait dans des carrosses étrangers, soupant chez l'un, chez l'autre, dans les petites maison de ses favoris, à Asnières, à Saint-Cloud, mais le plus souvent au Palais-Royal.

Messieurs les *roués*, ses amis, gens dignes de la roue, disent les étymologistes, étaient ses convives ordinaires, les compagnons de toutes ses débauches.

> Ce sont messieurs les libertins,
> Gens à bombances, à festins,
> Gros garçons à vastes bedaines,
> Aimant bien gentilles fredaines,
> Traits malins et joyeux propos,
> Bref, gens tout ronds et point cagots.

C'étaient Nocé, que Madame appelle un diable vert, noir et jaune foncé, La Fare, le duc de Noailles, Broglie, Canillac, Biron, Nancré, et bien d'autres encore.

En femmes, c'étaient toutes les femmes, grandes dames ou filles d'Opéra, mesdames de Parabère, d'Averne, de Phalaris, de Sabran, la princesse de Léon, Emilie Dupré, madame de Gesvres, la Le Roy, madame de Flavacourt, les deux sœurs

Souris; la liste n'en finit pas. Toutes les femmes peuvent prétendre à l'honneur des soupers du Palais-Royal, il ne s'agit qu[e] d'être jolie ou spirituelle, de tenir haut son verre, d'être vive à la riposte, et de ne jamais rougir.

L'égalité la plus absolue existe autour de la table du « bo[n] régent. »

Là, dit Saint-Simon, dans ces appartements secrets dont o[n] avait fait sortir tous les domestiques, « quand on avoit asse[z] bu, assez dit des ordures à gorge déployée, et des impiétés [à] qui mieux mieux, » et « que l'ivresse complète avoit mis le[s] convives hors d'état de parler et de s'entendre, ceux qu[i] pouvoient encore marcher se retiroient. On emportoit les au[t]res. Et tous les jours se ressembloient. Le régent, pendan[t] la première heure de son lever, étoit encore si appesanti, s[i] offusqué des fumées du vin, qu'on lui auroit fait signer c[e] qu'on auroit voulu. »

Si secrètes que fussent ces orgies, il en transpirait toujour[s] quelque chose, et, comme pour fouetter l'indignation publique Lagrange-Chancel donnait libre cours à sa haine, et pour suivait ses *philippiques*, que la cour de Sceaux faisait distribuer par tous les moyens, et qui de main en main arrivaien[t] [t]oujours jusqu'à Philippe d'Orléans :

> Suis-le dans cette autre Caprée,
> Où non loin des yeux de Paris
> Tu te vois bien mieux célébrée
> Que dans l'île que tu chéris.
> Vers cet impudique Tibère
> Conduis Sabran et Parabère,
> Rivales sans dissension,
> Et pour achever l'allégresse

Mène Priape à la princesse
Sous la figure de Rion.

Vainqueur de l'Inde, Dieu d'Erice,
Soyez les âmes du festin;
Faites que tout y renchérisse
Sur Pétrone et sur l'Arétin;
Que plus d'une infâme posture,
Plus d'un outrage à la nature
Excitent d'impudiques ris,
Et que chaque digne convive
Y trace une peinture vive
De Capoue et de Sybaris.

Dans ces saturnales augustes,
Mettez au rang de vos égaux
Et vos gardes les plus robustes
Et vos esclaves les plus beaux;
Que la faveur ni la puissance,
La fortune ni la naissance
N'y puissent remporter le prix;
Mais que sur tout autre préside
Quiconque a la vigueur d'Alcide
Sous le visage de Pâris.

Malheureusement cet effroyable tableau de Lagrange ne s'éloigne point assez de la vérité pour qu'on puisse l'accuser de calomnie, et il explique la colère du peuple, qui plus d'une fois entoura en tumulte le Palais-Royal, ou poussa des cris menaçants sur le passage du régent. — A l'eau! à l'eau! à l'eau! hurlaient un jour des forcenés qui avaient entouré sa voiture. C'étaient pour lui comme des avertissements terribles ; mais il n'en tenait compte, pas plus que des avis des médecins qui chaque jour lui disaient qu'à continuer son genre de vie il se tuerait infailliblement.

Usé par la débauche, excédé de la vie, il se précipitait dans l'orgie avec une fureur qui tenait de la folie. Depuis longtemps il ne se soutenait plus qu'à force d'excitants mortels, et chaque matin, pour retrouver sa raison et sa lucidité au milieu des vapeurs de l'ivresse, il lui fallait une incroyable énergie.

Madame de Parabère, le *petit corbeau brun* des jours de tendresse, était déjà bien loin. Tandis qu'elle trompait, — si tromperie il y a, — le régent pour Richelieu, Richelieu pour Nocé, Nocé pour bien d'autres, Philippe avait de son côté cherché des consolations, et les consolations ne lui avaient point fait défaut ; tour à tour ou simultanément, il aima madame de Sabran, madame d'Averne et madame de Phalaris, sans compter le corps de ballet tout entier, les élèves de la Fillon, et bien d'autres qu'on vint lui offrir ou qui seules vinrent au-devant de lui.

Un souper vit commencer et finir le règne de madame de Sabran ; elle avait le vin mauvais. C'est elle qui, à une de ces fêtes où « s'encanaillait, en compagnie du maître, toute la noblesse de France, se leva chancelante, et prononça ce mot terrible : — L'âme des princes est faite d'une boue à part, la même qui sert pour l'âme des laquais. »

Le régent prit la chose en riant, et les blasphèmes continuèrent ; mais madame de Sabran ne pouvait plus être la maîtresse de Philippe, elle le comprit, et se retira, se réservant seulement le rôle d'amie et le droit de présenter les postulantes aux faveurs du régent. Philippe la méprise, mais elle le lui rend bien, et se redressant sous l'injure : « Gare à la mouche, s'écrie-t-elle, qui n'est plus que la mouche du coche, mais qui pique. »

Les couplets du temps n'ont point failli à mettre en chanson le triste rôle de madame de Sabran :

>Sabran, leste et piquante,
>Conduisait Phalaris,
>Comme la présidente,
>Si célèbre à Paris.
>Je cherche le régent. Voici bien son affaire,
>Chez le petit poupon, — don, don ;
>Enfin il arriva, — là, là,
>Mais avec Parabère.

Madame d'Averne, livrée par un époux complaisant, n'eut pas sur le régent plus d'empire que toutes les autres, non plus que madame de Phalaris, à qui était réservée cette épouvante de le voir mourir entre ses bras.

Le duc d'Orléans était plus malade que jamais, lorsque mourut Dubois ; seul il voulut se charger des affaires, sans pour cela renoncer à ses orgies de chaque nuit ; le faix était trop lourd, il l'écrasa.

Sa mort, en tout point, fut digne de sa vie, ce fut presqu'un suicide ; il savait une apoplexie imminente et ne voulait pas se laisser même saigner ; bien plus, il fit tout ce qui dépendait de lui pour hâter les progrès du mal. Cette mort, qu'il appelait de tous ses vœux, arriva enfin.

Le 2 décembre 1723, il venait de donner une audience et passait dans son cabinet, lorsqu'il aperçut madame de Phalaris.

— Entrez donc, duchesse, lui dit-il, je suis bien aise de

vous voir; vous m'égaierez avec vos contes; j'ai grand mal à la tête.

A peine furent-ils seuls ensemble, que le régent, s'affaissant sur lui-même, glissa sur le tapis et resta sans mouvement. La Phalaris, effrayée, appela au secours; on accourut; un laquais essaya vainement de le saigner, il était trop tard.

« Monsieur le duc d'Orléans, dirent les gazettes étrangères, est mort entre les bras de son confesseur ordinaire. »

Une chanson ordurière fut son oraison funèbre, et ses épitaphes furent dignes de celles que sa conduite avait values à sa mère :

CI-GIT L'OISIVETÉ
MÈRE DE TOUS LES VICES.

VII

LOUIS XV LE BIEN-AIMÉ.

LES DEMOISELLES DE NESLE.

Louis XV venait d'atteindre sa quinzième année, et la cour attentive étudiait avec anxiété le caractère du jeune roi, afin de modeler sa conduite sur celle du maître, d'adopter ses goûts, et d'aller au-devant de ses moindres désirs. Mais nul symptôme encore n'éclairait les courtisans attentifs. L'ennui seul se lisait sur les traits du royal adolescent. Il était timide, gauche, irrésolu, dévot. Ainsi l'avait façonné pour son ambition le cardinal Fleury, ce précepteur ministre d'État, qui, sous une doucereuse modestie, dissimula toujours ses rêves de grandeur.

Rien encore ne faisait présager ce que devait être un jour Louis XV, ce sultan blasé du Parc-aux-Cerfs, inamusable amant de madame du Barry. Les vétérans du Palais-Royal, ces parangons effrontés de la débauche, avaient presque envie de crier au scandale. Vainement les grandes dames cherchaient le cœur du jeune monarque; il baissait les yeux, et rougissait sous la hardiesse provocante de ces regards. Oui, il rougissait, ce jeune prince bercé aux chants de cette orgie universelle qui s'appelle la Régence. Et c'est une justice à rendre au duc d'Orléans, à cette époque où toutes les ambitions spéculaient sur les vices, s'il fut athée, blasphémateur, dissolu, il préserva de tout contact impur le royal enfant que la Providence avait commis à sa garde, et dont il devait compte à la France.

Et les grandes dames trouvaient désespérante cette timidité de Louis XV. Il était parfaitement beau à cette époque, et toutes les femmes convoitaient sa possession. « Les dames étaient prêtes, dit de Villars dans ses Mémoires, mais le roi ne l'était pas. » Les courtisans malins allaient répétant que Louis XV attendait les seize ans de l'infante d'Espagne qu'on lui destinait pour épouse, et qui n'avait encore que sept ans. « C'est encore neuf ans de sagesse, » disaient-ils.

Il n'en devait pas être ainsi:

Une grave maladie du jeune roi fit comprendre la nécessité de hâter son mariage; on rompit avec l'Espagne, et on lui fit épouser Marie Leczinska, fille d'un pauvre gentilhomme polonais, roi un instant par la volonté de Charles XII victorieux. L'opinion publique désapprouva cette alliance; nul ne se doutait alors que la pauvre princesse doterait la France d'une de ses plus belles provinces, la Lorraine.

Le mariage du maître n'apporta presqu'aucun changement dans les habitudes de la cour. Louis XV était toujours timide, l'éclat du trône l'importunait, les affaires l'ennuyaient à l'excès, et son cœur sans ressort était toujours prêt à se livrer à quiconque voulait bien le débarrasser des rudes labeurs de son métier de roi.

L'activité qu'il devait à ses sujets, il la dépensait à courre le cerf dans les forêts ; c'était vraiment encore merveilleux que ces chasses de la jeunesse de Louis XV, avec toutes ces galantes amazones qui les suivaient, la belle comtesse de Toulouse, mademoiselle de Charolais, mademoiselle de Clermont, mademoiselle de Sens, et tant d'autres héroïnes que nous retrouvons sur les toiles de Vanloo.

Après cinq ans de mariage, Marie Leczinska régnait encore seule, sans partage, sur le cœur de son époux ; Louis XV, pendant ces premières années, fut le meilleur et le plus bourgeois des maris. Il ne se contentait pas de dire : « J'aime la reine, » il le prouvait ; et, à peine âgé de vingt et un ans, il avait déjà cinq enfants, deux fils et trois filles. Si quelque courtisan audacieux se permettait de l'entretenir de l'amour que ressentait pour lui quelque beauté célèbre, il se contentait de répondre : « — Trouveriez-vous la reine moins belle ? »

A cette époque donc, il eût été facile à Marie Leczinska de s'attacher le roi, et pour toujours d'enchaîner son cœur comme elle avait enchaîné ses sens. Il ne lui fallait pour cela qu'être un peu la maîtresse de ce roi dont elle était la femme ; elle ne le voulut pas.

La nature avait donné à Louis XV un tempérament ardent. Marie Leczinska était froide, et plusieurs couches successives accrurent encore sa froideur. Bientôt les empressements du roi lui devinrent à charge ; elle ne prit pas la peine de dissimuler ses impressions ; et lorsque le soir, après quelqu'un de ces soupers qui suivaient les chasses, le roi arrivait chez elle échauffé par le vin, elle témoignait hautement son dégoût.

Louis XV, à ce moment, n'avait qu'à choisir, qu'à jeter le mouchoir, toutes les dames de la cour étaient sur les rangs. On lui épargnait même les premières avances, et il trouvait jusque dans ses poches des déclarations aussi audacieuses que celle-ci, que lui adressait mademoiselle de La Charolais :

>Vous avez l'humeur sauvage
>Et le regard séduisant;
>Se peut-il donc qu'à votre âge
>Vous soyez indifférent?
>Si l'Amour veut vous instruire,
>Cédez, ne disputez rien,
>On a fondé votre empire
>Bien longtemps après le sien.

Le roi soupirait, mais ne disait mot; une timidité farouche, une pudeur innée l'arrêtait encore; mais déjà il n'aimait plus Marie Leczinska.

Ainsi donc, jusqu'à la fin de 1732, rien n'avait transpiré des amours secrètes de Louis XV, s'il en avait eu, lorsque le 27 janvier, dans un souper où il avait bu plus que de coutume, il se leva tout à coup, et porta un toast à sa *maîtresse inconnue;* il brisa alors sa coupe en invitant les convives à en faire autant.

Le lendemain, les courtisans ne s'abordaient qu'avec ces mots :

— Vous savez? le roi a pris une maîtresse.

Et chacun de se creuser la tête, d'épier, d'interroger pour tâcher de savoir le nom de cette mystérieuse favorite, afin d'obtenir cet *honneur insigne* d'être pour quelque chose dans les amours du roi.

Mais le toast de Louis XV n'était qu'un jeu, il n'avait pas de maîtresse encore, seulement il songeait sérieusement à en prendre une.

Le cardinal Fleury ne lui laissa pas le temps de choisir. Un conseil fut tenu entre l'ancien précepteur, madame la Duchesse le duc de Richelieu et les trois valets de chambre, Lebel, Bachelier et Bontemps, afin de savoir quelle femme on pousserait dans le lit du roi.

Après bien des hésitations, l'unanimité des suffrages s'arrêta sur une des dames du palais, amie intime de la comtesse de Toulouse, madame de Mailly, de l'illustre maison de Nesle.

La famille de Nesle, qui pendant longues années eut le privilége de fournir des favorites à la couche royale, était des plus nobles et des plus anciennes; son illustration avait commencé vers le XIe siècle. En 1709, l'aîné de cette maison, Louis III de Nesle, avait épousé mademoiselle de Laporte-Mazarin, dont la galanterie n'avait pas tardé à devenir proverbiale.

Cette dame de Nesle, dame d'honneur de Marie Leczinska, avait passé, trois ou quatre ans avant l'époque où nous sommes arrivés, pour avoir été passagèrement la maîtresse du roi.

Elle était morte en 1729, laissant cinq filles, qui toutes les cinq attirèrent les regards du roi, et dont quatre au moins furent ses maîtresses.

La première, Louise-Julie, celle dont il est question ici, épousa Louis-Alexandre de Mailly, son cousin.

La seconde, Pauline-Félicité, épousa Félix de Vintimille.

La troisième, Diane-Adélaïde, épousa Louis de Brancas, duc de Lauraguais.

La quatrième épousa le marquis de Flavacourt.

Enfin la cinquième, Marie-Anne, qui fut plus tard duchesse de Châteauroux, épousa le marquis de la Tournelle.

C'était donc l'aînée des filles de madame de Nesle que le cardinal Fleury jugea convenable de donner à Louis XV.

Et véritablement ce fut un heureux choix, et pour le roi et pour l'ambitieux cardinal.

Madame de Mailly, née en 1710, était à peu près de l'âge de Louis. Elle n'était pas jolie, mais elle était admirablement bien faite, et avait pour sa toilette plus de goût que toutes les dames de la cour. Son visage était un peu long peut-être, son teint un peu brun, mais son front avait le poli de l'ivoire, et ses yeux étaient pleins de feu et d'éclat.

Timide et réservée, elle était sans ambition, sans connaissance des affaires de l'Etat, détestait la politique et les choses sérieuses, et, tandis qu'autour d'elle se mêlaient et se croisaient mille intrigues, elle était toujours restée en dehors de toutes les coteries.

On donna une maîtresse au roi, comme on lui avait donné une épouse, sans le consulter. Mais la barrière des passions était franchie, il était entré dans cette voie où il devait faire des pas si rapides.

Toutefois, le respect qu'il avait alors pour la reine l'engagea à tenir cette liaison secrète; le mystère d'ailleurs plaisait à madame de Mailly; elle aimait le roi sans intérêt d'amour-propre, et se trouvait assez heureuse de le posséder.

Les deux années qui suivirent, furent assurément pour Louis XV les plus charmantes de son règne; mettant plus de prix à l'ardeur des sens qu'à la beauté, il s'attacha peu à peu sa maîtresse.

On raconte que dans les premiers temps de sa liaison avec **madame de Mailly**, il la quittait quelquefois brusquement pour courir chez la reine, ou que, se jetant à genoux, il priait avec ferveur et demandait à Dieu pardon de ses égarements.

Ce transparent mystère eût pu durer longtemps encore. Les courtisans étaient gens trop adroits pour découvrir jamais ce que voulait cacher le maître; mais, vers 1735, les personnes qui entouraient le monarque crurent de leur intérêt que les rapports de madame de Mailly avec le roi devinssent publics, et elle fut déclarée maîtresse du roi.

Deux personnes aussitôt « jetèrent des cris d'aigle : » le père et le mari, le marquis de Nesle et le comte de Mailly. Cette nouvelle eut l'air de les frapper comme un coup de foudre.

On engagea tout d'abord le comte de Mailly à ne plus communiquer avec sa femme; et comme il faisait mine de résister, on le pria d'aller courre le cerf dans une de ses terres fort éloignée de la capitale.

Le marquis de Nesle fut de plus facile accommodement: ses affaires étaient fort dérangées, on lui fit don de cinq cent mille livres et il s'apaisa aussitôt.

C'était faire assez bon marché de l'honneur d'une famille illustre.

La reine « reçut assez tranquillement le coup terrible, » seulement sa piété redoubla; elle passait des journées entières au pied du crucifix, demandant à Dieu la conversion de son époux. Pas une seule fois il ne lui vint à l'idée qu'elle-même par ses rigueurs avait précipité le roi sur cette pente que chacun essayait de lui rendre plus douce.

Forte de son devoir accompli, elle crut qu'il serait au-dessous d'elle de lutter avec les sirènes qui lui avaient ravi le cœur de son époux. Elle courba la tête et adora les décrets de la Providence.

Maîtresse déclarée, n'ayant plus d'apparences à sauver,

madame de Mailly resta la même : vainement on s'efforça d'éveiller son ambition ; à ceux qui l'engageaient à user, pour sa fortune et pour celle de ses amis, du pouvoir qu'elle avait sur Louis XV, elle répondait invariablement qu'elle « tenait trop à l'amour de l'homme pour jamais le compromettre en essayant de son influence sur le cœur du roi. »

Les années s'écoulaient, et la favorite était heureuse. Le roi paraissait plus épris d'elle que jamais ; il ne semblait point songer à lui donner de rivales, car on ne peut appeler infidélités quelques surprises des sens que l'on doit attribuer à Bachelier ou à Lebel, qui déjà s'exerçaient à leur infâme métier de pourvoyeurs. Le cardinal Fleury protégeait presque ouvertement la maîtresse du roi, qu'il appelait, en se servant d'expressions plus énergiques, une bonne fille. La reine, qui avait ouï parler de l'audace des maîtresses de Louis XIV, en était arrivée à remercier le ciel du choix de son époux.

Malheureusement, cette douce existence ne tarda pas à être troublée. Madame de Mailly avait une sœur pensionnaire à l'abbaye de Port-Royal. Cette jeune personne, hardie, décidée, dévorée d'ambition, conçut, du fond de son couvent, le dessein, non-seulement de remplacer sa sœur dans le cœur du roi, mais encore de s'emparer de la confiance qu'il accordait au cardinal. Jouer sous Louis XV le rôle qu'avait joué madame de Maintenon sous Louis XIV, au mariage près, tel était le rêve de l'ambitieuse pensionnaire.

Elle écrivit à sa sœur les lettres les plus tendres et les plus soumises, pour obtenir la faveur de vivre auprès d'elle, « la priant de permettre qu'elle lui servît de dame de compagnie, de secrétaire, de lectrice. » Elle lui parlait avec horreur du couvent où elle vivait enfermée, assurant qu'à coup sûr elle ne tarderait pas à mourir si on l'y laissait.

La comtesse, bonne et sans défiance, se laissa toucher par les prières de la triste recluse, et un beau matin mademoiselle de Nesle fut présentée à la cour.

Pour s'emparer du cœur de Louis XV, elle ne comptait pas sur sa beauté, elle était très-laide et ne s'abusait pas sur sa figure; elle savait fort bien que sa taille était courte et épaisse, son cou et ses bras rouges, ses épaules disgracieuses. Pour compenser tous ces désavantages, elle avait son sourire, un sourire divinement railleur, et ses yeux, fort petits, mais pétillants de malice et d'audacieuse gaîté.

Mais elle avait l'imagination vive, le caractère aventureux et hardi, une volonté patiente et implacable; elle se dit qu'elle réussirait grâce à l'originalité et à l'imprévu de son esprit, et elle ne se trompa pas. Dès le premier jour elle se conduisit en coquette consommée.

Louis XV, qui s'ennuyait à trente ans comme Louis XIV s'était ennuyé à soixante-dix, ne tarda pas à trouver une distraction dans l'esprit de la nouvelle venue; et lorsque madame de Mailly s'aperçut des projets de sa sœur, elle reconnut avec effroi qu'il était trop tard pour s'y opposer.

La pauvre comtesse n'avait que deux partis à choisir : céder ses droits ou les partager; elle préféra cette dernière alternative; accord infâme, si on eût pu l'attribuer à l'ambition ou à la cupidité, mais dont la cause fut un amour passionné qui préféra la plus cruelle souffrance à la séparation de l'objet aimé. Elle espérait d'ailleurs que ses complaisances resteraient ignorées. Mais ce n'était pas le but de l'ambitieuse pensionnaire de Port-Royal; elle-même prit à tâche d'afficher ses amours. Louis XV, de son côté, s'ouvrit de son bonheur à quelques courtisans, et, moins de deux mois après l'arrivée de mademoiselle de Nesle à la cour, le secret de madame de

Mailly était devenu un vrai secret de comédie : tous les courtisans savaient que le roi avait les deux sœurs pour maîtresses.

Bientôt il fallut songer à donner un état à la cour à la nouvelle venue. C'était un grand faiseur d'enfants que le roi Louis XV, et déjà mademoiselle de Nesle était enceinte et n'allait plus pouvoir dissimuler sa position.

On se hâta donc de chercher un gentilhomme qui voulût bien prêter son nom à la favorite et le donner à l'enfant qui allait venir.

Les avantages attachés à ce mariage étaient : une dot de deux cent mille livres, six mille livres de pension, une place de dame du palais pour la femme, et un logement à Versailles pour le mari.

On trouva, pour accepter cette humiliation, un comte du Luc de Vintimille, petit-neveu de l'archevêque de Paris. L'oncle voulait être cardinal, on lui promit le chapeau, et cette promesse lui fit subir la honte de bénir cette union. M. du Luc père consentit à fermer les yeux moyennant finance, et il profita de la faveur de sa bru pour monter dans les carrosses du roi. Il avait bien au moins droit à cet honneur.

Toutes choses bien arrêtées, bien convenues, la cérémonie du mariage eut lieu.

Mademoiselle, princesse de facile accommodement, prêta aux nouveaux époux, pour y passer leur *lune de miel*, son château de Madrid, voisin de la Muette.

Le soir des noces, Louis XV déclara qu'il voulait être bon prince jusqu'au bout et faire honneur à la sœur de madame de Mailly ; il accompagna donc les époux jusqu'à la chambre nuptiale et présenta la chemise au marié, ce qui était un des plus grands honneurs que le roi pût faire. Les invités se retirèrent alors, et le comte de Vintimille s'esquiva par une porte dérobée, laissant la place au roi. Il fallait bien gagner la pension et la dot.

Chacun savait le lendemain que le roi n'était pas revenu coucher à la Muette, mais nul ne s'avisa de blâmer la conduite du comte du Luc, tant était grand à cette époque le respect pour les caprices du maître.

Le lendemain Mademoiselle, en grande cérémonie, présenta au roi toute la famille Vintimille.

L'ambitieuse élève de Port-Royal touchait à son but. Grâce à sa sœur qui lui était dévouée corps et âme, elle était véritablement la maîtresse absolue du roi de France. Elle s'était emparée de son esprit, madame de Mailly régnait sur ses sens. Les deux sœurs, on le voit, se complétaient admirablement, et puisqu'elles avaient passé par-dessus la jalousie, rien désormais ne les pouvait désunir.

Madame la comtesse de Vintimille se voyait réellement reine de France, lorsque la mort vint la surprendre au milieu de son triomphe.

Prise à la suite de ses couches d'horribles douleurs d'entrailles, elle fut enlevée en quelques heures, sans même avoir pu recevoir les derniers sacrements. Elle laissait au roi un fils, qui porta plus tard le nom d'abbé du Luc. Il était le portrait vivant de son père, et tous ses amis ne l'appelaient jamais autrement que le *demi-Louis*.

Cette mort inattendue fut un coup de foudre pour Louis XV; « jamais il n'avait paru si touché, et il se laissa aller à donner des marques de sa douleur. » Il se mit au lit, et défendit absolument sa porte à tout le monde. La reine essaya de parvenir jusqu'à lui, mais, même pour elle, la consigne fut maintenue, elle ne fut levée qu'en faveur du comte de Noailles.

Le roi pleurait comme un enfant, et ses terreurs religieuses lui revenaient plus terribles que jamais.

La bonne madame de Mailly, elle, était au désespoir : en perdant sa sœur elle avait cru perdre le cœur du roi.

« Sans doute, écrivait-elle à une de ses amies, le roi, mon
« cher Sire, va s'éloigner de moi pour toujours; il ne tenait
« à moi que par elle, et comment remplacerais-je pour lui
« cette pauvre sœur qu'il consultait en tout et qui le faisait
« tant rire ? »

La modestie de madame de Mailly l'aveuglait ; le roi revint à elle, plus épris que jamais. Ensemble ils pleuraient cette pauvre Vintimille, mais le temps sécha vite leurs larmes.

Un mois après la mort de la favorite, madame de Mailly avait installé près d'elle une autre de ses sœurs, la duchesse de Lauraguais; les voyages de Choisy avaient repris leur cours, et, comme au temps de madame de Vintimille, Louis XV eut deux maîtresses.

Depuis quelques mois déjà le roi avait remarqué cette troisième demoiselle de Nesle, et pour lui faire une existence à la cour il s'était hâté de la marier, mais à un homme qui n'était pas prévenu, le duc de Lauraguais. Richelieu, chargé de négocier ce mariage, avait obtenu du roi pour les futurs époux les avantages suivants : vingt-quatre mille livres pour frais de noces, quatre-vingt mille livres de rente sur les postes, et la pension de dame du palais.

Mais le duc de Lauraguais s'aperçut bien vite du rôle qu'on lui destinait; chose rare à cette époque, il n'eut point un seul instant l'idée d'en tirer parti ; il rompit sans scandale avec sa femme, et depuis ne voulut jamais consentir à la revoir.

Habituée à partager le cœur de celui qu'elle aimait, madame de Mailly prit son parti de cette nouvelle maîtresse, et s'entendit avec cette seconde sœur aussi bien qu'elle s'était entendue avec la première. Son existence ne lui paraissait donc point troublée, lorsque la mort de madame de Mazarin vint rapprocher du roi ses deux dernières sœurs, les plus jeunes et les plus jolies, mesdames de La Tournelle et de Flavacourt.

Chassées littéralement par madame de Maurepas, héritière de madame de Mazarin, de l'hôtel où elles demeuraient, les deux sœurs eurent l'idée de venir demander l'hospitalité à Louis XV; il les reçut admirablement, leur donna l'ancien appartement de madame de Mailly, et leur promit deux places de dames du palais.

Ainsi se trouvèrent installées à Versailles les deux dernières demoiselles de Nesle.

Madame de Mailly, que deux cruelles leçons auraient cependant dû rendre défiante, fut enchantée de la réception faite à ses deux sœurs. Elle pensa que la conduite de son royal amant était une délicate attention, et elle le remercia avec effusion.

Louis XV ne tarda pas à s'apercevoir de la beauté des deux commensales qu'il devait à la dureté de madame de Maurepas, et bientôt il commença à faire la cour aux deux nouvelles venues.

Il s'était fait, ce semble, une douce habitude de prendre ses maîtresses dans la famille de Nesle.

Tout d'abord il s'adressa à madame de Flavacourt. Il fut repoussé. Madame de Flavacourt aimait son mari; ce mari lui-même était, dit-on, un homme d'un autre temps, piètre courtisan et peu disposé à partager sa femme, même avec le roi; ses conjugales et énergiques menaces exercèrent peut-être une influence sur sa femme et vinrent en aide à sa vertu attaquée. Quoi qu'il en soit, elle fit répondre au roi de façon à lui ôter tout espoir.

Repoussé de ce côté, Louis XV entreprit la conquête de madame de La Tournelle. Celle-là était veuve, et ne pouvait prétexter son amour pour son mari. Mais elle avait un amant, et qui plus est un amant adoré. Elle aimait à la folie, jusqu'à la fidélité, M. d'Agenois, fils du duc d'Aiguillon, neveu de Richelieu. Le roi était désespéré de ce contre-temps.

Enfin il eut recours au duc de Richelieu, qui jusqu'ici l'avait bien servi, pour détourner madame de La Tournelle du comte d'Agenois.

Richelieu se chargea de la commission. Il commença par capter la confiance de madame de La Tournelle, et, voyant qu'il ne parviendrait pas à la rendre infidèle, il tourna ses batteries contre l'amant.

Il dépêcha au comte d'Agenois une des sirènes de la cour, avec mission de le rendre infidèle à tout prix, et surtout de le faire écrire, afin d'avoir des preuves à montrer à madame de La Tournelle.

Richelieu n'avait pas trop compté sur l'adresse de sa messagère; quinze jours ne s'étaient pas écoulés que déjà on avait une lettre de M. d'Agenois. On en eut deux, puis quatre, puis bien davantage. Mais ces preuves d'abandon n'ébranlaient en aucune façon madame de La Tournelle; elle secouait la tête, et répondait que l'écriture de son amant avait été contrefaite. Enfin, elle dut se rendre à l'évidence, mais ne sembla point encore disposée à accepter l'honneur de l'amour du roi.

Cependant elle était décidée, depuis assez longtemps même, seulement, avant de s'engager, elle voulait être certaine du pouvoir de ses charmes. Habile, artificieuse, sa conduite, pendant que le roi brûlait d'impatience de la posséder, fut un véritable chef-d'œuvre de coquetterie. Elle se disait malade afin de se dispenser de paraître; et lorsque, cédant aux prières du roi, elle consentait à « embellir les fêtes de sa présence, » elle ne se « montrait que cachée à demi sous une baigneuse qui lui seyait à ravir. Le roi alors ne se lassait pas de la contempler, et vingt fois il venait l'admirer et l'embrasser. »

Madame de Mailly voyait tout cela; elle en souffrait, mais elle se taisait, pauvre femme! Elle aimait tant son ingrat amant! Peut-être elle se résignait d'avance à un nouveau partage, elle n'avait que la moitié du cœur du roi, elle n'en aurait plus que le tiers. Son sacrifice était fait; sacrifice douloureux, mais inutile. Madame de La Tournelle ne devait pas admettre de partage, elle voulait régner, mais régner sans rivale.

Instruite par l'exemple de sa sœur de Mailly, à qui le roi n'avait donné ni honneurs ni richesses, l'ambitieuse marquise voulut faire ses conditions avant de capituler, et certaine que le roi, emporté par sa passion, souscrirait à tout, elle demanda pour se conduire des conseils au duc de Richelieu, son ami et son confident.

Richelieu lui conseilla d'exiger le même état qu'avait eu, sous Louis XIV, madame de Montespan; puis, aidée de cet homme habile, elle rédigea l'acte de *capitulation* qui devait la faire maîtresse du roi. Les Mémoires du temps nous ont conservé ce curieux monument d'ambition, le voici presque textuellement :

« Mon titre de marquise sera changé en celui de duchesse,
« et le roi fournira tout ce qui sera nécessaire à la représen-
« tation pour soutenir mon rang.

« Madame de Mailly sera éloignée de la cour avec défense
« d'y reparaître jamais. Le roi m'assurera une fortune indé-

« pendante qui me mette à l'abri de tous les changements
« qui pourraient survenir. »

Ces démarches, ces négociations n'étaient point un mystère pour madame de Mailly; chaque soir, de charitables amis venaient la prévenir de ce qui se passait; et déjà, sur un air à la mode, elle avait pu entendre fredonner ce couplet satirique :

> Madame Allain est toute en pleurs,
> Voilà ce que c'est d'avoir des sœurs!
> L'une, jadis, lui fit grand peur!
>   Mais, chose nouvelle,
>   On prend la plus belle.
> Ma foi! c'est jouer de malheur!
> Voilà ce que c'est d'avoir des sœurs.

Hélas! oui, voilà ce que c'est. Bientôt le traité fut ratifié et signé, dans l'alcôve bleue du pavillon de Choisy, et la pauvre madame de Mailly, honteusement chassée, se retira dans un couvent où, par son repentir, ses aumônes et son humilité, elle essaya de faire oublier le scandale de sa vie passée.

Les noëls injurieux, les chansons outrageantes saluèrent l'avènement de la nouvelle favorite; les courtisans s'indignaient de voir ainsi la faveur se perpétuer dans la même famille, et le peuple trouvait au moins étrange que quatre sœurs se succédassent dans la couche royale. L'épigramme qui résumait le mieux l'opinion fut un soir, on ne sait comment, trouvée par le roi sur le pied de son lit :

LES DEMOISELLES DE NESLE.

> L'une est presqu'en oubli, l'autre presqu'en poussière.
> La troisième est en pied, la quatrième attend,
>   Pour faire place à la dernière.

> Choisir une famille entière,
> Est-ce être infidèle ou constant?

Mais le roi ne faisait que rire, et n'en continuait pas moins à aimer madame de La Tournelle.

La mort du cardinal Fleury, qui seul pouvait encore retenir Louis XV sur la pente terrible de ses passions, vint mettre le comble à la puissance de la favorite. Poussé par elle, le roi déclara que, comme son aïeul Louis XIV, il voulait régner lui-même. Le règne des favoris et des maîtresses, le vrai règne de Louis XV, commençait.

Les commencements, à vrai dire, donnèrent bon espoir; madame de La Tournelle était ambitieuse; ce qu'elle aimait surtout en Louis, c'était la royauté, le prestige du pouvoir; elle entreprit de faire un héros de son amant. Peut-être eût-elle réussi, car son influence était grande, si grande, qu'elle décida le roi à travailler avec ses ministres et à s'occuper un peu plus du royaume que s'il eût été un simple particulier.

Pour elle, nommée duchesse de Châteauroux, riche de tous les revenus de France, elle avait une maison royale, un train de reine; les splendeurs du règne de Louis XIV étaient son rêve et son désir, elle força son amant à donner quelques grandes fêtes, à étendre le cercle des invitations pour les chasses et les promenades, enfin les voyages à Choisy et les petits soupers devinrent chaque jour plus rares.

Les ennemis de la favorite, M. de Maurepas en tête, étaient vaincus. M. de Maurepas se vengea en faisant courir des vers qui commençaient ainsi :

> Incestueuse La Tournelle,
> Qui des trois êtes la plus belle,

Le tabouret tant souhaité
A de quoi vous rendre bien fière......

. . . .

Ajoutons, pour l'intelligence de ces vers, que la dignité de duchesse donnait droit à un tabouret à la cour, inestimable faveur enviée des plus grandes dames.

En apprenant la nouvelle élévation de sa fille La Tournelle, qu'il n'appelait plus que sa fille préférée, le marquis de Nesle songea à en tirer parti. Il avait, disait-il, des prétentions fondées sur la principauté de Neufchâtel, et il pria sa fille de décider le roi à la lui acheter.

On trouvait à la cour que madame la duchesse de Châteauroux se comportait bien plus noblement, bien plus convenablement que ne l'avait fait sa sœur de Mailly.

Bientôt (mars 1744) on apprit que le roi était décidé à se mettre à la tête de l'armée de Flandres. Les fautes de l'homme furent aussitôt oubliées, on ne pensa plus qu'au noble dévoûment de ce souverain qui abandonnait les délices de la cour la plus voluptueuse, la plus aimable et la plus spirituelle de l'Europe, pour courir partager les fatigues et les dangers des soldats et des braves gentishommes qui versaient leur sang pour la patrie.

On pensait alors que Louis XV n'emmènerait pas madame de Châteauroux ; mais la favorite n'avait poussé son indolent amant à prendre le commandement des troupes qu'à la condition expresse qu'elle le suivrait. Elle connaissait trop bien la faiblesse du roi pour compromettre par une absence le crédit qu'elle devait à son adresse. Elle voulait la gloire du roi, mais avant tout le maintien de sa puissance.

« Enfin je l'emporte, mon cher duc, écrivait-elle à Richelieu,

« son dévoué confident, son conseiller intime, je l'emporte,
« le roi commande les armées. Je l'accompagnerai, non en
« héroïne, mais en femme dévouée. Le roi, loin de moi,
« occupé des grands intérêts de l'Etat et de sa gloire, entouré
« de ses ministres, pourrait oublier que c'est à mes conseils
« qu'il devra le titre de conquérant. »

Cependant le roi partit seul, mais quinze jours après le duc de Richelieu conduisait à Lille mesdames de Châteauroux et de Lauraguais.

La présence à l'armée de la favorite et de sa sœur produisit le plus mauvais effet. Les soldats les appelaient les *coureuses*, et jusque sous leurs fenêtres elles entendaient chanter les chansons les plus insultantes. Bientôt le scandale fut tel que le roi se décida à envoyer sa maîtresse à Dunkerque, où il alla la rejoindre après avoir pris Menin et Ypres.

Le 5 août le roi arriva à Metz. Le lendemain il apprit le succès du prince de Conti dans les Alpes, et, pour remercier Dieu de cette victoire, il fit chanter un *Te Deum* dans la cathédrale de Metz. Mais les fatigues de la marche, les excès de la table, les plaisirs de l'amour avaient échauffé son sang outre mesure, ses forces étaient dépassées. Il tomba malade, et trois jours après sa vie était en danger.

A la nouvelle de la maladie du roi, la consternation, comme un crêpe funèbre, s'étendit sur la France. Les populations, tremblant pour la vie du souverain, emplissaient les églises. On attendait avec une fébrile inquiétude les courriers qui apportaient les bulletins de la santé de l'auguste malade; la mort du roi semblait à toute la France la plus grande calamité que l'on eût à redouter.

A la cour il n'en était pas ainsi. Toutes les ambitions s'éveillèrent à la nouvelle de la maladie du roi, mille intrigues se nouèrent pour tirer avantage des circonstances qui pouvaient survenir. On ne désirait pas la mort du roi, on la prévoyait.

Autour du malade, cependant, trois partis étaient en présence :

Le parti des ministres, le parti des princes, le parti des favoris et de la maîtresse ; le duc de Richelieu était le chef de ce dernier.

Aussitôt la maladie du roi, la duchesse de Châteauroux, madame de Lauraguais et le duc de Richelieu s'étaient établis dans la chambre royale. Sous prétexte que le roi n'était qu'indisposé et qu'un peu de repos l'aurait vite remis sur pied, Richelieu, en sa qualité de premier gentilhomme de la chambre, ferma la porte à tout le monde. Des domestiques intimes étaient chargés du service ; vainement des grands officiers de la couronne, des princes du sang demandèrent à voir le roi, Richelieu s'obstina à leur refuser l'entrée.

Cette exclusion irrita le parti des princes du sang ; ils s'unirent aux ministres, et il fut décidé que, coûte que coûte, on pénétrerait jusqu'au lit du roi, et que là, si la maladie du roi était vraiment grave, on en profiterait pour épouvanter le faible Louis XV et faire ignominieusement chasser les favorites. Il fut de plus convenu entre les princes, l'évêque de Metz et le premier aumônier, M. de Fitz-James, que l'on refuserait au roi l'absolution tant qu'il n'aurait pas accordé le renvoi de madame de Châteauroux.

Pour madame de Châteauroux, toute la question se réduisait à ceci : Le roi se confessera-t-il ? Si le roi se remettait sans avoir besoin des secours de la religion, elle gardait toute sa puissance. Si au contraire sa maladie empirait, si besoin était d'appeler un confesseur, elle était perdue.

Ce jour-là même on était au 12, et le roi était malade depuis cinq jours ; M. de Clermont se chargea de pénétrer jusqu'à la chambre royale.

Il se présenta chez le roi. Richelieu, avec son assurance habituelle, voulut lui interdire l'entrée ; mais le duc de Clermont d'un coup d'épaule écarta les deux battants de la porte, et comme Richelieu essayait de lui faire obstacle, il le repoussa vivement.

— Depuis quand, s'écria-t-il, un valet refuse-t-il aux princes du sang l'entrée de la chambre de son maître ?

Et s'avançant jusqu'au lit où Louis XV gisait accablé, il lui parla sans ménagement de la gravité de sa situation et de la nécessité des sacrements.

— Ah ! s'écria-t-il, qu'un roi qui va paraître devant Dieu a de comptes à rendre ! J'ai été bien indigne de la royauté. Ah ! que ce passage est terrible !

— Sire, dit M. de Soissons qui était entré sur les pas de M. de Clermont, la bonté de Dieu est infinie.

La duchesse se sentit perdue. Sans donc essayer de lutter davantage, elle voulut se retirer sans bruit, sans scandale. Mais ce n'était pas là le compte de ses ennemis ; ils voulaient, par un éclat terrible, rendre, si le roi revenait à la santé, son retour impossible.

Les deux femmes, mesdames de Châteauroux et de Lauraguais, séparées du duc de Richelieu, furent, non pas éconduites, mais chassées de la maison qu'occupait le roi, aux huées d'une populace qui leur attribuait la maladie du souverain. Elles coururent aux écuries du roi, mais de tous ces courtisans qui, la veille encore, se disputaient un regard de la favorite, pas un ne voulut les reconnaître. On leur refusa brutalement une voiture et des chevaux. Elles s'enfuyaient à pied, ne sachant où aller, poursuivies par des injures et des malédictions, lorsqu'elles rencontrèrent le maréchal de Belle-Isle. Plus humain ou plus courageux que les autres, il leur prêta sa voiture, et après mille difficultés, mille périls presque, tant était grande l'exaspération des populations, elles purent gagner une maison de campagne à trois lieues de Metz.

Mais tous ces tiraillements avaient épuisé les forces du roi, et bientôt on désespéra de sa vie. Déjà les courtisans désertaient les antichambres, les ministres et les princes faisaient préparer leurs voitures, quand une crise heureuse et inattendue détermina la convalescence. Et lorsque la reine, mandée en toute hâte, arriva à Metz, son époux était hors de danger.

— Me pardonnez-vous, madame? Telles furent les premières paroles de Louis XV à la reine.

Marie Leczinska n'y répondit qu'en fondant en larmes et en serrant son époux entre ses bras.

Mais avec les forces, le courage revenait à Louis XV. Toutes les scènes de sa maladie se présentaient vivement à ses yeux, et il avait honte de sa conduite. Une tristesse profonde avait succédé à sa maladie. Il regardait avec des yeux pleins de menaces tous ceux qui l'entouraient, il s'en prenait à eux de la faiblesse qu'il n'avait pas su cacher, et la reine voyait renaître l'ancienne froideur du roi pour elle.

Richelieu s'était hasardé à reparaître; timide d'abord, il s'enhardit de toute l'amitié que lui témoignait le roi, et elle était grande; la réaction commençait.

Rendu à la santé, Louis XV voulut reprendre le commandement de ses troupes ; la reine, malgré ses prières, dut regagner Paris, et nonobstant la saison pluvieuse, le roi se rendit au siége de Fribourg, entrepris depuis le 30 septembre par le maréchal de Coigny. Le 1ᵉʳ novembre la ville capitula, et Louis XV, sans attendre la reddition des châteaux, regagna sa capitale.

Des transports de joie l'attendaient à son arrivée; trois jours de suite, il fut littéralement assiégé aux Tuileries par un peuple ivre d'allégresse. Le quatrième jour il se rendit en grande pompe à une fête préparée à l'Hôtel-de-Ville.

Mais depuis quatre jours madame de Châteauroux, cachée à Paris, guettait un regard du roi. C'est en se rendant à l'Hôtel-de-Ville que, pour la première fois, le roi l'aperçut, déguisée, à une fenêtre : il la reconnut. Les yeux des deux amants se rencontrèrent, et dans le regard du roi madame de Châteauroux lut tout un avenir d'amour et de puissance.

Louis XV l'aimait toujours en effet, et le soir même, n'y tenant plus, il se fit conduire incognito à l'hôtel qu'occupait madame de Châteauroux.

A cette heure, seule avec sa sœur Lauraguais, madame de Châteauroux cherchait un moyen pour reparaître à Versailles. On lui annonça le roi. D'un coup d'œil, elle embrassa la situation. Le roi venait se mettre à sa discrétion, c'était à elle de reprendre sa fierté et de poser des conditions. Elle dit qu'heureuse dans son obscurité, elle ne voulait pas reparaître à la cour.

Alors le roi supplia, se fâcha, finit par parler en maître et déclara à la duchesse qu'elle reparaîtrait à la cour, pour y reprendre avec éclat son rang, ses charges et ses dignités.

Alors aussi il fut décidé que toutes les humiliations de Metz seraient vengées.

Les ducs de Bouillon et de La Rochefoucauld furent exilés. Balleroi, ancien gouverneur du duc de Chartres, fut renvoyé dans ses terres. Fitz-James reçut l'ordre de ne plus sortir de son diocèse, et M. de Maurepas, dont le roi avait de la peine à se défaire, fut condamné à présenter ses excuses à la duchesse : il eut l'humiliation d'aller lui annoncer lui-même qu'elle était rappelée.

Lorsque M. de Maurepas se présenta de la part du roi chez la duchesse, elle venait de se mettre au lit, souffrante qu'elle était d'un violent mal de tête. Elle reçut cependant le ministre, accepta ses excuses, et lui donna sa main à baiser. Il fut convenu que madame de Châteauroux ferait sa rentrée à la cour le samedi suivant.

Mais les épouvantables alternatives de douleur et de joie avaient brisé l'organisation de cette infortunée, elle ne put résister à ces brusques secousses. La faveur du roi était revenue, mais la mort avait choisi cet instant pour enlever sa proie.

Belle, jeune, vaillante, glorieuse, aimée, toute parée pour un triomphe au milieu de la cour, madame de Châteauroux fut frappée par un mal étrange, sinistre, qui en quelques jours la mit aux portes du tombeau.

Elle se plaignait de douleurs d'entrailles intolérables, et se tordait sur sa couche en poussant des cris affreux.

Le roi désespéré envoyait cent fois le jour prendre de ses nouvelles. Il s'était enfermé dans sa chambre et refusait de voir personne. — Puis il faisait dire des messes pour le rétablissement de sa maîtresse.

Mais les prières du roi ne furent pas exaucées, et le 8 décembre 1744 madame de Châteauroux rendit l'âme entre les bras de sa sœur de Mailly, accourue à la première nouvelle du danger. Les deux maîtresses du roi de France, l'une triste et délaissée, l'autre aimée et triomphante, se réconcilièrent dans un fraternel baiser sur le seuil de l'éternité.

Cette mort causa au roi une profonde douleur. Réfugié à la Muette, il refusait plus que jamais de voir personne, il ne voulait accepter aucune consolation; ses valets de chambre étaient obligés de le contraindre à prendre quelque nourriture. — C'est ma faiblesse, disait-il, qui l'a tuée.

Madame de Lauraguais, qui n'avait joui que par ricochet de la faveur royale, n'attira plus les regards du roi.

Quant à madame de Flavacourt, cette dernière demoiselle de Nesle, une fois encore elle eut à repousser les négociations du duc de Richelieu qui, jaloux de distraire Louis XV dont la mélancolie augmentait de jour en jour, voulait absolument lui donner la dernière des filles de cette illustre maison qui lui avait fourni déjà quatre maîtresses adorables.

La dernière fois qu'il essaya près d'elle de ses séductions, il lui fit un admirable tableau de cette position de favorite d'un roi de France jeune et beau. Belle, jeune, riche de tous les trésors de son amant, elle aurait la France à ses pieds. Il essaya de lui faire comprendre les charmes du pouvoir, les plaisirs brûlants de l'ambition, les ravissements de la puissance.

Et comme la marquise ne répondait rien et souriait doucement :

— Connaissez-vous, lui dit-il, quelque chose qui vaille tout cela?

— Oui, répondit-elle simplement : l'estime.

VIII

LA MARQUISE DE POMPADOUR

Il y avait grand bal à l'Hôtel-de-Ville, ce palais de la bourgeoisie. Paris, qui s'associait alors aux joies comme aux douleurs de la famille royale, prétendait célébrer dignement le mariage de monseigneur le dauphin. La fête devait être splendide et digne des hôtes illustres qui allaient l'honorer de leur présence.

C'était un bal masqué que donnaient à leur souverain MM. les échevins de la bonne ville de Paris. La fête avait « le caractère d'un grand concours de nations et de divinités de la mythologie. La terre et le ciel se donnaient rendez-vous pour distraire un instant le mélancolique Louis XV. Bourgeoises et grandes dames avaient fait assaut de toilette et d'imagination, Mais si la cour l'emportait par la richesse et la variété des costumes, la palme de la beauté restait aux mains des belles et fraîches jeunes femmes de la ville, dont le rouge et le blanc ne gâtaient point les ravissants visages.

Le roi, d'un air distrait, se promenait au milieu de cette foule immense, bigarrée, gracieuse, qui s'écartait et s'inclinait respectueusement sur son passage, insensible aux mille agaceries dont il était l'objet, lorsqu'il vit s'avancer vers lui, le carquois sur l'épaule, un arc d'argent à la main, une ravissante Diane chasseresse, à la jambe fine, aux bras blancs et ronds, à la démarche de déesse. La gracieuse Diane était masquée, mais d'admirables yeux brillaient sous son loup de velours noir, et ses lèvres roses, entr'ouvertes, laissaient apercevoir une double rangée de perles fines.

— Belle chasseresse, dit le roi surpris et charmé, les traits que vous décochez sont mortels.

Mais la coquette nymphe, après un gracieux salut, se perdit dans la foule pressée.

Le roi ne tarda pas à la rejoindre, et, après cinq minutes d'une conversation spirituelle et enjouée, étincelante de fines railleries, semée de flatteries ingénieuses, le monarque semblait avoir oublié son ennui. La belle Diane cependant ne s'était pas encore démasquée; lorsqu'à la prière de son royal interlocuteur elle eut ôté le loup de velours qui cachait son visage, le roi, amoureux déjà de la spirituelle sirène, reconnut une gracieuse chasseresse qui maintes fois, dans ses chasses de la forêt de Sénart, lui était apparue, tantôt vive et hardie, emportée au galop d'un cheval fougueux, tantôt nonchalante et paresseuse, à demi couchée dans une conque élégante de nacre et de cristal attelée de chevaux blancs.

Laissant le roi à sa muette admiration, une seconde fois elle se jeta dans la foule. Mais soit calcul, soit maladresse, elle laissa tomber le mouchoir de précieuses dentelles qu'elle tenait à la main. Le roi le ramassa, et ne pouvant atteindre la belle fugitive, avec cette grâce parfaite qu'il mettait à toutes ses actions, il le lui jeta.

— Le roi vient de jeter le mouchoir.

Ainsi dit un courtisan; et ce propos, comme un murmure confus, circula dans la salle; des groupes se formèrent pour discuter l'action du roi. Chacun voulait voir cette Diane charmeresse qui, dissipant le chagrin que Louis XV ressentait encore de la mort de la duchesse de Châteauroux, avait fait une si vive impression sur son cœur, qu'au milieu d'une fête, devant « la ville et la cour, » il n'avait pas hésité à lui faire une déclaration. Mais vainement les favoris du roi se répandirent dans les salons, fouillèrent du regard les longues galeries resplendissantes de lumières, pénétrèrent dans les bosquets où le jour était plus sombre, ils ne purent retrouver la nymphe fugitive. Son but était atteint sans doute, elle avait disparu.

La Diane chasseresse du palais de la Ville, l'amazone hardie de la forêt de Sénart, était la belle Jeanne-Antoinette Poisson, devenue la femme du seigneur d'Étioles.

Le nom de cette femme charmante n'était pas inconnu à la cour. Tous ceux qui dans les bois de Sénart suivaient habituellement les chasses royales, avaient remarqué la belle promeneuse. Ses costumes parfois étranges, mais toujours coquets, sa voiture de cristal et de nacre, avaient attiré les regards de Louis XV. Le roi, à différentes reprises, en avait parlé aux soupers qui suivaient toujours les chasses. Et ce nom d'Étioles jeté ainsi, par hasard, au milieu des vives et libres causeries des convives, avait toujours causé à madame de Châteauroux un étrange malaise.

Jeanne-Antoinette Poisson était née à Paris, en 1723

La mari de sa mère, un certain Antoine Poisson, avait eu une existence au moins aventureuse. Fournisseur des vivres de l'armée de Villars, poursuivi pour ses dilapidations par la *chambre ardente* créée par le régent pour faire rendre gorge aux financiers et aux fournisseurs, il n'essaya point de se justifier. Réalisant à la hâte tout ce qu'il put du produit de ses infidélités, il s'enfuit en toute hâte en Hollande. Bien lui en prit ; il fut condamné, par contumace, à être pendu. Poisson resta plusieurs années à l'étranger. Enfin, grâce aux nombreux amis de sa femme, il put faire casser l'arrêt et rentra en France.

A son retour, il occupa chez les frères Pâris, ces heureux et riches financiers, le poste difficile et délicat de premier commis.

Il devint ensuite fournisseur des vivres et de la viande des Invalides, ce qui a fait dire à quelques pamphlétaires qu'il était boucher.

Madame Poisson, fille elle-même d'un riche financier, n'était rien moins qu'une vertu rigide. Jolie, galante, elle avait eu les mœurs faciles et relâchées des femmes de la Régence et avait empli les salons de la finance du bruit de ses amours. Deux de ses amants, un des frères Pâris, protecteur de son mari, et le richissime fermier-général Le Normand de Turneheim, se disputèrent longtemps la paternité de celle qui, devenue marquise de Pompadour, gouverna vingt ans durant et la France et le roi.

Ce fut, dès son enfance, une ravissante enfant que cette Antoinette, et ses heureuses saillies, ses mines enfantines, faisaient l'admiration de tous ceux qui fréquentaient les salons de sa mère et de M. de Turneheim. Mais plus que tous les autres, la mère Poisson admirait sa fille. « C'est un *vrai mor-*

eau de roi, disait-elle toujours; vous verrez quand elle sera grande. »

C'est donc avec cette idée parfaitement arrêtée d'en faire plus tard un « *régal de roi,* » que cette femme galante éleva sa fille. Une éducation artiste et littéraire développa de bonne heure tous ses talents et toutes ses vanités. Dressée pour le plaisir, comme les courtisanes de l'ancienne Grèce, elle s'habitua peu à peu à regarder la position de maîtresse du roi comme l'idéal de l'ambition féminine.

A dix-huit ans, Jeanne-Antoinette Poisson était la plus délicieuse personne que l'on pût rêver ; elle avait toutes les séductions, tous les enchantements. Elle ravissait par les charmes de son esprit, par sa conversation étincelante, par ses grâces inimitables, ceux que sa beauté ne fascinait pas au premier regard. Aussi tous les salons de la haute finance s'arrachaient cette fille sans rivale, et ses admirateurs lui faisaient comme une cour dont les louanges l'enivraient.

Plusieurs fois déjà on avait demandé sa main. Mais M. de Turnheim, auquel décidément le financier Pâris avait abandonné tous les droits de la paternité, s'était réservé le soin de lui trouver un époux digne d'elle.

Cet époux devait être un de ses neveux, Jean-Baptiste Lenormand d'Étioles, syndic de la ferme générale, et depuis longtemps amoureux d'Antoinette. La mère Poisson goûta fort ce mariage. Le jeune Lenormand avait un caractère paisible, les sens rassis, l'esprit facile, et le cœur bon. Elle pensa que si jamais sa fille avait besoin de toute sa liberté, ce serait un mari commode et d'humeur accommodante.

Aux premières ouvertures de ce mariage, la famille du jeune amoureux se récria. La réputation des époux Poisson était bien faite, en effet, pour dégoûter de toute alliance, mais M. de Turneheim insista. Il était sans enfant ; il déclara que toute sa fortune reviendrait au mari d'Antoinette, et la crainte de voir un jour cette opulente succession enrichir une famille étrangère leva tous les scrupules des parents ; ils donnèrent leur consentement.

Antoinette Poisson, richement dotée par M. de Turneheim, devint donc madame Lenormand d'Étioles.

Aimée et adorée de son mari, adulée de tous ceux qui l'approchaient, la belle d'Étioles fit peu parler d'elle. Aux scandales de sa mère, elle ne voulait pas ajouter ses scandales ; son démon familier lui parlait dans la nuit et dans le silence de hautes destinées, elle ménageait sa réputation comme on épargne un capital.

Elle aimait le roi. Oui, elle l'aimait à cette époque, quoi qu'en aient dit les faiseurs de libelles et les insulteurs de Belgique et de Hollande. Quel motif la portait à feindre, que lui manquait-il à cette femme idolâtrée, qui enchaînait au char de ses grâces et de sa beauté tous ceux qui la voyaient ? Jeune, belle, immensément riche, reine de sujets d'élite, eût-elle, sans son amour, échangé ces tranquilles bonheurs, ces caressantes voluptés pour les soucis brillants et les amers déboires de la faveur royale ?

Elle aimait le roi. Et quoi d'extraordinaire à cela ? Tant de femmes l'aimaient alors.

C'est qu'en ces temps d'enthousiasme, de dévoûment et de foi, le roi était pour tous un être presque surnaturel, un représentant de Dieu attardé sur la terre pour dicter aux hommes les volontés du ciel. Enfants d'un siècle incrédule et railleur, nous ne pouvons, froids sceptiques que nous sommes, comprendre toute la magie qu'avait autrefois ce mot : le roi !

Nul, d'ailleurs, n'était plus digne que Louis XV d'occuper

le cœur d'une femme; il eût été aimé, même sans cette auréole que faisait à son front le pouvoir souverain.

Souvent, on le pense, il était question du roi dans les conversations du petit manoir d'Étioles. La jeune châtelaine s'informait minutieusement à tous les gentilshommes qui venaient s'asseoir à sa table, des moindres détails de l'existence du château. Elle suivait avec anxiété toutes les phases des amours royales, elle voulait bien connaître les favorites, madame de Mailly, madame de Vintimille, la duchesse de Châteauroux. Elle se faisait initier aux goûts du souverain, on lui disait ses plaisirs, ses amusements, ses caprices. Et elle se préparait, dans le recueillement de ses heures de solitude, au rôle qu'elle voulait jouer. Elle dessinait son plan, ourdissait sa trame. Car à côté de son amour se dressait son ambition. Elle voulait obtenir les faveurs du roi; mais elle ne voulait pas d'un caprice passager. Elle souhaitait ardemment le rôle de favorite; mais ce rôle, elle voulait le jouer toute sa vie.

Afin de pouvoir suivre Louis XV dans la forêt de Sénart, madame d'Étioles avait feint une grande passion pour la chasse; son mari, à genoux devant toutes ses fantaisies, ne s'opposait donc pas à ce qu'elle suivît de loin tous les brillants cavaliers qui, sur les pas du roi, couraient le cerf dans les grands bois. Elle montait hardiment à cheval ou conduisait elle-même un phaéton dans les allées les plus sinueuses, croisant le roi souvent afin d'attirer ses regards. Tant qu'avait duré la faveur de madame de Châteauroux, la belle d'Étioles avait dissimulé son amour et ses ambitieuses pensées; elle attendait son tour avec cette inaltérable patience que donne une immuable volonté. Mais après la mort de la favorite, la place était vacante dans la couche royale elle pensa que son heure était enfin venue, et la scène du bal de l'Hôtel-de-Ville fut comme le couronnement de son œuvre de séduction.

Louis XV cependant, de retour à Choisy après les fêtes qui célébrèrent le mariage du Dauphin, ne pouvait détacher ses pensées de la belle chasseresse qui lui était un instant apparue. Vainement ses pourvoyeurs ordinaires, les valets de chambre, essayèrent d'attirer son attention sur quelques femmes qui se disputaient ses faveurs, « le roi n'avait de goût à rien. »

La marquise de Rochechouart elle-même, malgré son esprit et sa beauté, ne put vaincre la froide indifférence du monarque.

Un valet de chambre nommé Binet fut le premier confident que choisit Louis XV.

Ce Binet fut ravi de la confiance du roi. Il voyait devant lui s'ouvrir le chemin de la fortune. Justement, il était quelque peu parent des Poisson, il se chargea des premières démarches.

Les négociations ne furent ni longues ni difficiles. Madame d'Etioles n'était pas une grande dame pour dicter d'avance ses conditions. Elle accepta donc tout ce que lui proposa Binet.

La première entrevue eut lieu dans l'hôtel de M. de Turneheim, rue Croix-des-Petits-Champs.

A quelques jours de là, c'est-à-dire le 27 avril 1745, madame d'Etioles soupait à Versailles avec le roi, dans l'ancien appartement de madame de Mailly. MM. de Luxembourg et de Richelieu avaient été invités.

Le repas fut gai, la nuit fut longue, et le roi sortit fasciné des bras de l'enchanteresse. Huit jours après madame d'Etioles abandonnait son ravissant manoir pour un petit appartement à Versailles.

Tout cela avait lieu en l'absence de M. d'Etioles, qui était allé passer les fêtes de Pâques chez un de ses amis.

A son retour seulement, il apprit tout à la fois que sa femme avait déserté sa maison et qu'elle était maîtresse déclarée.

Cette nouvelle frappa M. d'Etioles comme un coup de foudre. Il aimait sa femme, cet homme. Sa première pensée fut de s'armer de ses droits d'époux outragé pour ramener l'infidèle. Aux premières démarches qu'il fit, on lui conseilla de se tenir tranquille. Et, comme il emplissait Paris de ses lamentations, comme trop de gens s'associaient à sa légitime douleur, il reçut l'avis de se rendre à Avignon et d'y rester jusqu'à nouvel ordre. Alors, dans la violence de son chagrin, il écrivit à sa femme un dernier adieu. C'était un suprême effort qu'il tentait pour la faire revenir à ses devoirs. Madame d'Etioles fut insensible au désespoir de son mari. Seulement elle fit lire cette lettre au roi, afin sans doute de lui montrer quel amour elle lui sacrifiait.

Le roi lut la lettre avec attention. Les plaintes de cet époux mortellement blessé dans ses plus chères affections le troublèrent et l'émurent.

— Ah! madame, dit-il à sa nouvelle maîtresse, vous aviez là pour mari un honnête et digne homme.

Cependant madame d'Etioles habitait désormais Versailles. Le roi lui avait donné l'ancien appartement de cette pauvre comtesse de Mailly, et chaque soir il y soupait avec elle. Les convives étaient alors Richelieu, Boufflers, d'Ayen, la marquise de Bellefond et madame de Lauraguais, dont la destinée fut toujours d'être l'amie des favorites qui se succédèrent dans la couche royale.

A l'exemple de madame de Châteauroux, madame d'Etioles

poussa le roi à prendre le commandement de ses troupes ; mais, plus habile que la duchesse, elle ne voulut pas suivre son amant. Elle lui fit promettre de répondre aux lettres qu'elle lui écrirait, et, sûre des séductions de son style, elle prit l'absence pour auxiliaire. Pendant toute la campagne, le roi lui écrivit presque tous les jours, et ses lettres étaient scellées d'un cachet qui portait ces deux mots : *discret et fidèle*.

Le 7 du mois de septembre, Louis XV faisait son entrée dans sa bonne ville de Paris, et pendant plus de huit jours, bals, fêtes, illuminations et carrousels célébrèrent le retour du vainqueur de Fontenoy.

Ainsi que l'avait prévu madame d'Etioles, l'absence avait augmenté l'empire qu'elle exerçait sur le roi ; il revenait plus amoureux que jamais ; son premier soin en arrivant à Versailles fut donc de fixer la position de la favorite.

Tout d'abord il fallait lui donner un nom : impossible de présenter à la cour mademoiselle Poisson devenue madame Lenormand d'Etioles ! Il fallait d'abord dissimuler sa roture et effacer autant que possible toute trace du passé. On trouva pour la favorite le titre et le marquisat de Pompadour, qui avaient fait retour au domaine. Ce nom appartenait à une illustre famille du Limousin dont le dernier représentant était mort après avoir été compromis dans la conspiration de Cellamare.

C'est donc avec le titre de marquise de Pompadour que la fille de Poisson, le fournisseur infidèle, fut solennellement présentée à Versailles, le mardi 14 septembre 1745, à dix heures du soir, par la princesse douairière de Conti, qui avait vivement sollicité cet honneur.

« La foule abondait, curieuse de voir cette petite bourgeoise
« prendre rang au milieu de la cour ; chacun cherchait à

« deviner quelles seraient les paroles que la reine lui adres-
« serait; elle se borna à lui demander des nouvelles de
« madame de Seissac, qui jadis avait contribué à obtenir la
« révision du jugement qui condamnait le père Poisson à
« être pendu.

« Confuse, déconcertée, la nouvelle marquise de Pompa-
« dour balbutia sa réponse; on ne put saisir que les mots sui-
« vants :

« — Je désire passionnément, madame, accomplir tout ce
« que Votre Majesté m'ordonnera pour son service. »

Le lendemain on célébra à Choisy la présentation de la
favorite; courtisans et grandes dames s'étaient disputé la
faveur d'une invitation. Le roi devait revenir à Versailles le
lendemain, mais il soupa si prodigieusement qu'il fut pris
dans la nuit d'une incommodité assez grave.

La reine et toute la cour accoururent aussitôt à Choisy, et
dans cette circonstance Marie Leczinska, à force de résignation, manqua de dignité. Elle consentit à manger avec madame
de Pompadour. Toutes les dames invitées à cette résidence
royale s'assirent à la même table que la concubine : leur
délicatesse se trouvait sauvée par l'exemple de la reine.

A l'apparition à la cour de la nouvelle marquise, la cour se
partagea en deux partis : les courtisans serviles, adorateurs
quand même des caprices du maître, furent aux pieds de la
favorite ; ils se moquaient de ses manières, des locutions
bourgeoises dont elle ne put jamais se défaire, mais ils se
moquaient tout bas, résolus à tirer parti de son pouvoir. Les
hommes honnêtes, ceux qu'un nouveau scandale indignait, ou
qui croyaient encore la religion nécessaire à la conservation
de l'ordre social, se rangèrent autour du Dauphin, afin de
balancer autant que possible l'influence de madame de Pom-

padour, de *la marquise*, comme on l'appela dès le premier moment. Et ce nom que lui donnèrent ses ennemis, lui resta comme un sobriquet, comme un nom de guerre; madame de Pompadour fut en effet et sera toujours par excellence : la marquise.

Les gens habiles d'ailleurs ne s'y trompèrent pas. Ils s'aperçurent bien vite que c'était un ministre en jupons qui arrivait à Versailles.

Le séjour de madame de Pompadour pendant cette première période de sa liaison avec le roi fut le château de Choisy, cette petite maison sans étiquette qu'elle préférait à toutes les autres. Louis XV, encore dans l'ivresse de la possession, passait presque tout son temps auprès d'elle ; il recevait ses ministres dans son salon, demandait son avis, et se conformait à ses conseils. Jeanne Poisson de Pompadour remplaçait le cardinal Fleury.

La belle favorite, on le voit, n'avait rien perdu à ne pas faire ses conditions à l'avance; à l'époque où nous sommes arrivés, c'est-à-dire six mois après ce premier souper avec le roi où assistait le duc de Richelieu, elle avait déjà de ses dons : 180,000 livres de rentes, un logement splendide à la cour, un appartement dans toutes les résidences royales, et le marquisat de Pompadour. L'année suivante, 1746, le roi devait lui donner : la terre de Selle, achetée cent cinquante-cinq mille livres, et dans laquelle on dépensa immédiatement soixante mille livres rien qu'en réparations; la terre et le château de Crécy, qui valaient sept cent cinquante mille livres, et enfin deux charges de cinq cent mille livres chacune. C'était ostensiblement plus de quatre millions en moins d'une année. Mais l'ambition de la favorite ne devait pas se contenter pour si peu.

A Paris, l'indignation était grande, et l'on chantait dans tous les salons :

> Autrefois de Versaille
> Nous venait le bon goût,
> Aujourd'hui la canaille
> Règne et tient le haut bout.
> Si la cour se ravale,
> De quoi s'étonne-t-on?
> N'est-ce pas de la halle
> Que nous vient le *poisson?*

L'avénement de madame de Pompadour fut le signal de changements dans le ministère : elle voulait des hommes qui lui fussent dévoués. Elle usa donc des prémices de sa faveur pour obtenir le renvoi du contrôleur général Orry, qui pendant seize ans avait administré avec habileté et intégrité les finances de l'État. Orry avait le malheur d'être l'ennemi des frères Pâris, et la favorite n'avait pas oublié ses anciens amis de la finance; de plus, il se plaignait des profusions de la maîtresse. Il fut remplacé par M. de Machault, lié aux intérêts de la ferme générale. C'était un homme probe et rangé, mais à genoux devant toutes les fantaisies de la favorite.

Avec madame de Pompadour, le parti philosophique essaya d'entrer dans les affaires; sous les jupons du ministre femelle, les poëtes et les beaux-esprits commencèrent à se glisser à la cour. Il était difficile de les faire accepter de Louis XV : ce roi, bien qu'essentiellement spirituel, n'aimait ni les artistes ni les gens de lettres, il détestait surtout les philosophes, ces raisonneurs qui allaient, comme on disait alors, *apprendre à penser* en Angleterre, et revenaient en France propager des idées nouvelles. Mais le roi ne savait rien refuser à madame de Pompadour, et l'on protégea bientôt tous les auteurs de l'Encyclopédie.

L'hiver de 1745 à 1746 fut des plus brillants à Versailles : la nouvelle favorite entreprenait cette tâche difficile d'amuser le plus inamusable des rois ; elle réussit cependant. Elle multipliait les soupers et les fêtes, les voyages se succédaient, soit à Choisy, soit dans les châteaux qu'elle tenait des libéralités de son amant. La vie du roi était un perpétuel enchantement. « Comme les jours passent! » s'écriait-il quelquefois. Et le faible souverain s'endormait dans cette déplorable inertie, et le peuple s'indignait de l'empire qu'il subissait.

Bientôt ce fut le tour de Choisy. Choisy devint le séjour des plaisirs et des enchantements ; chaque jour amenait quelque divertissement nouveau, quelque flatteuse surprise. Gentil-Bernard, l'auteur de *l'Art d'aimer*, secrétaire des dragons de Coigny, était l'ordonnateur de toutes les fêtes. Jamais, il faut le dire, la coquetterie des moindres détails ne fut poussée plus loin.

La marquise, alors dans tout l'éclat de sa beauté, réunissait l'esprit à la gaîté, elle amusait le roi par ses saillies, ses petites médisances. Elle chantait, ou bien elle dansait avec la spontanéité d'un enfant.

Madame de Pompadour commença par transformer Choisy. Au moins cette fortune royale qu'elle devait à l'amour du roi, et dont elle ne savait que faire, servit à encourager tous les arts. Vernet, Latour, Pigale, Boucher, Watteau devinrent les commensaux ordinaires de la favorite. L'art, grâce à elle, se modifia, elle avait sous la main de grands artistes pour reproduire toutes les fantaisies de son imagination, tous les caprices de ses rêves.

L'art descendit de ses hauteurs pour se prêter aux commodités de la vie; il se transforma : il n'était qu'agréable, il devint utile. Il se prêta aux moindres détails de l'ameublement. Ces mille futilités dont une femme s'entoure, ces mille petits riens qui réjouissent ses yeux, devinrent des choses d'art, et, aujourd'hui encore, nos femmes à la mode ont pris sous la protection de leur goût ce genre futile et coûteux auquel la marquise a donné son nom.

Tous les mérites avaient part aux libéralités royales dont la favorite était la dispensatrice; et tandis que Boucher enrubannait pour elle les moutons et les bergers, l'architecte Gabriel lui soumettait des plans, Leguay, l'éminent graveur, recueillait sur ses ordres les camées, les pierres gravées, précieux bijoux de l'antiquité, et Bouchardon, sous ses inspirations, façonnait les dragons et les chimères des grandes pièces d'eau de Versailles.

Duclos et Marmontel étaient logés aux frais du roi dans l'hôtel des affaires étrangères, avec douze mille livres de pension; enfin Crébillon le tragique obtenait une pension de trois mille livres, un logement au Louvre, et le titre de bibliothécaire de Choisy avec cinq mille livres. Et cependant, dans ses contes licencieux, Crébillon fils, plus d'une fois, avait fait des allusions blessantes aux amours de la marquise.

Après une représentation brillante de *Catilina*, madame de Pompadour obtint encore, pour le vieux Crébillon, l'honneur d'une impression gratuite de ses œuvres à l'imprimerie royale.

Le lendemain, le vieux poëte, alors âgé de quatre-vingt-un ans, vint à Choisy remercier sa protectrice.

La marquise était souffrante, elle reçut néanmoins Crébillon et le fit asseoir jusque dans la balustrade de son lit. Tandis que le poëte embrassait avec effusion la main de la marquise le roi entra. Le vieux tragique eut alors un à-propos charmant.

— Ah! madame, dit-il, nous sommes perdus, le roi nous a surpris.

Louis XV rit beaucoup de cette exclamation du vieillard baisant la main de la marquise comme un amant en bonne fortune.

Mais de tous les hôtes de la marquise, artistes, poëtes, grands seigneurs, le plus cher à son cœur était assurément l'abbé de Bernis, l'ancien commensal du château d'Etioles. Les médisants disaient que l'abbé était mieux qu'un ami pour la favorite, et qu'elle lui donnait pour rien ce qu'achetait si chèrement Louis XV. Mais il la remboursait généreusement en madrigaux.

Sûre de sa puissance, la nouvelle favorite s'occupa de sa famille. Malheureusement sa mère n'était plus. Malade depuis longtemps, la dame Poisson était morte de joie en apprenant que sa fille était maîtresse déclarée. « Tous mes vœux sont comblés, dit-elle en expirant, je pars contente. »

Cent épitaphes circulèrent aussitôt, tant à Paris qu'à la cour, et voici celle qui obtint le plus de succès :

> Ci-gît qui, sortant du fumier,
> Sut faire une fortune entière,
> Vendit son honneur au fermier
> Et sa fille au propriétaire.

Le fermier, c'était M. de Turneheim, le propriétaire était le roi.

Le père Poisson fut anobli. C'était ravaler l'institution, mais peu importait à madame de Pompadour; sa mission semblait être de saper l'ordre de choses établi, elle accomplissait sa mission sociale; elle conduisait la royauté à sa ruine et préparait la révolution.

Personne ne fut surpris de l'élévation du père Poisson, mais plus que jamais les chansons et les épigrammes circulaient; madame de Pompadour en trouvait jusque sur sa table de toilette. On disait à la cour que le père Poisson avait une chance de pendu.

C'était un homme impudent et grossier; il venait chez sa fille lorsqu'il avait besoin d'argent, c'est-à-dire souvent. Il forçait toutes les consignes, et la présence du roi ne l'arrêtait pas. En parlant de Louis XV il disait : mon gendre.

Certain jour, un valet voulut l'empêcher d'entrer chez la favorite.

— Maraud! s'écria le père Poisson exaspéré, ne sais-tu donc pas que je suis le père de la...... du roi.

Il dînait une autre fois avec des gens de la ferme, chez un financier enrichi depuis peu. La salle à manger était splendide, la chère exquise, les domestiques nombreux.

— Morbleu! dit tout à coup le père de la favorite que le vin mettait en belle humeur, ne dirait-on pas à nous voir une assemblée de princes? et cependant au fond nous ne sommes tous que....

Les convives crurent prudent de l'empêcher d'aller plus loin.

Tel est l'homme auquel Louis XV accorda des lettres de noblesse.

Le frère de madame de Pompadour était plus digne des faveurs royales. Nommé marquis de Vandières, il dut bientôt changer ce nom qui prêtait au ridicule, on ne l'appelait que marquis *d'Avant-hier*. Il prit le titre de marquis de Marigny.

Le roi aimait fort le marquis de Marigny, dont la conversation était instructive parfois, amusante toujours. Il l'admettait volontiers aux soupers intimes, et l'appelait son *petit frère*.

Un jour la favorite allait se mettre à table avec le marquis de Marigny. On annonce le roi, le marquis se retire.

— Mais, dit Louis XV à madame de Pompadour, il me semble que je vois ici deux couverts : avec qui donc diniez-vous ?

— Sire, avec mon frère.

— Mais qu'il reste alors, dit le roi; n'est-il pas de la famille? Qu'on mette un troisième couvert pour moi.

Tous les courtisans s'inclinaient devant le frère de la maîtresse du roi, les uns redoutaient son influence, les autres espéraient s'en servir. Un jour le marquis de Marigny disait au roi :

— Je ne saurais vraiment, Sire, comprendre ce qui m'arrive; je ne puis laisser tomber mon mouchoir, que vingt cordons-bleus ne se baissent pour le ramasser.

Mais à ce marquis de fraîche date, *d'avant-hier*, comme disaient les courtisans, il fallait, pour avoir l'air d'un vrai marquis, les ordres du roi.

Louis XV hésita longtemps, la faveur était insigne.

— C'est que, disait-il, c'est un bien petit poisson pour le mettre au bleu.

Une prière de la favorite leva tous ses scrupules, et pour dispenser le marquis de Marigny de faire ses preuves, on le nomma secrétaire de l'ordre. Il eut un cordon bleu exceptionnel.

Cette fois au moins les faveurs pleuvaient sur un honnête homme.

Madame de Pompadour, heureusement pour la France, n'avait pas une nombreuse famille. Son parent le plus éloigné était un certain Poisson de Malvoisin, tambour au régiment de Piémont. Il voulut comme de raison profiter de la situation de sa cousine, et vint la trouver. On résolut de le faire avancer dans l'armée, mais ce n'est qu'après bien des peines et des démarches qu'on parvint à le caser. Les officiers des régiments consentaient bien à l'accepter, mais à la condition qu'il se battît avec eux tous.

De 1746 à 1748, c'est-à-dire jusqu'à la paix d'Aix-la-Chapelle, madame de Pompadour ne songea qu'à consolider sa puissance. Louis XV ayant été prendre le commandement de ses troupes, elle le suivit incognito, déguisée en page, à la suite du duc de Richelieu. Bien des dames suivaient alors leurs maris ou leurs amants à l'armée, et le maréchal de Saxe appelait cette partie de son bagage « son artillerie légère. » Le théâtre de madame Favart faisait campagne, cette année-là, et entre deux assauts, tandis qu'on assiégeait une ville, les officiers couraient au spectacle. A Tongres, la veille de la bataille de Raucoux, le directeur de la troupe annonça que le lendemain il ferait *relâche pour cause de victoire.*

Lorsque madame de Pompadour n'accompagnait pas son amant en Flandres, elle se retirait à Choisy, et toute la cour, grands seigneurs et grandes dames, venait l'y entourer d'hommages et savoir des nouvelles de l'armée, car elle était, on ne l'ignorait pas, parfaitement renseignée; elle était en correspondance avec les généraux, et le roi lui écrivait presque tous les jours.

Le dessin et la gravure la distrayaient aux heures de solitude; artiste habile, la marquise reproduisait les dessins de Boucher, de Vien ou de Leguay. Mais elle aimait surtout les pierres gravées imitées de l'antique. Elle gravait, elle sculptait elle-même l'onyx, la sardoine, l'émeraude, la cornaline et l'ivoire. La sollicitude des amateurs éclairés de l'art nous a conservé *l'œuvre de madame de Pompadour*, et toutes ces œuvres d'art, au bas desquelles se retrouve cette signature : *Pompadour sculpsit*, sont d'une perfection achevée.

Lorsque, la campagne terminée, Louis XV revenait à Versailles prendre ses quartiers d'hiver, la marquise continuait près de lui son rôle d'amuseuse, rôle ingrat s'il en fût jamais. Avec un art infini, elle multipliait les distractions les plus diverses. Le roi avait fini par adopter quelques-uns des goûts de sa maîtresse : il prenait intérêt aux œuvres des artistes dont la marquise était comme la reine ; il se plaisait aux pompes du théâtre, et presque chaque jour l'Opéra venait donner des représentations à Versailles. Le roi chassait ensuite et soupait avec ses intimes.

Le second mariage du Dauphin, dont la première femme était morte en couches l'année précédente, avait été, à Paris, le signal de fêtes magnifiques. Le roi avait assisté à plusieurs bals masqués donnés à l'Hôtel-de-Ville. Ces fêtes faisaient trembler madame de Pompadour. Elle redoutait pour le roi, instruite par sa propre expérience, les dangers de ces bals où l'intrigue devient audacieuse sous le masque. Pour écarter ce danger, des hommes à elle entouraient inostensiblement le roi et ne le perdaient pas de vue. S'adressait-il à une femme, paraissait-il prendre plaisir à sa conversation, aussitôt la marquise était prévenue et accourait.

La paix générale, signée à Aix-la-Chapelle, amena un temps de repos et de joyeux loisirs pour la cour. Tous les brillants gentilshommes qui venaient de faire leurs preuves sur les champs de bataille, accoururent oublier à Versailles les fatigues et les dangers.

Cette période est la plus brillante du règne de madame de Pompadour. Sans être arrivée à la toute-puissance, son influence n'a déjà plus d'obstacles, et elle est encore aimée du roi. La femme aimable n'a pas encore fait place à la femme d'État dont la responsabilité terrible assombrira le front; enfin elle est encore dans tout l'éclat de sa jeunesse et de sa beauté.

Voici, d'ailleurs, le portrait de cette favorite, tracé par un homme qui certes ne l'aimait pas :

« On peut la citer encore comme une des très-belles femmes de la capitale, et peut-être comme la plus belle. Il y a dans l'ensemble de sa physionomie un tel mélange de vivacité et de tendresse, elle est si bien tout à la fois ce qu'on appelle une jolie femme et une belle femme, que la réunion de ces qualités en fait une sorte de phénomène.

« Cette femme dangereuse, cette habile comédienne, peut être tour à tour superbe, impérieuse, calme, lutine, sensée, curieuse, attentive, enjouée. Sa voix a un ton sentimental qui touche même ceux qui l'aiment le moins, et de plus elle possède ce qu'on a d'habitude le moins à la cour, *le don des larmes*.

« Elle met peu de rouge, la fraîcheur de son teint lui suffit. Ses yeux ont reçu d'ailleurs une telle vivacité, qu'il semble qu'une étincelle en jaillit quand elle donne un coup d'œil.

« Ses yeux sont châtains, ses dents très-belles, ainsi que ses mains. Sa taille est fine, bien coupée, de moyenne grandeur et sans aucun défaut.

« Elle connaît si bien ses qualités, qu'elle a grand soin de les aider de tous les secours de l'art. Elle a inventé des négligés, adoptés par la mode, et qu'on appelle les robes à la

Pompadour, et qui font ressortir toutes les beautés qu'elles semblent vouloir cacher. »

Ce portrait, où l'on reconnaît la main d'un ennemi furieux d'être forcé de se rendre à l'évidence, ne suffit-il pas pour expliquer l'influence de madame de Pompadour?

Ne faisait-elle pas, d'ailleurs, tous ses efforts pour distraire l'insurmontable ennui d'un roi rassasié de tout? Chaque jour son imagination fertile lui suggérait quelque moyen nouveau. Louis XV avait cent femmes en une seule. Pour l'agacer et le surprendre, la marquise apparaissait chaque jour avec un travestissement nouveau : en grande dame aujourd'hui, demain en paysanne. Aucune mise en scène ne lui coûtait. Le roi avait un jour remarqué une religieuse fort jolie : il trouva le lendemain la marquise vêtue en sœur grise.

Toute jeune fille, madame de Pompadour avait joué avec succès la comédie et le petit opéra ; devenue reine de Choisy, elle résolut d'y faire élever un théâtre et d'y jouer devant le roi, puisqu'il aimait à la retrouver dans des rôles toujours nouveaux.

Cette idée fut exécutée avec la rapidité que donne la toute-puissance : Gabriel construisit la salle, Boucher peignit des décors merveilleux ; les répétitions commencèrent. Toute la cour s'arrachait les rôles. Jouer la comédie devant le roi, avec madame de Pompadour, la précieuse faveur !

Les principaux artistes du théâtre de Choisy étaient : la marquise d'abord, puis mesdames de Marchais, de Courtenvaux, de Maillebois, de Brancas, d'Estrades ; MM. de Richelieu, de Duras, de Coigny, de Nivernais, d'Entragues.

Lorsqu'il y avait un ballet, le marquis de Courtenvaux, le duc de Melfort et le comte de Langeron étaient les premiers sujets.

Le duc de La Vallière était le directeur de cette noble compagnie. L'abbé de Lagarde soufflait; Gresset, Crébillon et l'abbé de Bernis dirigeaient les répétitions.

Le corps de ballet était insuffisant, et les chœurs laissaient à désirer; mais le roi ne s'en amusait que mieux.

— Ils chantent aussi mal que moi, disait-il en riant.

Et c'était une grosse injure à jeter à des chœurs d'opéra; le roi possédait la voix la plus fausse de son royaume.

Mais les distractions de la comédie ne suffisaient pas à l'ennuyé Louis XV; les petits voyages impromptus continuaient soit à Marly, soit à Crécy, chez la marquise, ou à Trianon, que l'on avait fait réparer à grands frais. Les chasses étaient plus fréquentes que jamais; on courait le cerf à Fontainebleau ou à Compiègne, le plus souvent dans la forêt de Sénart. La chasse, voilà la seule vraie passion de Louis XV, celle qu'il conserva jusqu'à la fin de sa vie.

A Choisy, après la comédie, après la chasse, au retour de toutes les excursions, on soupait. Le souper, c'était l'heure du repos, de la liberté, de la joie. Les pamphlets du temps nous ont laissé sur les soupers de Louis XV de longs et minutieux détails; mais tous sont empreints de la plus haineuse exagération. Ces soupers ne furent point, tant que régna la marquise, les crapuleuses orgies racontées avec complaisance par quelques libellistes obscurs.

Voici, d'ailleurs, comment les choses se passaient : le roi, l'heure du souper venue, désignait douze ou quinze convives, jamais plus, et l'on passait dans la salle à manger. C'était un charmant salon, meublé avec élégance, décoré par Watteau, Boucher ou Latour. Aucun apprêt de festin ne paraissait; seulement, au milieu du salon, le parquet dessinait une vaste rosace. A un signe du roi, la rosace s'élevait, et, comme dans les contes de fées, on voyait apparaître une table chargée de plats et de flacons, étincelante de cristaux et de porcelaines, éclairée par des centaines de bougies. Le roi s'asséyait, et les invités prenaient place; des pages de la petite écurie, fils de grande famille pour la plupart, servaient le souper rapidement, sans bruit; à chaque service, la table était renouvelée. Au dessert, les pages étaient renvoyés.

Alors seulement on oubliait l'étiquette. Mais les propos grossiers du libertinage ou de l'impiété étaient sévèrement bannis. Une ironie spirituelle, légère, superficielle, était la seule arme dont on se servît. On ne discutait pas, on se moquait. Les mots charmants éclataient de tous côtés, les anecdotes spirituelles circulaient autour de la table. La conversation était leste parfois, et même un peu grivoise, mais jamais ordurière; la langue avait d'ailleurs à cette époque une licence qu'aujourd'hui on ne tolérerait plus.

Alors s'échangeaient les joyeux défis de vins d'Aï ou de Tokai, les coupes s'emplissaient, se choquaient et se vidaient au bruit charmant des éclats de rire, et quelque poëte, l'abbé de Bernis, par exemple, improvisait d'anacréontiques couplets.

Le roi, en se levant, ne donnait pas le signal du départ; souvent les invités restaient après l'hôte; mais la liberté n'était pas plus grande, elle ne dégénérait pas en licence.

Le roi se retirait habituellement chez madame de Pompadour. Parfois le champagne frappé, dont il abusait, lui montait à la tête; la marquise en faisait alors ce qu'elle pouvait jusqu'au lendemain. On faisait lever quelque femme de chambre, mais dans le plus grand mystère, et on préparait du thé. Plus d'une fois la favorite eut sujet d'être inquiète, et madame du Hausset raconte que, certaine nuit, la vie de Louis XV fut en danger; mais on avait toujours un médecin sous la main.

— Que deviendrais-je, grands dieux, disait la marquise, si jamais le roi venait à mourir chez moi!!! Je serais massacrée; la populace me traînerait dans les ruisseaux.

Le premier médecin la rassurait alors, jusqu'à la prochaine mésaventure.

Au matin, le roi recevait les ministres chez la favorite, dont le salon était devenu la chambre du conseil. Le roi ne disait mot, il écoutait; la marquise prenait les décisions pour lui.

— Sire, disait-elle au roi, les discussions vous donnent la jaunisse.

Le roi la croyait sur parole, et la laissait faire. Elle s'exerçait et s'enhardissait au métier d'homme d'État. Afin de se perfectionner, elle travaillait avec chaque ministre en particulier. Mais la marquise était une artiste et non une femme politique; elle le prouva bien. La paix était faite, et quelle paix! et les affaires à l'intérieur n'en allaient pas mieux. Aussi, tandis qu'à la cour on dansait, on soupait après la comédie, le peuple murmurait. Mais le roi n'entendait pas le murmure de son peuple, le roi ne savait même pas le prix du pain à Paris. Et comme un jour un placet lui était parvenu par le plus grand des hasards, il voulut savoir. Alors un courtisan chercha à rassurer le roi.

— Sire, lui dit-il, le pain n'a jamais été meilleur marché.

— Malpeste, s'écria un grand seigneur qui était du parti du Dauphin, je suis bien aise de savoir cela; je vais de ce pas bâtonner mon maître d'hôtel qui a l'impudence de me le faire payer très-cher.

De toutes parts craquait l'édifice vermoulu de la royauté; il fallait un bras pour soutenir l'édifice, une tête pour diriger ce bras; il n'y avait ni bras ni tête, il y avait madame de Pompadour, une femme charmante, spirituelle, artiste, mais une femme. Ses petites passions, ses jalousies de favorite, ses impressions du moment, tel était son code politique. Le peuple sentait tout cela, et le peuple l'avait en horreur. D'ailleurs un vent s'était levé, qui n'était plus un vent de fronde, c'était le souffle puissant de la liberté. Il venait d'Angleterre et de Genève, de partout un peu. Les philosophes avaient allumé un bûcher pour y brûler toutes les institutions et toutes les croyances, le vent attisait ce feu terrible. Il y avait encore les parlements qui s'exerçaient à la rébellion, et le clergé qui, par ses divisions et son intolérance, poussait à la révolte.

Dans le public, on disait que le traité d'Aix-la-Chapelle était un traité honteux; madame de Pompadour pensait comme le public, mais qui savait ses pensées? Une des clauses secrètes de ce traité était l'expulsion de France du prince Édouard, le prétendant, ce prince infortuné pour lequel la France avait prodigué son or et versé son sang. Louis XV voulut tenir la parole donnée et écrite; un soir, au sortir de l'Opéra, le prince Édouard fut saisi, lié, jeté dans une chaise de poste, et conduit à la frontière. Le ministère d'alors semblait vraiment être à la discrétion de l'Angleterre. La marquise osa dire au roi ce que tout bas pensait le peuple :

— Sire, c'est une lâcheté!

Des pamphlets, des épigrammes, des libelles, seule arme du mécontentement, parurent aussitôt de tous côtés contre le roi, la favorite, les ministres, contre le régiment des gardes qui avait exécuté les ordres reçus et arrêté le prince Édouard :

> Des gardes en un mot, le brave régiment,
> Vient, dit-on, d'arrêter le fils du prétendant.

Il a pris un Anglais. Ah Dieu! quelle victoire!
Muses, gravez bien vite au temple de mémoire
   Ce rare événement.
Va, déesse aux cent voix, va l'apprendre à la terre,
Car c'est le seul Anglais qu'il ait pris à la guerre.

Une épître remarquable, dédiée : AU ROI, commençait ainsi :

Peuple jadis si fier, aujourd'hui si servile,
Des princes malheureux vous n'êtes plus l'asile.
Vos ennemis, vaincus aux champs de Fontenoy,
A leurs propres vainqueurs ont imposé la loi.

Des enlèvements d'enfants vinrent encore aigrir la population contre le roi et contre la favorite; la faute en est certainement à quelques misérables, agents subalternes de la police, qui outrepassèrent leurs ordres; mais le peuple ne s'arrête point à ces considérations.

Une ordonnance du roi avait défendu la mendicité et ordonné l'arrestation des gens sans aveu; à Paris, ils étaient arrêtés et dirigés sur Marseille où on les embarquait pour les colonies. Il arriva que des agents de police, pour rançonner quelques pauvres mais honnêtes familles, abusèrent de leur pouvoir et enlevèrent plusieurs enfants.

Un jour, un de ces misérables enlève et conduit au dépôt un jeune garçon, espérant forcer la mère à le racheter. Cette femme, au désespoir, croyant son fils perdu, mort, s'élance dans la rue et parcourt tout le faubourg Saint-Antoine, poussant d'horribles cris, invoquant la pitié du peuple. Sur ses pas, la population sort des maisons, des groupes se forment, les mères prennent parti pour la mère. Les rumeurs les plus étranges circulent : on dit que dans tous les quartiers des enfants ont ainsi disparu. Ce n'est plus un enfant qui a été enlevé, ce sont des milliers d'enfants. Tout à coup une imputation horrible, épouvantable, se répand dans la foule : on dit que les médecins ont ordonné des bains de sang au roi, pour rétablir sa santé usée par la débauche; on ajoute que c'est chez la Pompadour que les enfants sont conduits et égorgés pour ces bains réparateurs.

Ces rumeurs abominables accroissent l'agitation, les rassemblements augmentent, l'exaspération du peuple est à son comble. On se jette sur les agents de police, partout où on les reconnaît. Mais les agents ne sont que les instruments du crime, le coupable est le lieutenant de police qui ordonne. Aussitôt la multitude roule ses flots menaçants jusqu'à son hôtel pour le massacrer. Prévenu, il s'enfuit par les jardins. On va escalader les murailles, briser tout dans l'hôtel. Tout à coup les portes s'ouvrent par les ordres de la femme du lieutenant de police, moins craintive que son époux. Du moment où il peut entrer, le peuple hésite; il craignait un piège. Mais les troupes de la maison du roi accourent à toute bride; à leur vue l'insurrection se dissipe. On arrête ceux dont la fuite n'a pas été assez prompte, et le lendemain, sans jugement, sans information, coupables ou non, ils sont pendus sans miséricorde.

Le Parlement saisit avec bonheur cette occasion d'être désagréable à la cour. Une information fut décidée. On manda le lieutenant de police pour l'admonester. Mais ce lieutenant était une créature de madame de Pompadour; le Parlement le blâmait, elle le nomma, pour le récompenser, conseiller d'Etat; plus tard elle l'appela au ministère. Telle était sa politique.

Paris avait calomnié son roi par une horrible imputation; Louis XV prit en dégoût sa capitale, la ville autrefois des plaisirs et des fêtes, devenue la ville des insultes et des menaces. Depuis longtemps, le peuple lui avait retiré ce beau titre de : Louis le bien-aimé; quelques années plus tard il disait avec justice :

> Le bien-aimé de l'almanach
> N'est plus le bien-aimé de France.

Le roi prit donc la résolution de ne plus traverser Paris pour aller de Versailles à Compiègne. Il voulait, dit-il, punir son peuple; le fait est qu'il en était réduit à le craindre. On fit, par ses ordres, un chemin de la porte du bois de Boulogne à Saint-Denis, en tournant la capitale. Cette nouvelle voie prit le nom de route de la Révolte, qu'elle a gardé depuis.

A l'occasion de cette émeute, le guet reçut une organisation militaire; on fit bâtir des casernes à Rueil et à Courbevoie, afin d'avoir toujours des troupes sous la main; enfin le maréchal de Lowendal fut chargé de dresser un plan de fortifications contre Paris.

Cependant le Parlement continuait ses remontrances, et la querelle des billets de confession menaçait l'Église d'un schisme.

Mais le mépris des Français pour Louis XV n'avait pas détruit encore dans leur cœur l'attachement au sang de leurs rois. Toute l'affection du peuple s'était reportée sur le Dauphin, dont la vie sérieuse et calme formait un contraste éloquent avec les goûts de son père. D'ailleurs, c'est surtout à la favorite que le peuple s'en prenait; on la disait la cause de tout le mal. Mieux que nous ne le pourrions faire, une simple chanson du temps expliquera la situation des esprits; elle est bien l'expression des sentiments de l'époque :

> Les grands seigneurs s'avilissent,
> Les financiers s'enrichissent,
> Tous les Poissons s'agrandissent,
> C'est le règne des vauriens.
> On épuise la finance
> En bâtiments, en dépense,
> L'Etat tombe en décadence,
> Le roi ne met ordre à rien,
>   Rien, rien, rien.
>
> . . . .
> . . . .

Cette chanson, qui dans l'original a neuf ou dix couplets, était destinée à faire fortune.

Assez de fautes graves, assez d'accusations méritées pèsent sur la mémoire de la marquise de Pompadour, sans qu'il soit nécessaire de la calomnier encore. Il est donc juste de la décharger d'une imputation odieuse et ridicule, fort accréditée par quelques romans *historiques* et un gros mélodrame, qui l'accusent d'avoir trente ans durant persécuté un malheureux prisonnier plus impudent et imprudent que coupable. On devine qu'il s'agit de Latude — ou trente ans de captivité. Rétablissons donc les faits :

Le 15 mai 1750, madame de Pompadour était à sa toilette, lorsqu'on lui remit une lettre apportée par la poste. On y dénonçait un complot contre ses jours, et on donnait la liste des principaux conjurés. Le nom des plus grands personnages de la cour y figurait. Cette lettre l'avertissait qu'avant peu elle recevrait une cassette renfermant des poisons si violents que les respirer serait mortel. La lettre était signée Henri Mazers de Latude.

La marquise, on le comprend, fut épouvantée, et fit aussitôt prévenir le lieutenant de police, un homme qui lui était tout dévoué. La cassette annoncée ne tarda pas à arriver. On l'ouvrit avec les plus grandes précautions; elle renfermait quelques paquets de poudre blanche, poudre complétement inoffensive. L'innocence de tous les personnages dénoncés résultant d'une information des plus sérieuses, on résolut de découvrir le mystificateur, et c'est bien le nom qui convient. Latude avait pris si peu de précautions, que les paquets de poudre blanche de la cassette étaient renfermés dans des papiers écrits de sa main; or, du premier coup d'œil, on s'était convaincu que l'auteur de la lettre et celui qui avait envoyé la cassette ne faisaient qu'un seul et même personnage. Latude ne se cachait pas, il fut arrêté comme calomniateur.

Interrogé par le lieutenant de police, il répondit que, se trouvant sans ressources et sans protecteurs, il avait trouvé ce moyen, dans l'espoir que madame de Pompadour, se croyant sauvée par lui d'un grand danger, lui accorderait sa protection.

Le lieutenant de police se contenta alors de le faire enfermer au fort de Vincennes.

Mazers de Latude était un petit gentilhomme gascon, né à Montagnac dans le Languedoc. Il avait fait en Hollande, près des réfugiés protestants, de remarquables études, et se destinait au génie militaire. C'est donc comme officier qu'il fut conduit à Vincennes.

Latude s'évada le second mois, mais il ne fut pas poursuivi; il eût été oublié sans doute, s'il ne s'était avisé d'une nouvelle plaisanterie dans le goût de la première. Il avait la mo[nomanie] de la dénonciation. Arrêté dans l'hôtel garni qu'[il] occupait, il fut cette fois conduit à la Bastille. On le trait[a] convenablement; il avait un logement d'officier. Là il se li[a] avec un nommé d'Alègre, Gascon comme lui, et six moi[s] après tous les deux s'évadaient avec une incontestable har[-]diesse.

Ils se sauvèrent en Hollande, où Latude s'affilia aux con[-]jurations des protestants et des jansénistes réfugiés. Il fu[t] enlevé et réintégré à la Bastille. Naturellement, on dut pren[-]dre à son égard certaines précautions de surveillance; mais i[l] fut néanmoins bien traité. On lui accordait la permission d'écrire : les plans et les projets de génie militaire qu'i[l] adressait au ministre en font foi. Homme supérieur, espri[t] d'élite, Latude avait des idées jeunes et fécondes; le ministr[e] lui fit offrir la liberté à la condition de retourner à Monta-gnac. Sans refuser précisément, il prit occasion d'écrire [à] madame de Pompadour des lettres d'une extrême insolence[.] Or, ces lettres, qui devaient passer par les mains du lieute-nant de police, n'arrivèrent pas à leur adresse. En novembre 1765, Latude s'échappait de nouveau, par un miracle inou[ï] d'audace et de présence d'esprit. Repris, il fut enfermé [à] Bicêtre, et on ne le relâcha qu'en 1777, sous la conditio[n] expresse qu'il habiterait son lieu de naissance.

Où voit-on dans tout cela une vengeance personnelle d[e] madame de Pompadour? Si cela était, n'eût-il pas recouvr[é] sa liberté à la mort de la favorite? M. de Sartines, ennemi d[e] la marquise, eût-il fait poursuivre en 1765 le prisonnie[r] évadé? Le duc de Choiseul l'eût-il fait enfermer à Bicêtre [?] M. de Malhesherbes, visitant cet hôpital en 1775, n'eût-il p[as] fait droit à ses réclamations ?

Louis XV cependant s'ennuyait toujours, et la marquise, malgré toute son imagination, se voyait à bout de moyens de distraction. C'est alors que l'idée lui vint d'inspirer au roi le goût des bâtiments et des constructions. On mit des ouvriers partout à la fois. Le public cria fort. C'était la moindre des préoccupations de la favorite. Les finances se trouvaient dans le plus déplorable état; mais telle était l'indifférence du roi et la toute-puissance de la marquise, que l'on put faire un incroyable abus des acquits de comptant. C'était tout simplement conduire l'État à la banqueroute. Quelques entreprises utiles furent cependant conseillées par madame de Pompadour, et l'on commença les bâtiments de l'École militaire et de la Manufacture de porcelaines de Sèvres.

L'établissement de la manufacture de porcelaines de Sèvres rendit le plus grand service à l'industrie française. Nous avions les Gobelins, la Savonnerie, les glaces, qui, par la supériorité de leurs produits, nous donnaient la première place; mais l'art céramique était resté en retard. Bien plus, il avait dégénéré, et depuis longtemps le secret était perdu de ces magnifiques poteries des xve et xvie siècles, si recherchées encore aujourd'hui des amateurs. Nos porcelainiers se bornaient alors à l'imitation mal réussie, à la contrefaçon grotesque des produits de la Saxe ou du Japon.

Sous les auspices de madame de Pompadour, cet art charmant fit les plus rapides progrès; on retrouva des couleurs et des nuances perdues, on eut le secret de la pâte tendre, si fine et si belle, et bientôt les produits de la Manufacture de Sèvres firent l'admiration du monde entier.

Les constructions de l'École militaire et de la Manufacture de Sèvres ne faisaient pas négliger d'autres entreprises beaucoup moins utiles, mais plus coûteuses: on travaillait à force à Choisy, à Crécy, à la Muette, et surtout au château de Bellevue, dispendieuse fantaisie de la favorite.

Madame de Pompadour allant un jour de Sèvres à Meudon, s'arrêta sur la colline qui domine la rive gauche de la Seine, au point où la route de Versailles traversait cette rivière.

— Voyez donc, Sire, dit-elle en s'adressant au roi, voyez donc la belle vue !

Et sur cette hauteur abandonnée aux bruyères, elle résolut de se faire construire un château. Artistes, architectes, peintres, sculpteurs, jardiniers, furent aussitôt convoqués, les plans furent arrêtés séance tenante, et les travaux commencèrent avec une magique rapidité. La marquise elle-même surveillait l'œuvre des architectes, et souvent le roi quittait la chasse pour venir déjeuner au milieu des ouvriers. Moins de deux ans après, le château de Bellevue était achevé. Les petits bâtiments, situés au bas de la rampe, presqu'au bord de la Seine, prirent le nom de Brimborion.

Bellevue, inauguré le 25 novembre 1760, par des fêtes magnifiques, devint bientôt la résidence favorite de Louis XV; il est vrai que la marquise avait prodigué les millions pour faire de ce château un véritable séjour des Mille et une nuits.

Le jour de l'inauguration, la marquise, après avoir promené son royal amant dans toutes les pièces de ce merveilleux château, après avoir joui de ses surprises et de son admiration, le conduisit dans un appartement qui s'ouvrait sur une serre immense éclairée de mille bougies. Là se trouvaient à profusion les fleurs les plus rares, les plus éloignées de la saison : roses, lilas, jasmins, œillets, renoncules et primevères s'épanouissaient « dans ce domaine enchanté de Flore, » comme on disait alors, et répandaient les plus suaves parfums. Le roi fut ébloui.

— Ne me donnerez-vous pas un bouquet, marquise ? demanda-t-il.

— Venez vous-même le cueillir, Sire, dit l'enchanteresse, avec un ravissant sourire, venez.

Le roi y alla. Mais à la première fleur qu'il voulut détacher, il s'aperçut que la tige était froide et rigide.

Tout ce charmant parterre était en fine porcelaine de Saxe, et de suaves essences, dont les gouttes brillaient sur les feuilles comme autant de perles de rosée, remplaçaient les émanations de toutes ces fleurs.

Toute la cour, est-il besoin de le dire, s'arracha bientôt les invitations de Bellevue.

Mais le château était petit, le nombre des invités fut très-restreint. Il y avait beaucoup d'appelés et peu d'élus. Les ministres, quelques favoris intimes étaient les hôtes habituels. Ceux-là passaient la nuit au château. Les invités ordinaires se retiraient après les fêtes, et allaient chercher un gîte dans les habitations des environs. On appelait ces convives de jour, des *polissons*; et cependant, aller à Bellevue, même en *polisson*, était une faveur insigne. Hommes et femmes devaient revêtir un uniforme choisi et dessiné par madame de Pompadour: elle-même avait distribué les étoffes et donné le calque des dessins que chacun devait faire exécuter; les broderies seules étaient une affaire de plus de douze cents livres. Les habits des hommes étaient de velours, les robes des dames de damas.

Les dépenses du château de Bellevue firent beaucoup crier; pamphlets et chansons faisaient rage. Un officier aux gardes, chevalier de Malte, pour quatre mauvais vers, fut condamné à un an de détention, puis exilé. Les flatteurs de la favorite trouvaient la punition bien douce.

Toute-puissante dans l'État, madame de Pompadour n'avait pas à la cour les honneurs du tabouret. Elle n'eut qu'un mot à dire, tout fléchit devant ses volontés, même l'étiquette, qui n'accordait cette prérogative qu'aux seules duchesses. Le roi saisit, pour lui accorder cette faveur, l'occasion du rétablissement du Dauphin, qui avait été si sérieusement malade qu'un instant on avait craint pour ses jours. La favorite eut donc le tabouret; vainement le parti du Dauphin s'opposa à son élévation, elle fut présentée.

Suivant le cérémonial des présentations, elle devait être embrassée par la reine, par le Dauphin et par les princesses. La reine et ses filles se soumirent à cette humiliation nouvelle que leur imposait le roi; mais le Dauphin ne put cacher son dégoût. Après avoir embrassé la nouvelle élue, il lui tira la langue, selon les uns, il essuya ses lèvres du revers de sa main, selon d'autres.

La marquise ne s'en aperçut pas sur le moment, mais ses flatteurs ne tardèrent pas à le lui apprendre. Grande fut sa colère contre le Dauphin, qu'elle n'avait jamais aimé : sa piété, selon elle, n'était qu'hypocrisie, sa charité, un moyen habile de se créer une popularité. Elle alla donc trouver le roi, se plaignant amèrement de cette insulte qui retombait sur lui. Louis XV partagea l'indignation de la favorite, et le Dauphin reçut l'ordre de se rendre au château de Meudon. Vainement la reine et ses filles intercédèrent pour lui, le roi mit pour condition à son retour qu'il ferait des excuses à la marquise.

Après quelque résistance, le Dauphin fut obligé de se soumettre. En présence de toute la cour, il déclara à madame de

Pompadour qu'il était très-innocent de l'injure que des calomniateurs lui imputaient.

La favorite reçut cette déclaration avec la dignité d'une reine, et gracieusement elle lui répondit que jamais elle n'avait ajouté foi à tout ce qu'on était venu lui rapporter. Puis, comme gage de réconciliation, elle grava elle-même le portrait du Dauphin. Tel fut le dénoûment de cette aventure, qui faillit diviser le parti du Dauphin : les uns le blâmaient, les autres l'approuvaient d'avoir obéi au roi. Mais le Dauphin fit observer que toute la honte, si honte il y avait, retombait, non sur le fils qui se soumettait, mais sur le père qui avait donné des ordres.

Le tabouret ne satisfit pas encore l'ambition de madame de Pompadour, elle voulut être dame d'honneur de la reine. Sûre de l'approbation du roi, elle fit faire quelques démarches près de Marie Leczinska. La reine, toujours faible et soumise, n'osa refuser, mais elle objecta que, toutes les dames du palais faisant leurs pâques, la favorite ne pouvait être admise qu'à la condition d'approcher des sacrements.

La marquise s'occupa immédiatement de lever cet obstacle. Elle commença par déclarer que ses relations avec le roi n'étaient plus qu'amicales, ce qui était vrai, comme nous le verrons plus tard ; elle sollicita ensuite de son mari une lettre de pardon, dans laquelle il devait dire que désormais, oubliant toutes les fautes de sa femme, il lui rendait son estime et lui rouvrait sa maison.

M. d'Etioles consentit à tout ce que lui demanda sa femme. Depuis longtemps il avait pris son parti de son abandon, et il s'était même décidé à user de son pouvoir, tant pour lui que pour ses amis. En 1754 il avait accepté la place vacante de fermier général des postes, au scandale de beaucoup de ses amis, qui pensaient que la retraite convenait à sa situation.

Munie de ses pièces justificatives, la marquise entra en négociations avec le père de Sacy, qui consentit à lui donner l'absolution et à lui administrer les sacrements. Elle fut donc nommée dame d'honneur. Elle se jeta alors pour quelque temps dans la dévotion, mais dès ce moment, assure-t-on, elle résolut la perte des jésuites, qui avaient osé, lorsqu'il s'était agi de ses pâques, résister à ses volontés.

L'expulsion des jésuites, due à madame de Pompadour et au duc de Choiseul qui voulait la destruction ou la réforme des ordres religieux, donna à la favorite une heure de popularité. Accepter la volonté des partis est un moyen habile qu'ont toujours adopté les ambitieux. On se grandit alors à peu de frais, et de tous les intéressés on se fait des créatures. Un instant on oublia la haine vouée à la favorite, on oublia la bassesse de sa naissance, son avidité, les traités honteux, et, pour cette proscription d'une société dangereuse, on l'adula plus que si elle eût donné une province à la France.

Dans le courant de l'année 1754, madame de Pompadour avait éprouvé le plus grand chagrin de son existence. Alexandrine, sa fille bien-aimée, mourut subitement pour avoir été saignée mal à propos au couvent de l'Assomption, où on l'élevait avec le plus grand soin. Elle avait alors onze ans.

Ici commence la seconde période de la vie de la marquise de Pompadour. La maîtresse charmante de Louis XV fait place à la femme d'État. L'ambitieuse incapable que flétrit l'histoire succède à l'artiste spirituelle, qui avait trouvé grâce.

La favorite règne désormais. Elle est duchesse de fait, sinon de titre, elle est dame d'honneur de la reine. Alors son orgueil devient immense, insatiable comme son ambition.

Dans son salon, elle affecte le ton et les manières d'une reine, elle trône, comme jamais, même après son mariage, ne l'avait osé faire madame de Maintenon. Elle reçoit tout le monde, assise dans une chaise longue, ne se levant jamais, même pour les princes du sang, obligeant tout le monde à se tenir debout.

Pour qu'on ne lui *manque pas de respect*, c'est-à-dire pour que nul n'ait l'idée de s'asseoir en sa présence, elle fait enlever les siéges, si bien qu'un jour le marquis de Souvré, sorte d'original qui avait son franc parler, vient, pour se reposer, s'asseoir sur un des bras de son fauteuil.

Cette familiarité lui semble monstrueuse, et elle se plaint au roi de l'outrage qu'elle a reçu. Louis XV demande une explication au marquis.

— Ma foi! sire, répond M. de Souvré, j'étais diablement las, et, ne sachant où m'asseoir, je me suis aidé comme j'ai pu.

Cette réponse cavalière fit heureusement rire le roi. Si le coupable avait essayé de se disculper, il était perdu.

Sous prétexte qu'elle est souffrante, la marquise ne rend de visites à personne, même aux duchesses titrées, et un noël de la cour fait allusion à ces prérogatives que la faiblesse royale donne à la favorite :

> De Jésus la naissance
> Fit grand bruit à la cour;
> Louis, en diligence,
> Fut trouver Pompadour.
> Allons voir cet enfant, lui dit-il, ma mignonne.
> Non, dit la marquise au roi,
> Qu'on l'apporte chez moi,
> Je ne vais chez personne.

Elle fait donner à ses domestiques des titres et des décorations ; sa femme de chambre est une personne de qualité, et lorsqu'elle sort, il lui faut un chevalier de Saint-Louis pour porter la queue de sa robe.

Et l'on se demande lequel des deux l'emporte, de la vanité de la maîtresse ou de la bassesse du gentilhomme.

Les courtisans prenaient à tâche de justifier cette insolence par leur plate obséquiosité, et les plus grands seigneurs de France ne rougissaient pas de faire antichambre chez elle, attendant une audience pour solliciter quelque grâce.

Elle est roi désormais, président du conseil des ministres. C'est dans son cabinet que se fait le travail politique, les secrétaires d'État viennent lui soumettre toutes les décisions, elle assiste aux lits de justice, elle répond aux remontrances du Parlement. Richelieu, le grand ministre, sous sa robe rouge de cardinal avait caché Louis XIII ; Louis XV disparaît sous les jupes amples de sa favorite. Un éventail, voilà le sceptre de la France.

La toute-puissance de la marquise de Pompadour ne tarda pas à se faire sentir d'une manière désastreuse.

Le traité d'Aix-la-Chapelle ne nous donnait qu'une paix boiteuse. C'était une trève armée, chacun le sentait, mais nul alors ne prévoyait la guerre de Sept-Ans. Cette guerre impolitique, insensée, calamiteuse, elle fut l'œuvre de la favorite. De tout temps l'Autriche avait été considérée comme l'ennemie naturelle de la France : ainsi pensaient Henri IV et Richelieu, deux politiques au moins aussi forts que la maîtresse de Louis XV. On changea de conduite, et l'on tendit la main à Marie-Thérèse.

Cette guerre devait servir admirablement et les rancunes et les amitiés de madame de Pompadour, qui détestait Frédéric, le roi de Prusse, et affectionnait très-particulièrement l'impératrice d'Autriche.

La haine de la marquise contre le roi de Prusse datait de longtemps. Frédéric, sorte de tyran philosophe et bel esprit, accueillait avec distinction tous les mécontents que faisait la cour de France. Il professait une tolérance universelle. Il permettait de tout dire, de tout imprimer, lorsqu'il ne faisait pas mettre les libres penseurs en prison et brûler les livres par la main du bourreau. Son palais était une petite académie, un hôtel Rambouillet de l'Encyclopédie. Il écrivait à Jean-Jacques Rousseau et donnait à Voltaire la clef de chambellan. A ses soupers on raisonnait sur tout, et sur bien d'autres choses encore, mais surtout on critiquait, on se moquait. Versailles, on le devine, n'était point épargné, et la favorite de Louis XV était le point de mire de tous les traits d'esprit. Souvent à ses oreilles étaient venus les propos méchants, les piquantes épigrammes; on lui avait montré des vers, apporté des chansons. Enfin Frédéric l'avait surnommée, et elle le savait, Cotillon II.

L'amitié de madame de Pompadour pour Marie-Thérèse fut l'œuvre du comte de Kaunitz, ambassadeur d'Autriche. Politique habile sous des dehors frivoles, reconnaissant l'utilité de l'alliance de la France, il pensa que l'amour-propre de la favorite valait la peine d'être exploité. Il décida donc sa souveraine à écrire une lettre autographe à la maîtresse du roi de France. Marie-Thérèse, dans ses lettres, traitait la marquise d'égale à égale, elle l'appelait *cousine*, se disait son *amie*. L'orgueil faillit étouffer madame de Pompadour. Kaunitz ne s'était pas trompé, de ce jour elle voua une inaltérable affection à son amie et cousine Marie-Thérèse.

Les négociations avec l'Autriche commencèrent, et bientôt

un traité d'alliance fut signé; c'était le signal de la guerre de Sept-Ans. La France va désormais, au profit de son ancienne ennemie, prodiguer son or et son sang. Frédéric sera plusieurs fois à deux doigts de sa perte, dans son désespoir il songera même au suicide ; mais, général habile, roi vraiment grand et héroïque dans plusieurs campagnes, il tirera un admirable parti de toutes ses ressources, fera face de tous côtés à la fois, échappera à quatre armées qui le cernent, et sortira de cette lutte inégale, sinon vainqueur, du moins sans grandes pertes.

Marie-Thérèse, grâce à une habile administration, aidée d'ailleurs par la France, accroîtra son influence en Europe.

Tout le poids de la guerre retombera sur la France ; durant ces sept années d'hostilité il périra neuf cent mille combattants, nous sacrifierons des millions, nous perdrons toute notre prépondérance, et le pacte de famille que M. de Choiseul considérait comme un chef-d'œuvre de diplomatie, nous fera perdre la Louisiane.

Pendant cette guerre désastreuse, de petits généraux conduisent à la mort de grandes armées, des rivalités mesquines éclatent entre les chefs et font échouer tous les plans, les flatteurs seuls de la favorite obtiennent des commandements ; enfin des généraux français font construire, ô honte! des palais à Paris avec l'or de l'ennemi.

Insouciant et ennuyé, Louis XV apprendra toutes les turpitudes, il verra le mal et ne songera pas à y remédier ; il a emprunté la devise de sa favorite : Après nous le déluge!

Voilà cependant où nous conduisaient les petites passions de la marquise de Pompadour. Sa politique ne rencontra aucun obstacle de la part des ministres, elle n'admettait au pouvoir, il est vrai, que des créatures à elle, et plus tard l'abbé de

Bernis, son ami dévoué, un des auteurs du traité avec l'Autriche, fut exilé pour avoir osé résister.

Depuis longtemps déjà M. de Maurepas, le ministre aimé de Louis XV, le seul qui pût faire travailler le roi, entre un bon mot et une chanson, ce qui ne l'empêchait pas d'être un habile homme d'État, avait été renvoyé. Il avait fallu trouver un prétexte. La marquise l'accusa donc d'être l'auteur d'un abominable quatrain qu'elle avait, disait-elle, trouvé un jour sous sa serviette en se mettant à table.

Au dedans cependant les affaires n'en allaient pas mieux ; les finances étaient obérées ; le clergé et le Parlement mesuraient tour à tour la faiblesse du gouvernement et tenaient peu de compte de ses ordres ; une division intestine partageait le sacerdoce et la magistrature. Il y avait débat entre toutes les juridictions. Bientôt, à la suite d'une mesure prise par le roi, cent-quatre-vingt membres du Parlement donnèrent leur démission.

« La douleur des Parisiens, dit l'auteur de *l'Histoire philosophique du règne de Louis XV*, se manifesta bientôt en expressions de colère. Le roi était hautement qualifié du nom de tyran. On se racontait la turpitude de ses mœurs. La favorite était couverte d'imprécations ; » enfin les pamphlets et les placards les plus injurieux étaient chaque jour affichés jusque sur les murs du palais. L'exaltation était à son comble.

Le crime ne se fit pas attendre. Le 5 janvier 1757, vers cinq heures du soir, le roi qui, dans la journée, était venu à Versailles voir une de ses filles malades, se disposait à monter en carrosse pour retourner à Trianon. Il mettait le pied sur le degré de velours, lorsqu'un homme qui s'était glissé dans l'ombre au milieu des personnes qui l'entouraient, s'élança sur lui et le frappa.

— On vient, s'écria le roi, de me donner un furieux coup de coude.

Puis, passant la main sous son habit, il la retira pleine de sang.

— Je suis blessé, dit-il.

Alors, regardant autour de lui, et apercevant un homme qui gardait son chapeau sur la tête :

— C'est cet homme qui m'a frappé ! Qu'on le prenne, mais qu'on ne le tue pas.

Des gardes du corps se précipitèrent aussitôt sur l'assassin, et l'arrêtèrent.

Il eût pu s'enfuir dix fois avant ce temps, se perdre dans la foule ; mais, soit horreur de son crime, soit mépris de la vie, il était resté immobile.

Conduit dans la salle des gardes du corps, il fut fouillé. On trouva sur lui une trentaine de louis d'or et un couteau à deux lames. Il s'était servi, pour frapper le roi, de la plus petite, qui avait la forme d'un canif. Interrogé, il déclara se nommer François Damiens. Puis, tout à coup, et comme pris de remords :

— Qu'on prenne garde, s'écria-t-il, à monseigneur le Dauphin ! qu'il ne sorte pas d'aujourd'hui !

Cette exclamation fit croire qu'il avait des complices, et, pour obtenir une révélation complète, les gardes du corps commencèrent à lui donner la torture.

Mais vainement on le tenailla avec des pincettes rouges, les soldats se lassèrent plus vite que lui ; il ne poussa pas un cri, il n'avoua rien.

Bientôt le grand prévôt de l'hôtel vint s'emparer de l'assassin et le fit conduire à la geôle, pour commencer une instruction régulière.

Le roi cependant perdait beaucoup de sang. Il remonta l'escalier sans être soutenu. Il devait coucher à Trianon, en sorte qu'il n'y avait rien de préparé à Versailles. On coucha le roi sur des matelas, pendant qu'on disposait son lit, et tous ceux qui étaient autour de lui commencèrent à le déshabiller.

Un médecin était accouru. La blessure se réduisait à une forte égratignure. Le roi portait ce jour-là, à cause du froid plusieurs vêtements, ils avaient amorti le coup. La blessure pansée, le calme commençait à renaître, lorsque tout à coup un imprudent énonça la crainte que le couteau ne fût empoisonné.

Cette crainte frappa l'esprit du roi. Tout son sang-froid l'abandonna. Il voulut un prêtre à l'instant; et comme tous les aumôniers étaient absents, un simple chapelain remplit en tremblant la redoutable mission de le réconcilier avec le ciel.

La famille royale était accourue; la reine se précipita tout en larmes dans la chambre. Madame de Pompadour se présenta, mais la porte lui fut interdite, par ordre du roi, qui lui fit donner le conseil de se retirer de la cour. Ses terreurs de Metz le reprenaient. Puis il délégua tous les pouvoirs au Dauphin, qui prit le gouvernement des affaires.

Le ministre Machault, conformément aux intentions du roi, était allé trouver madame de Pompadour. Dans son intérêt, il lui conseillait de fuir. Jamais la position de la favorite n'avait été ainsi menacée, elle perdait la tête. Elle allait se décider à partir, lorsque madame de Mirepoix, présente à l'entretien, lui représenta que son départ la perdait à tout jamais.

— Il faut rester, lui dit-elle.

Et comme la marquise hésitait encore:

— Oui, ajouta madame de Mirepoix, mieux vaut être chassée, que de partir un jour trop tôt.

Bien en prit à madame de Pompadour de suivre ce conseil. Huit jours après, le roi était remis et redevenait son esclave.

Le procès de Damiens ne fit jaillir aucune lumière sur cet odieux attentat. Il resta cependant à peu près prouvé qu'il n'avait pas de complices.

Dans tous ses interrogatoires, il soutint qu'il n'avait voulu que blesser le roi. Les tortures les plus atroces ne lui arrachèrent aucune révélation.

Quelques jours après l'attentat, le ministère fut presque entièrement renouvelé.

Le roi, revenu de ses terreurs de la mort, rougissait-il de ses faiblesses, voulait-il en éloigner les témoins? Quelle que soit la raison, les ministres furent brusquement renvoyés et remplacés par des hommes complétement à la discrétion de la marquise, plus puissante que jamais.

Depuis longtemps déjà, la marquise de Pompadour n'était plus pour le roi qu'une amie; les sens n'étaient plus pour rien dans leur mutuel attachement. Tel était l'état de sa santé, que, de l'avis même du médecin, elle avait dû rompre entièrement toutes relations avec son amant. Sa déclaration au père de Sacy, à l'occasion de ses pâques, était donc vraie. Dans sa jeunesse d'ailleurs, au temps même où véritablement elle était la maîtresse du roi, madame de Pompadour avait toujours eu un tempérament très-opposé à celui de Louis XV, et on a peine à se figurer les expédients auxquels elle avait recours pour garder seule l'amour du maître et ménager son influence, lorsque l'amitié née de l'habitude succédait à l'amour dans le cœur du roi.

Voici une anecdote empruntée aux Mémoires de madame du

Hausset qui peint admirablement le caractère de la marquise à cette époque, et cette anecdote ne peut être révoquée en doute, venant d'une femme qui lui fut toujours dévouée. C'est madame du Hausset qui parle.

« J'avais remarqué que, depuis plusieurs jours, madame de Pompadour se faisait servir du chocolat à triple vanille et ambré, à son déjeuner; qu'elle mangeait des truffes et des potages au céleri. La trouvant fort échauffée, je lui fis un jour des représentations sur son régime, qu'elle eut l'air de ne pas écouter. Alors je crus devoir en parler à son amie, la duchesse de Brancas.

« — Je m'en suis aperçue, me dit-elle, et je vais lui en parler devant vous.

« Effectivement, après sa toilette, madame de Brancas lui fit part de ses craintes sur sa santé.

« — Je viens de m'en entretenir avec elle, dit-elle en me montrant la duchesse, elle est de mon avis.

« Madame la marquise témoigna un peu d'humeur et se mit à fondre en larmes. J'allai aussitôt fermer la porte, et je revins écouter.

« — Ma chère amie, dit madame de Pompadour à madame de Brancas, je suis troublée de la crainte de perdre le cœur du roi en cessant de lui être agréable. Les hommes mettent, comme vous pouvez le savoir, beaucoup de prix à certaines choses, et j'ai le malheur d'être d'un tempérament excessivement froid. J'ai imaginé de prendre un régime un peu échauffant, pour réparer ce défaut, et depuis deux jours cet élixir me fait du bien.....

« Elle pleura encore, et ajouta :

« — Vous ne savez pas ce qui m'est arrivé il y a huit jours. le roi, sous prétexte qu'il faisait chaud, s'est mis sur mon canapé et y a passé la moitié de la nuit; il se dégoûtera de moi et en prendra une autre.

« —Vous ne l'éviterez pas, répondit la duchesse, en suivant votre régime, et ce régime vous tuera.

« Ces dames s'embrassèrent, madame de Pompadour recommanda le secret à madame de Brancas, et le régime fut abandonné.

« Peu de temps après, elle me dit :

« — Le maître est plus content de moi, et c'est depuis que j'en ai parlé à Quesnay, sans lui tout dire. Il m'a dit que pour avoir ce que je désire, il fallait avoir soin de se bien porter, et tâcher de bien digérer et faire de l'exercice pour y parvenir. Je crois que le docteur a raison, et je me sens tout autre. J'adore le roi : je voudrais lui être agréable, mais, hélas! quelquefois il me trouve plus froide qu'une macreuse. »

Mais l'influence de madame de Pompadour tenait à des sentiments plus nobles que ceux qu'elle désirait alors. Elle devait son empire à son adresse, à son dévouement constant à toutes les fantaisies du maître, au soin qu'elle prenait de courir au-devant de ses moindres désirs, aux charmes de son esprit, à sa grâce, à toutes ces qualités, enfin, qu'elle possédait dans la première période de ses relations avec le roi.

Plus tard, elle fut pour Louis XV comme un vieux ministre; il n'osait la renvoyer par cette même raison qui l'avait fait garder le cardinal Fleury : il tremblait de voir retomber sur lui seul tout le poids des affaires; il voyait bien que la royauté allait droit à sa perte. Il pressentait la ruine, mais il disait : « Bast! tout cela durera bien autant que moi. » Et il laissait faire le mal, pouvant l'empêcher, ce qui est le plus grand crime qu'un souverain puisse commettre.

Madame de Pompadour, cependant, tremblait toujours de

voir surgir une rivale. Depuis longtemps, elle le savait, les valets de chambre du roi, corrupteurs subalternes, méprisables agents de la débauche, fournissaient aux caprices du maître de jeunes et jolies filles qu'ils allaient recrutant de tous côtés. Les intrigues des ennemis de la marquise pouvaient pousser dans la couche royale quelque femme de grande maison, belle, fière, spirituelle, hardie, comme l'avait été la duchesse de Châteauroux.

La favorite frémissait à cette idée ; les infidélités passagères de son amant lui importaient peu, elle ne l'aimait plus ; mais elle tenait au pouvoir plus qu'à la vie. Elle résolut donc d'être elle-même l'intendante des honteux plaisirs du royal débauché. C'était la première fois que cette idée venait à une favorite d'entourer son amant d'un sérail, mais cette idée assura la puissance de madame de Pompadour. Elle choisit pour le roi des maîtresses jeunes, jolies, gracieuses, mais d'une classe inférieure ou sans fortune et sans alliances, aussi peu spirituelles que possible, de façon à n'avoir rien à redouter du pouvoir de leurs charmes. Les pourvoyeurs habituels du roi devinrent ses créatures, et nulle ne put être admise près du roi sans son approbation.

Déjà, quelque temps auparavant, Louis XV était venu lui demander, avec un certain embarras, il est vrai, ses bontés pour une jeune fille prête à devenir mère, et sur laquelle il désirait que l'on veillât avec la plus grande sollicitude. Il était fort embarrassé de cette jeune fille ; ne voulant pas trahir son incognito, et n'osant s'ouvrir à personne de peur d'une indiscrétion, il avait pensé à son amie.

La marquise se chargea elle-même de prendre soin de la mère et de l'enfant ; elle pourvut généreusement à tous leurs besoins et leur assura un revenu honnête.

« — Que vous êtes bonne! lui disait le roi; que de gratitude pour vous, de vous charger d'une pareille mission! »

La marquise devait avoir bien d'autres complaisances: afin de favoriser les goûts de Louis XV, elle lui donna, dès 1753, sa charmante retraite de l'Ermitage, située dans le parc de Versailles, et admirablement disposée pour les débauches secrètes.

Le Parc-aux-Cerfs était inventé.

C'est là que désormais furent logées les jeunes filles qui attendaient les embrassements du maître. On donna à cette maison une organisation. Un chevalier de Saint-Louis sollicita l'honneur d'en être l'intendant général. Une ancienne chanoinesse fut chargée de la surveillance intérieure : elle avait sous ses ordres deux sous-maîtresses ; enfin, un certain nombre de femmes de compagnie étaient chargées de l'éducation des jeunes élèves.

Le valet de chambre Lebel, M. de Lugeac, neveu de la favorite, et sa femme, la marquise elle-même, tels étaient les pourvoyeurs ordinaires de cet infâme sérail. La police s'en mêlait aussi, et lorsque quelque enfant de neuf à onze ans attirait par sa beauté les regards des agents, elle était enlevée ou achetée à ses parents et conduite à Versailles.

Le nombre des malheureuses qui passèrent successivement au Parc-aux-Cerfs est immense. A leur sortie, elles étaient mariées à des hommes vils ou crédules, à qui elles apportaient une bonne dot. On leur trouvait toujours un mari. La turpitude du chef de l'Etat provoquait ainsi la bassesse des sentiments. L'argent, au besoin, n'était pas épargné, on le prodiguait, on prodiguait aussi les places dans l'armée ou dans le clergé. Le roi était généreux, le trésor public fournissait à tout. Il est difficile d'évaluer les sommes englouties par le Parc-aux-

Cerfs, mais on peut assurer sans exagération que pendant trente-quatre ans que subsista cet établissement, elles s'élevèrent au moins à cent cinquante millions.

Le peuple savait toutes ces infamies, son mépris et sa haine augmentaient.

Le traité de paix signé à Paris (10 février 1763) vint mettre le comble à l'exaspération générale. C'était cependant la fin de cette guerre absurde, entreprise en faveur de l'Autriche sous l'inspiration de madame de Pompadour. Mais ce traité nous faisait perdre toute notre prépondérance européenne, la France humiliée devenait une puissance de troisième ordre. Enfin, malgré la détresse des finances, il fallut payer à Marie-Thérèse, la bonne amie de la marquise, une somme de trente-huit millions qui l'aida à réparer ses pertes.

On trouva que les amitiés de la favorite coûtaient un peu trop cher. La nation fut frappée au cœur.

La majesté royale était avilie, et tous ceux qui entouraient le trône semblaient prendre à tâche de flétrir la couronne. Le bruit ne courut-il pas que, pour augmenter ses ressources, pour payer plus largement ses honteux plaisirs, le roi s'était mis à la tête du pacte de famine et créait pour s'enrichir des disettes factices!

La marquise, on le pense, n'était pas épargnée. Depuis longtemps déjà elle n'osait plus se montrer en public, elle était accueillie par des huées. On ne l'appelait plus que le *fléau de la France*. On disait hautement qu'elle avait ruiné l'Etat, et cette allégation ne manquait pas de fondement.

Sans compter les sommes fabuleuses englouties dans la guerre de Sept-Ans, la marquise avait dilapidé les finances pour enrichir ses parents, ses amis, pour se faire des créatures, pour satisfaire les passions du roi.

Sa fortune à elle-même était scandaleuse. Elle possédait le marquisat de Pompadour, le château de Crécy, en Brie, les châteaux de Bel Air et de Bellevue, des Réservoirs, le marquisat de Mesnars, sans compter plusieurs autres magnifiques propriétés, entre autres l'hôtel d'Évreux, qu'elle avait fait reconstruire à l'extrémité des Champs-Elysées.

Enfin, pour se faire une idée de son luxe, on n'a qu'à jeter les yeux sur son livre de dépenses, qui ne dit pas tout, et l'on voit qu'elle paya de 1748 à 1754, pour la construction et les décorations intérieures seulement de sa maison de Bellevue, la somme de près de trois millions (2,983,047 francs). Le linge, pour draps et table de sa maison de Crécy, avait coûté 60,452 livres. Qu'on estime ce qu'elle avait dû dépenser pour Bellevue! Elle possédait pour près de deux millions de diamants, et elle estimait elle-même sa vaisselle d'or et d'argent à 687,600 francs. Ses seuls colifichets sont évalués à 394,000 livres; ses porcelaines, non compris celles de Sèvres, à 261,945 livres, sa garde-robe à 350,000 livres.

Les voyages du roi, comédies, fêtes données en ses différentes maisons, lui coûtèrent plus de quatre millions. Enfin, pendant ses dix-neuf années de règne, elle dépensa pour sa bouche la somme de trois millions cinq cent quatre mille huit cents livres.

Les tableaux, les objets d'art, les mobiliers splendides, les collections de camées et de pierres fines, ne sont pas compris dans cet état fort abrégé des richesses de la favorite. La vente seule de son mobilier dura plus d'un an.

Madame de Pompadour avait entrepris une tâche impossible, celle d'amuser Louis XV : elle succomba à cette tâche, elle y usa sa santé, sa vie.

Cette femme, partie de si bas pour s'élever si haut, n'avait pas été heureuse. Elle régnait, tous ses désirs semblaient remplis, mais une inquiétude profonde la consumait en secret. Son pouvoir tenait à si peu de chose! On se fait difficilement une idée de ce qu'il en coûta de peines, de soucis, de douleurs à cette favorite, pour conserver au milieu de tous ses ennemis sa haute situation. Sa santé s'altéra sous le poids des angoisses de son âme. La Providence allait être justifiée.

Hélas! elle n'était plus que l'ombre d'elle-même. Jeune femme, elle avait été menacée d'épuisement; sa maladie dégénéra bientôt en une langueur mortelle.

Longtemps elle réussit à cacher ses souffrances au roi, mais un jour, à Choisy, au milieu d'une partie de plaisir, elle fut terrassée par le mal. On crut d'abord que ce ne serait qu'une indisposition passagère, mais les symptômes devinrent vite menaçants, et on la transporta de Choisy à Versailles. Les médecins ne désespéraient pas, elle seule ne s'abusa point sur son état.

— Je suis perdue, dit-elle; qu'on aille me chercher un confesseur!

Louis XV vit sans émotion les progrès de la maladie. Il fut convenable, voilà tout. Chaque jour il envoyait plusieurs fois prendre de ses nouvelles, chaque matin un de ses favoris lui apportait un bulletin de la nuit.

Calme et résignée, elle vit approcher la mort. Au commencement de sa dernière journée, le curé de la Magdeleine, sa paroisse, était venu la voir et l'exhorter au courage; à onze heures il prit congé d'elle.

— Attendez encore un moment, monsieur le curé, murmura-t-elle, nous nous en irons ensemble.

Peu après elle expira (15 avril 1764); elle avait alors quarante-trois ans, et en avait passé près de vingt avec le roi.

Louis XV, jusqu'au dernier moment, lui laissa l'exercice de son pouvoir suprême, et elle eut cette dernière faveur de « rendre le dernier soupir dans la demeure des rois, quoique l'étiquette en bannisse la mort, cette messagère importune. »

Mais avec la vie de la favorite s'éteignirent toute sollicitude, toute commisération. Son cadavre, roulé dans un drap, fut placé sur une civière, et deux hommes de peine le portèrent hors du palais. Louis XV, de la fenêtre de ses appartements, vit passer dans la cour l'ignoble cortége. Le temps était sombre, il tombait une pluie fine et glacée.

— Pauvre marquise! dit le roi, elle aura bien mauvais temps pour son dernier voyage.

Ce fut tout. Louis XV n'eut pas une larme, un mot de regret pour cette femme qui, pendant vingt ans, avait été son amie.

Madame de Pompadour fut inhumée au couvent des Capucines de Paris, dans une chapelle qu'elle avait achetée un an auparavant. Le marquis de Marigny fut l'héritier de ses immenses richesses.

Son corps n'était pas refroidi encore, que d'ignobles épitaphes circulaient déjà à Paris et à Versailles. Enfin, dirent les Parisiens transportés de joie, Louis XV va donc régner.

IX

LA COMTESSE DU BARRY

Malgré son indifférence apparente, Louis XV avait été vivement frappé de la mort de madame de Pompadour. Un instant il sembla vouloir réformer ses mœurs; vainement quelques grandes dames essayèrent de prendre cette place vacante de favorite, leurs tentatives échouèrent, « et il ne leur revint que la honte d'un infructueux essai. » Le vieux monarque sembla renoncer à l'institution d'une maîtresse en titre, en possession d'une influence quelconque sur les affaires. Son ennui devint plus profond, plus incurable, voilà tout.

D'autres douleurs que celles de la mort de la favorite étaient réservées au vieux roi. La santé du Dauphin, depuis longtemps altérée, devint tout à fait mauvaise, une maladie de poitrine se déclara, et les médecins ne tardèrent pas à déclarer qu'il ne restait plus aucun espoir

A cette nouvelle, un cri d'effroi retentit dans toute la France. Depuis longtemps toutes les espérances de la nation reposaient sur ce jeune prince, véritable philosophe chrétien, qui se conduisait en apôtre et pensait en roi.

— Il faut bien me hâter de mourir, disait-il à ceux qui le soignaient, je vois bien que j'impatiente trop de monde.

Quelques jours avant il avait dit à ses confidents :

— Pour tout le monde j'ai une maladie de poitrine, je feins de le croire ; mais à vous, je vous le dis, je meurs empoisonné.

Le Dauphin succomba le 20 décembre 1765. Il était âgé de trente-six ans.

L'opinion publique attribua la mort de ce prince à un crime, et on l'imputa au duc de Choiseul, son ennemi.

La Dauphine ne tarda pas à suivre son époux dans la tombe (1767). Enfin la reine, cette pieuse et résignée Marie Leczinska, trop faible pour résister à tant de cruelles épreuves, fut atteinte d'une maladie de langueur qui la conduisit au tombeau (25 juin 1768).

Tant de pertes successives frappèrent douloureusement Louis XV. Il avait vu d'un œil sec la mort de son fils et de la Dauphine ; son chagrin éclata en larmes amères devant la tombe entr'ouverte de la mère de ses enfants. Toutes les énormités de sa conduite privée lui apparurent menaçantes, et il jura de changer de vie. Le Parc-aux-Cerfs fut réformé.

La nouvelle existence du roi fit trembler ses favoris, courtisans des vices qui assuraient leur crédit, anciens compagnons des débauches royales. Ils essayèrent de ranimer les sens endormis du roi. Ils lui persuadèrent de chercher dans les plaisirs l'oubli de ses chagrins et de ses tristes pensées. Le faible Louis XV céda.

Tous les partis cherchaient à donner une maîtresse au roi afin de s'emparer par ses mains de la toute-puissance. Mesdames, filles du roi, de leur côté, essayèrent de marier Louis XV. Elles lui proposaient une jeune et charmante femme, Louise de Savoie-Carignan, veuve du prince de Lamballe. La jeune princesse consentait à ce mariage. Le roi refusa. Il craignait le ridicule qui s'attache toujours aux unions disproportionnées. Malheureusement, il craignit moins l'infamie que le ridicule.

Telle était la situation, lorsque Lebel reçut l'ordre de pourvoir, comme par le passé, aux goûts passagers du maître.

« Le libertinage dont se souille la vieillesse conduit toujours
« à une profonde dégradation; ainsi advint à Louis XV. Après
« avoir admis près de sa personne des femmes de toutes les
« conditions, on le vit accueillir une prostituée, Marie-Jeanne
« Vaubernier, comtesse Du Barry. »

A la face de la France, il éleva cette femme jusqu'à lui, ou plutôt il descendit jusqu'à elle. Il la maria, pour lui donner un titre, et, foulant aux pieds toute pudeur, tout respect de lui-même, il la présenta à ses filles, la fit asseoir près de la jeune Dauphine, en un mot l'établit à la cour comme maîtresse déclarée.

Marie-Jeanne Gomard Vaubernier naquit le 28 août 1744, à Vaucouleurs, la patrie de Jeanne Darc. Souvent, au temps de sa faveur, on plaisanta sur ce singulier rapprochement.

Le père Vaubernier, simple commis aux barrières, avait épousé par amour une femme aussi pauvre que lui. C'est dire la gêne de cette famille. Elle comptait, il est vrai, sur la protection du délégué des fermes générales, M. du Breuil, qui lui voulait du bien.

Le hasard donna un protecteur à l'enfant qui venait de naître. Un des hauts délégués des fermes générales, M. Billard de Monceaux, consentit à être son parrain.

A huit ans à peine, Marie-Jeanne perdit son père. Le pauvre commis aux barrières était l'unique soutien de sa famille ; sa veuve et son enfant se trouvèrent à Vaucouleurs dans la plus affreuse misère. Madame Vaubernier sollicita une place dans un bureau de loterie ; mais toutes ses démarches restant sans résultat, elle se décida à venir chercher fortune à Paris.

Elle croyait pouvoir, dans la capitale, compter sur deux protecteurs, sur son frère d'abord, religieux de l'ordre des Minimes, et connu sous le nom de frère Ange ; sur le parrain de sa fille ensuite, le riche Billard de Monceaux.

Les espérances de la veuve ne furent point déçues. Frère Ange accueillit de son mieux la mère et l'enfant, et leur promit de les conduire chez le parrain, et en attendant il leur procura un logement.

Dès le lendemain, madame Vaubernier se présentait avec sa fille chez M. de Monceaux. Le riche financier reçut très-bien sa filleule, déjà gentille à croquer à cette époque, et promit de lui tenir lieu de père. Pour commencer, il la fit entrer au couvent de Sainte-Anne de la rue Saint-Martin, où les filles de petite noblesse et de bourgeoisie recevaient une excellente éducation.

Plus tard, la bienveillance du financier fournit matière à la médisance des pamphlétaires aux gages de M. de Choiseul. On insinua que M. Billard de Monceaux n'élevait l'enfant que pour ses plaisirs, de connivence avec la mère. Madame Vaubernier était elle-même accusée d'entretenir des rapports incestueux avec son frère le minime.

Marie-Jeanne resta au couvent jusqu'à l'âge de seize ans.

C'était alors une ravissante enfant, vive, enjouée, d'une inaltérable bonne humeur, coquette déjà au-delà des limites du possible. Sa figure, d'un ovale parfait, était éclairée par deux grands yeux noirs, brillants d'audace et de gaîté, sous des sourcils noirs admirablement tracés. Son nez avait une exquise pureté de lignes, et sa bouche rieuse et rose laissait voir des dents d'une blancheur à défier la neige. Enfin, pour achever ce portrait, ses fins cheveux cendrés lui faisaient comme un manteau soyeux qui traînait à terre lorsqu'elle les dénouait.

Une fille de seize ans belle comme un ange, sans un sou vaillant, devait être difficile à surveiller. Son parrain et son oncle, le frère minime, tinrent conseil, et Marie-Jeanne fut confiée à madame Labille, qui tenait, près de la barrière des Sergents, rue Saint-Honoré, un magasin de modes fort en vogue. Seulement, l'oncle Ange, qui rougissait de voir sa nièce exercer un métier manuel, lui conseilla de changer de nom, et mademoiselle Vaubernier entra chez la marchande de modes sous le nom de mademoiselle Lançon.

Les beaux yeux de la jeune ouvrière ne tardèrent pas à faire des miracles, et nombre d'amoureux, clercs, mousquetaires, voire même riches gentilshommes, vinrent à l'envi rôder autour du magasin de madame Labille. Le parrain lui-même venait rendre parfois visite à sa gentille filleule, et dame ! les autres ouvrières en jasaient.

Un garçon pâtissier eut les prémices du cœur de la belle Jeanne. C'était un amoureux sérieux, celui-là. Il ne parlait rien moins que de l'épouser, quoiqu'elle n'eût rien et qu'il fût, lui, possesseur en perspective d'une boutique de bonbonnerie. La belle ouvrière refusa. Un hardi mousquetaire avait murmuré de douces paroles à son oreille, elle dédaigna le pauvre pâtissier pour suivre le brillant militaire. Mais le second amoureux vengea le premier. Il délaissa pour une procureuse déjà mûre sa charmante amie. Jeanne prétendit se venger du mousquetaire, Les vengeurs ne manquaient pas ; il y en eut un, puis deux, puis trois, puis tant enfin, que le bruit en arriva aux oreilles du parrain.

Il fut médiocrement satisfait de la conduite de sa filleule, et la menaça de lui retirer sa protection.

La belle Jeanne lui répondit que seul il était coupable de tout ce qui était arrivé. Pourquoi mettre dans les modes une aussi jolie filleule ?

Le parrain avoua qu'il avait eu tort en effet, et, pour réparer autant que possible son manque de réflexion, il fit quelques démarches pour la faire entrer dans une maison bourgeoise. Justement, à cette époque, le père Ange était le directeur spirituel de la veuve d'un riche fermier général, madame de Lagarde. Jeanne eut une place de dame de compagnie dans cette opulente maison.

Malheureusement, ni le parrain ni l'oncle n'avaient réfléchi à une chose, c'est que madame de Lagarde avait deux fils ; et un mois ne s'était pas écoulé, qu'à la suite d'une aventure avec les deux jeunes gens, elle était forcée d'aller chercher fortune ailleurs.

On retrouve Marie-Jeanne chez les demoiselles de Verrières. Seulement elle a changé de nom une seconde fois, elle s'appelle mademoiselle Lange, et c'est sous ce nom de guerre qu'elle sera connue de tout Paris.

Mesdemoiselles de Verrières étaient deux sœurs charmantes qui faisaient alors fureur à Paris. Pour leurs beaux yeux, financiers et gentilshommes se ruinaient de la façon la plus galante du monde.

Dans ces salons aimables, on rencontrait en hommes belle et grande compagnie. La fine fleur de la noblesse de cour, les coffres-forts les mieux garnis de la haute finance s'y donnaient rendez-vous. Les princes de Soubise, les Richelieu, les ducs de Nivernais y coudoyaient les Maillé, les Boufflers, les d'Ayen; là venaient d'Alembert, et Diderot, et Gentil-Bernard. Puis on soupait, la chère était délicate, les vins exquis, et on jouait gros jeu, un jeu d'enfer, toute la nuit.

Belle, délurée, mademoiselle Lange ne tarda pas à faire des conquêtes, dix adorateurs furent bientôt à ses pieds; elle pouvait choisir, l'embarras du choix la troubla sans doute, elle n'eut pas la main heureuse. Elle accepta les hommages d'un financier, le sieur Radix de Sainte-Foix, qui mit à ses genoux son cœur et le produit de ses dilapidations. L'union ne fut point heureuse. Radix de Sainte-Foix était un homme sans préjugés, et il n'avait rien trouvé de mieux que d'exploiter, à son profit, les charmes de son amie. La belle Lange se hâta de rompre, et de nouveau se trouva beaucoup plus libre qu'elle ne l'eût souhaité.

C'est ici l'instant le plus critique de son aventureuse carrière. Sans amis, sans protecteurs, plus insouciante que jamais, elle descendit d'un degré encore l'escalier doré du vice, et bientôt la Jourdan la compta au nombre de ses pensionnaires les plus courues.

C'est dans l'une de ces maisons suspectes que, pour la première fois, mademoiselle Vaubernier, toujours sous le nom de Lange, rencontra le comte Jean du Barry, son complice futur dans la comédie de sa royauté.

Le comte Jean du Barry était, à cette époque, un homme de quarante à quarante-cinq ans, grand, fort, avec des façons de laquais de mauvais lieu. Le vice sur sa laide figure avait creusé des stigmates profonds ; son œil était vacillant et terne, son teint couperosé. Toutes les couleurs de l'arc-en-ciel enluminaient son nez bourgeonnant. C'était un homme perdu d'honneur. Fils d'une honnête famille du Languedoc, il avait depuis longtemps abandonné sa femme pour vivre à Paris du fruit de ses industries illicites. Joueur, ivrogne, brelandier, quelque peu grec, il avait à toutes les difficultés de la vie laissé un lambeau de sa réputation.

Homme du monde d'ailleurs, spirituel à sa façon et à ses heures, ingénieux, rusé, fertile en expédients pour se sortir des embarras où son genre de vie le jetait sans cesse. Il affectait des prétentions au bel esprit et se déclarait protecteur-né des beaux-arts.

Tel qu'il était, cet homme plut à la belle Lange, ce qui fait peu d'honneur à son goût. Elle consentit à former avec lui une union libre, et à signer un traité offensif et défensif contre les difficultés de l'existence.

Le comte Jean du Barry habitait alors rue des Petits-Champs, non loin de la rue des Moulins. Il donnait à jouer presque tous les soirs. La jolie Lange lui devait être du plus grand secours. Elle comprit merveilleusement son rôle, prodigua les œillades, abusa des tendres soupirs, reçut ou écrivit une foule de billets doux, attira enfin riche et nombreuse clientèle dans le tripot du comte Jean.

C'est là que pour la première fois la remarquèrent Soubise, d'Ayen et le duc de Richelieu. Ils la trouvèrent ravissante, et en parlèrent à Louis XV. Depuis quelques jours précisément Lebel avait reçu l'ordre de se mettre en chasse pour le compte de Sa Majesté ; un rapprochement devenait presque inévitable.

Les deux associés, de leur côté, le gentilhomme taré et la courtisane, avaient fait un beau rêve. Jean, dans la beauté de son amie, voyait une mine à exploiter. La bonne Lange ne demandait pas mieux. Or Jean, dans son ambition, ne rêvait pour sa complice rien moins que les honneurs de la couche royale. Mais comment franchir cette immense distance qui sépare le trône d'un tripot infect ? Là était la difficulté.

L'aimable couple se creusait vainement la tête pour trouver un expédient, lorsque le hasard, ce dieu hostile aux honnêtes projets, leur vint en aide au moment où ils s'y attendaient le moins. Le hasard avait pris les traits de Lebel, le valet de chambre et le Mercure ordinaire de Sa Majesté le roi de France.

Oui, Lebel avait entendu parler des charmes divins, des rares perfections de mademoiselle Lange, et, en pourvoyeur consciencieux, il venait voir, s'assurer par lui-même de la vérité des récits qui lui avaient été faits par MM. de Richelieu et de Soubise.

A la vue de la belle Lange, qui trônait, reine et maîtresse, dans le tripot du comte Jean, Lebel fut ébloui. Il ne sut même pas dissimuler ses impressions. Il se glissa derrière la jolie fille et appliquant un baiser sur son épaule nue :

— Vous êtes ravissante, dit-il, je reviendrai demain.

Il revint en effet, et bientôt Marie-Jeanne Vaubernier, dite la belle Lange, donnant la main à cet honnête serviteur, fit son entrée dans les petits appartements de Versailles.

La salle à manger où venait d'être introduite l'associée du comte Du Barry était royalement ornée ; tout autour des buffets somptueux supportaient d'admirables porcelaines, chefs-d'œuvre précieux de la Chine ou de la manufacture de Sèvres. Sur la table, dressée au milieu, il y avait quatre couverts.

Deux gentilshommes qui causaient auprès d'une fenêtre,

se levèrent à son entrée; l'un des deux était le duc de Richelieu, elle le reconnut.

— Charmante, ravissante, adorable! s'écria-t-il en la voyant entrer.

Puis, il s'avança vers elle, lui prit la main, et se tournant vers l'autre gentilhomme qui était resté immobile :

— Je vous présente, marquis, dit-il, l'astre nouveau qui se lève à Versailles.

Marie-Jeanne eut un mot, leste, c'est vrai, mais spirituel.

— Permettez, monsieur le duc, répondit-elle en faisant une profonde révérence, il faut d'abord que l'astre se couche.

Cependant le baron de Gonesse ne tarda pas à arriver. C'était un fort bel homme, aux façons royalement distinguées, un incommensurable ennui se lisait en traits profonds sur sa belle et majestueuse figure. La belle fille reconnut le roi. Elle l'eût deviné à la noblesse de son maintien, à ses gestes, à cette imposante dignité que donne le pouvoir absolu.

On se mit à table.

Mademoiselle Lange avait un rôle à jouer, elle ne l'oublia pas. Depuis huit jours, le comte Jean lui faisait minutieusement la leçon.

Toute entière à ce rôle, Marie-Jeanne, pendant la première partie du souper, ne fut pas elle-même : ses gestes étaient embarrassés, ses réponses longues et entortillées; on voyait passer le bout de l'oreille, on devinait la leçon apprise à l'avance et récitée par une élève malhabile. Le duc de Richelieu faisait tous les frais de la conversation; le marquis de Chauvelin ne soufflait mot; l'ennui du baron de Gonesse semblait avoir redoublé.

Mais le champagne bientôt délia la langue de l'ancienne

élève de la Jourdan. Son rôle lui pesait, elle l'envoya par-dessus les moulins rejoindre son bonnet. Elle oublia tout, et les recommandations du comte Jean, et le comte Jean lui-même; elle ne vit plus qu'un souper délicat et des convives charmants, mais royalement ennuyés. Elle voulut avant tout les distraire, et bientôt sa gaieté expansive chassa tous les nuages de tristesse.

Elle fut vive, enjouée, brillante, licencieuse. Les propos lestes et les mots grivois éclatèrent bientôt comme un feu d'artifice. Elle ne se souvenait plus que le roi était là, elle se croyait encore à quelqu'un des soupers des demoiselles de Verrières.

Sans s'en douter, elle venait de trouver le chemin du cœur du roi.

Louis XV, l'ennuyé monarque, n'avait pas idée de cette verve légèrement graveleuse, de cette pétulance, de ce sans-gêne de mauvais ton. Lui, toujours à l'affût de la nouveauté, il ne connaissait rien de semblable. Ses maîtresses avaient, malgré elles, respecté ce qu'il respectait si peu lui-même, la dignité royale. Il pensait que Jeanne Vaubernier serait comme les autres. Il s'attendait à de la timidité, à des marques de respect. Il se trompait.

La nouvelle venue le traitait avec aussi peu de façons que s'il eût été le dernier gentilhomme. Elle lui parlait librement et follement, lui coupait la parole, le raillait; elle agrémentait ses répliques de locutions populaires, et empruntait des images au dictionnaire familier des maisons où elle avait vécu.

Le roi était ravi. Il s'imaginait qu'il n'était plus roi, ce qui était son rêve. Aussi, la fin de ce souper fut aussi gaie que le commencement avait été triste. Les convives sortirent de table dans cette demi-ivresse lucide et joyeuse qui suit toujours les repas arrosés de vins exquis et généreux.

Bientôt le baron de Gonesse se retira. Mademoiselle Lange resta seule avec les deux convives, trop animée pour être le moins du monde inquiète de l'effet qu'elle avait produit.

Un second souper annoncé fut suivi d'un troisième, puis d'un quatrième; au bout de quinze jours, Jeanne Vaubernier occupait définitivement un des petits appartements de Versailles et avait une maison montée.

Les relations du roi et de la séduisante courtisane devenaient sérieuses. Toute la cour s'en émut; les histoires les plus étranges circulèrent. Comme toujours en pareil cas, deux partis se formèrent, l'un contre, l'autre pour la nouvelle favorite. A la tête du premier était le duc de Choiseul; le duc d'Aiguillon fut le chef de l'autre.

Le duc de Choiseul, en cette circonstance, se conduisit en politique inhabile. Fort de l'amitié du roi, des services rendus, des secrets même qu'il possédait, il crut pouvoir tenir tête à une maîtresse de naissance obscure, sans influences apparentes, sans alliances. Il se flattait de la renverser d'un souffle. Il devait bien cependant, lui, la créature de madame de Pompadour, connaître la faiblesse du maître qu'il servait. Peut-être fut-il poussé dans cette voie par madame de Grammont, qui, après avoir essayé vainement de prendre d'assaut le cœur de Louis XV, se voyait, à sa grande colère, préférer une fille qui longtemps avait trôné dans les tripots.

Plus habile ou mieux inspiré, le duc d'Aiguillon voulut être l'ami de la favorite. Elle était sans expérience, il devint son guide, son confident intime, mieux encore, dit la chronique scandaleuse. Mais il basa sur sa faveur tous ses projets d'ambition, mais il en fit l'instrument de sa politique. Elle devint entre ses mains un levier dont il se servait pour renverser tous ses ennemis.

Sûre de l'affection du roi, Marie-Jeanne n'était pourtant pas sans inquiétudes. Elle s'était offerte sous le nom de comtesse Du Barry, empruntant ainsi, sans façon, le nom et le titre du comte Jean. D'un jour à l'autre on pouvait apprendre qu'elle n'était ni comtesse ni mariée. Qu'adviendrait-il alors ? Elle tremblait rien que d'y penser. Le comte Jean l'eût bien épousée, mais il avait déjà une femme, et

> La bigamie est un cas pendable.

La favorite, mieux servie par son audace que par la politique la plus habile, aima mieux aller au-devant d'une explication qui devait tôt ou tard avoir lieu; elle avoua tout au roi.

La confession amusa prodigieusement Louis XV, mais il était formaliste, il ne voulait pas s'écarter des usages reçus, il engagea vivement son amie à trouver un mari le plus vite possible, à n'importe quel prix.

C'était chose facile. Le comte Jean avait une nombreuse famille, il pensa que ce rôle de mari de la maîtresse déclarée du roi conviendrait admirablement à l'un de ses frères. Il écrivit donc à Toulouse, et ses parents, jaloux de ne pas laisser échapper une pareille aubaine, accoururent aussitôt. Cet expédient avait l'avantage de laisser à mademoiselle Vaubernier le nom de Du Barry, sous lequel on commençait à la connaître à Versailles.

Le comte Guillaume du Barry fut l'heureux élu. Il épousa, le plus secrètement possible, mademoiselle Marie-Jeanne Gomard-Vaubernier, à la paroisse de Saint-Laurent, toucha la prime qui s'élevait à quelques centaines de mille livres, et repartit aussitôt.

Il laissait à Paris ses deux sœurs, mesdemoiselles Isabelle et Fanchon du Barry, qui devinrent bientôt les commensales de la favorite. La première avait été surnommée *Bischi*, on appelait familièrement l'autre *Chon*. Ces deux sobriquets faisaient le bonheur du roi; il était lui-même grand donneur de surnoms, et l'on sait qu'il avait baptisé ses trois filles, mesdames Victoire, Adélaïde et Sophie, des noms de *Loque*, *Chiffe* et *Graille*.

M. de Choiseul, de son côté, n'avait pas perdu son temps. Il avait mis en campagne des agents habiles, et les aventures de Marie-Jeanne Vaubernier, de mademoiselle Lançon et de la belle Lange, devenue depuis comtesse du Barry, n'avaient pas tardé à être connues à la cour, enjolivées et commentées. Ce fut à Versailles un haro universel; mais le roi fit la sourde oreille, il ne voulait rien savoir. M. de Choiseul songea alors à un autre moyen: nombre de poëtes et de beaux esprits étaient admis dans ses salons, il eut recours à eux, espérant faire tomber la favorite sous les épigrammes et les chansons. On ne pouvait nommer madame Du Barry et le roi, on eut recours à des pseudonymes bientôt connus de tout Paris. Louis XV était *monsieur Blaise*, la favorite était *la belle Bourbonnaise*, et voici ce que l'on chantait en plein Pont-Neuf, avec approbation de monsieur le lieutenant de police:

> La belle *Bourbonnaise*
> Arrivant à Paris,
> La Bourbonnaise,
> A gagné des louis,
> Chez un marquis.

A la ville comme à la cour, cette plate chanson avait un succès fou, mais elle était loin d'atteindre le but que se proposait M. de Choiseul. De ces chansons, le roi ne faisait que rire, et, pour bien montrer à son ministre qu'il n'ignorait pas ses menées, et le peu de cas qu'il en faisait, il prit la peine de fredonner devant lui, de sa voix fausse, l'air de *la Bourbonnaise*.

Les favoris du roi, ceux même qui avaient contribué à l'élévation de la comtesse, ne se faisaient pas faute de l'éclairer sur ce qu'elle avait été.

— Cette chère comtesse, disait un jour le roi devant quelques confidents, vraiment elle vaut de l'or.

— Parbleu! Sire, répondit l'un d'eux, tout Paris le sait bien.

Une autre fois Louis XV disait au duc d'Ayen:

— Je sais bien que, dans le cœur de cette chère comtesse, je succède à Radix de Sainte-Foix.

— Absolument, Sire, avait répondu d'Ayen, comme vous succédez à Pharamond.

On pourrait à cela répondre que, sauf quelques rares exceptions, la conduite des dames de la cour n'était guère plus édifiante que ne l'avait été celle de Jeanne Vaubernier.

Jusque-là, cependant, la position de la comtesse n'était rien moins que régularisée; elle habitait le château de Versailles, mais elle logeait dans les petits appartements; le roi la comblait de présents et soupait presque tous les soirs avec elle, mais il venait incognito et n'amenait avec lui que des intimes. Elle n'était d'aucune partie, d'aucune chasse, et ne suivait même pas le roi dans ses fréquents voyages, soit à Marly, soit à Choisy.

Chaque jour, poussée par le comte Jean et le duc d'Aiguillon, madame Du Barry demandait au roi, sinon de la déclarer, du moins de lui permettre de l'accompagner lorsqu'il changeait de résidence. Après bien des hésitations, le faible Louis XV consentit. C'était un premier pas de fait.

Les ennemis du duc de Choiseul, ceux qui voulaient absolument sa ruine pour en profiter, pensèrent alors que l'instant était venu de faire présenter la favorite.

Présenter selennellement à Versailles, à la cour, Jeanne Vaubernier, comtesse Du Barry, cette femme dont tout Paris chantait les scandaleuses aventures, était une chose terriblement grave, c'était un bien audacieux défi jeté à l'opinion.

Les ducs de Soubise et de Richelieu se chargèrent de commencer l'attaque. Aux premiers mots qu'ils hasardèrent à ce sujet, Louis XV leur coupa la parole par un refus qui paraissait ne laisser aucun espoir. Le duc d'Aiguillon revint à la charge, le roi ne dit ni oui ni non. Un mot, un regard de la comtesse arrachèrent un consentement timide, il est vrai, mais enfin c'était un consentement.

Restait à trouver une marraine. Cette difficulté, qui dans le principe n'en avait même pas semblé une, faillit faire manquer la présentation. Impossible dans cette cour galante et dissolue de trouver une femme qui voulût consentir à patronner la favorite. M. d'Aiguillon conjura vainement sa femme de se charger de cette honteuse mission, madame d'Aiguillon résista et se mit au lit, prétextant une maladie grave. Madame de Mirepoix elle-même refusa. Des démarches près de quelques grandes dames criblées de dettes, et qu'une somme considérable pouvait tenter, n'amenèrent que des refus humiliants. C'était à se désespérer.

C'est alors que le comte Jean se mit à son tour en campagne. Où les autres avaient échoué, il réussit. Il découvrit une vieille grande dame qui traînait dans une misère mal supportée un des beaux noms de France, la comtesse de Béarn. Elle consentit à patronner la favorite moyennant cent mille livres, trente mille francs pour les frais, et un régiment pour son frère.

Il ne restait plus qu'à fixer le jour de la présentation. Ceci regardait le roi, il s'exécuta de bonne grâce, et le 21 août 1770, à son petit coucher, il annonça que, le lendemain, il y aurait dans la grande galerie des glaces présentation de dames; il prononça les paroles de la formule :

— Nous avons permis à madame de Béarn de nous présenter la comtesse Du Barry.

Il se fit, à cette déclaration du maître, un certain murmure d'étonnement. Les courtisans s'entre-regardaient d'un air surpris, comme des gens qui en croient à peine leurs oreilles. Une heure, après toute la cour savait la grande nouvelle.

La présentation décidée, annoncée par le roi, une espérance restait encore aux amis du duc de Choiseul. Ils comptaient constater et publier les façons vulgaires, les hérésies de langage, les gaucheries de cette *fille de rien*, jetée tout à coup à la cour devant la plus merveilleuse société de l'Europe, au milieu de tous les gentilshommes persiffleurs, de ces grandes dames insolentes et railleuses. On comptait bien rire des révérences de *la belle Bourbonnaise, la servante de Blaise;* elle se troublerait sans doute, il y aurait esclandre, et jamais elle n'oserait se représenter à la cour. Les pamphlets et les chansons avaient si bien préparé les esprits, on avait tant calomnié cette femme, éblouissante de beauté, que tout le monde était convaincu que le jour de son triomphe serait aussi celui de sa chute, et quelle chute! honteuse, grotesque, en présence de toute la cour.

Le soir du 22 avril, tout était en émoi au château de Versailles. On attendait avec une fiévreuse impatience l'heure de la présentation. Cette heure déjà était passée, les groupes étaient nombreux et animés. Le roi était inquiet, distrait; il causait avec le duc de Richelieu et le prince de Soubise, et à chaque instant tournait les yeux vers la porte. Les amis du duc de Choiseul affirmaient que la présentation n'aurait pas lieu, on n'oserait pas; l'énormité de cette action avait enfin épouvanté le roi.

Au milieu des conjectures les plus vives, de l'impatience la plus haletante, la porte s'ouvrit, et un huissier de la chambre annonça :

— Madame la comtesse de Béarn, madame la comtesse Du Barry.

Eblouissante de beauté, rayonnante de grâce, la favorite entra donnant la main à sa marraine. L'impression fut immense. Les plus méchants complots étaient déjoués ; la comtesse Du Barry n'avait pas fait dix pas, que déjà son succès était assuré.

Tous les regards chargés de haine furent pour la vieille comtesse, qui se sentait faiblir. La honte montait par bouffées à son visage, on la voyait rougir sous le fard.

La favorite cependant s'avança vers le roi, dont la figure rayonnait d'enthousiasme et de plaisir. Il ne la laissa pas s'agenouiller, selon l'usage, devant lui; lui prenant les mains, il la releva.

— Les Grâces, dit-il, ne s'inclinent devant personne.

Ces mots de Louis XV furent entendus, et presque tous les ennemis de la comtesse se changèrent en serviles courtisans.

Le soir même il y eut cercle chez elle, et au nombre de ses

adulateurs elle put compter avec orgueil un prince du sang, le comte de la Marche, cadet des Conti.

Le crédit de madame Du Barry fut bientôt aussi grand que l'avait été celui de la marquise de Pompadour. La comtesse n'était pas méchante, c'était même ce qu'on est convenu d'appeler une bonne fille, mais elle se devait à ceux qui avaient favorisé son élévation, elle était un instrument entre leurs mains. Ses conseillers étaient le duc d'Aiguillon, le chancelier Maupeou et l'abbé Terray ; tous les trois voulaient le renversement du ministère Choiseul.

Depuis longtemps le duc d'Aiguillon était l'ami, de la belle comtesse, le chancelier se disait son cousin ; quant à l'abbé, le dernier venu de ce triumvirat qui aspirait à gouverner la France, elle n'avait rien à lui refuser : n'ouvrait-il pas pour elle le trésor du roi, n'acquittait-il pas les bons à vue signés par la favorite avec plus d'exactitude que ceux qui portaient le nom de Louis?

Le salon de la comtesse était le centre des intrigues du parti opposé à M. de Choiseul. Mais le roi venait dans ce salon. Louis XV était follement épris de sa nouvelle maîtresse. Son sans-gêne, son cynisme, ses audacieuses reparties le divertissaient infiniment. Le vieux monarque se plaisait dans la société des belles sœurs de la favorite, *Bischi* et la *petite Chon* ; les grossièretés et les jurons de Jean du Barry, qu'il appelait *frérot*, l'amusaient et le faisaient rire. Il retrouvait dans ce salon toutes ses anciennes habitudes, et jusqu'à la maréchale de Mirepoix, la compagne assidue autrefois de la marquise de Pompadour.

De tous côtés on lui demandait le renvoi du duc de Choiseul. Entrait-il chez la favorite, il la trouvait assise dans une chaise longue, faisant sauter une orange de chaque main.

— Que faites-vous, comtesse ?

— Vous le voyez, Sire.

Et l'étourdie continuait à faire sauter les oranges en disant :

— Saute, Choiseul ! saute, Praslin ! saute, Choiseul !

Le roi ne pouvait s'empêcher de rire, mais il tenait à son ministre.

— Le pauvre duc de Choiseul, disait-il, ne saurait tarder à être renversé, je suis le seul ici à vouloir le maintenir.

Mais madame Du Barry, malgré toute son influence, ne pouvait ramener à elle les femmes de la cour. Les grandes dames, chose incroyable, résistaient au maître, et plusieurs osèrent lui témoigner publiquement leur mépris.

Un jour, à Marly, la favorite était allée s'asseoir à une place vide près de la princesse de Guéménée. La princesse se leva aussitôt, et d'un air de dégoût :

— Fi ! l'horreur ! dit-elle assez haut pour être entendue.

Une heure après, madame de Guéménée recevait l'ordre de quitter Marly sur-le-champ.

Ces symptômes de faveur n'éclairaient pas le parti de M. de Choiseul. Le ministre se croyait inattaquable. En ce moment il négociait le mariage du Dauphin avec une archiduchesse d'Autriche ; il savait que tant que l'union ne serait pas conclue il était indispensable, et pour l'avenir il comptait sur l'influence de la future Dauphine. C'est donc de son salon que partaient toutes les épigrammes, les chansons, les épîtres, les nouvelles à la main destinées à battre en brèche le crédit de la favorite. Le roi, comme de juste, n'était pas épargné ; quelques-unes de ces pièces légères étaient d'un goût douteux ou même tristement ordurières :

> France, tel est ton destin,
> D'être soumise à la femelle :

> Ton salut vint de la pucelle,
> Tu périras par la catin.

D'autres au contraire étaient ravissantes de grâce et d'esprit, telle l'*épître à Margot*, attribuée tour à tour à Boufflers et à Dorat, et reniée également par tous les deux.

> Pourquoi craindrai-je de le dire !
> C'est Margot qui fixe mon goût ;
> Oui, Margot, cela vous fait rire ;
> Que fait le nom ? la chose est tout.
> Je sais que son humble naissance
> N'offre pas à l'orgueil flatté
> La chimérique jouissance
> Dont s'enivre la vanité,
>
> . . . .
>
> Mais Margot a de si beaux yeux
> Qu'un seul de ses regards vaut mieux
> Que fortune, esprit et naissance.

A l'instigation de M. de Choiseul, son ami Voltaire s'était mis de la partie ; il faisait pleuvoir sur la comtesse Du Barry une grêle de fines épigrammes. On faisait même courir sous son nom un conte bêtement ordurier intitulé *La cour du roi Pétaud :*

> Il vous souvient encor de cette tour de Nesles,
> Mintiville, Lymail, Rouxchâteau, Papomdour
> (*Vintimille, Mailly, Châteauroux, Pompadour*),
> Dans cette foule enfin de peut être cent belles
>   Qu'il honora de son amour
>   Pour choisir celle qu'à la cour
> On soutenait n'avoir jamais été cruelle
>   La bonne pâte de femelle,

Combien d'heureux fit-elle, dans ses bras!
Qui, dans Paris, ne connut ses appas?
Du laquais au marquis, chacune se souvient d'elle.

Certes, jamais Voltaire n'a écrit cette niaise platitude, mais enfin on le comptait au nombre des ennemis de la comtesse, mal renseigné qu'il était par ceux qui voulaient la chute de la favorite.

Madame Du Barry eut peur du patriarche de Ferney, et, sans en rien dire au roi, elle fit faire quelques démarches près de lui par son grand ami et admirateur Richelieu.

Eclairé sur la puissance de madame Du Barry, Voltaire, qui toute sa vie joua en toutes circonstances un double jeu, fut épouvanté de l'imprudence que, conseillé par les Choiseul, il avait été sur le point de commettre, et le duc d'Aiguillon fut chargé de le réconcilier avec la favorite.

La comtesse Du Barry soutenait alors le chancelier Maupeou dans sa lutte contre les Parlements. Les attaques du chancelier pouvaient tourner contre lui, le faible Louis XV pouvait, en un jour d'ennui, donner raison à ceux qu'il appelait les *robes noires ;* mais le ministre avait pour lui la favorite, elle avait fait placer dans sa chambre un magnifique portrait de Charles Ier, peint par Van-Dick, et souvent elle le montrait au roi en lui disant :

— Les Parlements, Sire, nous traiteront comme ils ont traité Charles Ier.

La victoire resta au chancelier, mais il souleva contre lui l'indignation générale. A Paris, on récitait ce *Pater noster* d'un nouveau genre :

« Notre père qui êtes à Versailles, que votre nom soit glo-
« rifié. Votre règne est ébranlé ; votre volonté n'est pas plus

« faite dans le ciel que sur la terre. Rendez-nous notre pain
« quotidien que vous nous avez ôté; pardonnez à vos Parle-
« ments qui ont soutenu vos intérêts comme vous pardonnez
« à vos ministres qui les ont vendus. Ne succombez plus aux
« tentations de la Du Barry, mais délivrez-nous de ce diable
« de chancelier. Ainsi soit-il. »

A Versailles, on faisait courir les plus atroces épigrammes.

Le chancelier riait de tous ces clabaudages, le roi le proclamait « le plus ferme et le plus intègre des ministres. » Il était sûr de l'appui de la favorite, il était certain qu'au premier jour son ennemi Choiseul serait renversé; il le fut en effet, au grand triomphe des amis de madame Du Barry.

— C'est le règne de Cotillon III qui commence ! s'était écrié le roi de Prusse.

Débarrassé du duc de Choiseul, Louis XV n'eut plus de querelles, plus de luttes à soutenir. « Les ministres s'entendent
« comme larrons en foire, écrivait un bel esprit de l'époque,
« et la guenon (le mot n'est pas poli) qui nous gouverne s'en-
« tend avec eux. » Le roi laissait agir ses ministres.

— Ils peuvent faire tout ce qu'ils voudront, disait-il en riant, je m'en lave les mains.

Le vieux roi avait en effet « renoncé à toute fausse honte. » Il délaissait complètement la cour pour vivre près de la favorite. Il voyait rarement le Dauphin et la Dauphine; plus rarement ses filles. Déjà l'une d'elles, madame Victoire, navrée des désordres qui flétrissaient la vieillesse de son père, avait pris le parti de se retirer dans un couvent.

— En voilà une, disait le duc de Richelieu, qui veut gagner le paradis uniquement pour ne pas être avec sa famille durant toute l'éternité.

Madame Du Barry accompagnait le roi partout, elle était de

toutes les chasses, de tous les voyages. Elle-même dressait les listes d'invitation.

Docile aux conseils des vieux courtisans qui depuis longtemps connaissaient les goûts et les habitudes de Louis XV, elle ne recevait que les anciens compagnons du roi ; les femmes admises devaient être jolies ou l'avoir été, elles devaient surtout entendre admirablement la plaisanterie. Le temps était passé des conversations finement spirituelles des soupers de la marquise de Pompadour ; il fallait du gros sel pour réveiller le vieux monarque, et la favorite lui en servait à pleines mains.

Mais c'est à Luciennes surtout, dans le ravissant pavillon qu'elle avait fait bâtir, que madame Du Barry aimait à recevoir Louis XV.

Rien de merveilleux comme cette habitation, véritable bonbonnière d'écaille et de marbre, bâtie sur les hauteurs des bois de Luciennes ou de Louveciennes, au milieu d'un paysage digne de Paul Potter ou de Claude Lorrain. Là, les eaux coulent à pleines cascades, et de beaux bouquets d'arbres se mirent dans des lacs d'eaux vives.

Louis XV avait d'abord voulu donner à la comtesse le grand pavillon de Luciennes, construit par le duc de Penthièvre, mais elle l'avait trouvé trop vaste encore pour ses goûts simples et familiers.

Avec la permission du roi, elle fit élever, à quelque distance, une toute petite maison, palais en miniature, bien commode, bien élégante. Tout autour on dessina de charmants jardins, fouillis de fleurs au milieu d'admirables pelouses. La terrasse avait un immense horizon, et à perte de vue s'étendaient des allées de tilleuls. De ce petit pavillon de Luciennes, elle fit un paradis.

Là, tout était disposé pour recevoir le roi. Les pièces étaient petites, mais commodes; les domestiques étaient peu nombreux, mais choisis avec soin, fidèles, éprouvés, discrets, et d'un inaltérable respect.

La comtesse avait toujours près d'elle ses deux belles-sœurs, Chon et Bischi, ses conseils dans les petites occasions, ses confidentes intimes; leur propre intérêt les faisait dévouées.

Puis, pour animer cet intérieur, pour faire cette solitude bruyante, il y avait des oiseaux de toutes les couleurs dans des volières de filigrane d'or, une perruche aux couleurs de feu, un singe du Brésil, et enfin une petite épagneule blanche, avec des marques de feu, méchante comme un petit démon, et qui mordait tout le monde, excepté le roi qu'elle aimait beaucoup.

Comme les châtelaines du moyen âge, la favorite avait un page noir, Zamore, enlacé de bracelets et de colliers de verroterie; il marchait devant elle, et portait son parasol, comme dans les romans de chevalerie.

Le négrillon, lui, ne respectait personne, pas même le roi; il enlevait la perruque du chancelier, et faisait cent autres malices. Un jour Louis XV trouva plaisant de faire de Zamore un gouverneur de résidence royale, et la chancellerie expédia un brevet scellé par le chancelier, qui nommait ce sapajou gouverneur du château de Luciennes, aux appointements de deux cents louis.

Les ministres venaient travailler et tenaient conseil à Luciennes, madame Du Barry présidait. On agitait en riant les questions les plus sérieuses. Pour Louis XV un bon mot valait mieux qu'une bonne raison; il disait toujours oui. Lorsque la chose semblait trop grave, et que le roi se sentait embarrassé, il prenait l'avis de Chon. Mieux eût valu tirer à pile ou face.

Lorsque la conversation se ralentissait, que l'on était à bout de bons mots et de mauvaises épigrammes, que l'on avait ri du pamphlet de la veille et chansonné le Parlement, on lisait les lettres décachetées à la poste, on parcourait les rapports de la police.

La lecture de toutes ces turpitudes terminée, on allait faire une promenade dans les jardins, puis l'on soupait. C'était l'heure heureuse du roi. Les propos à ces soupers était d'une liberté telle, que la maréchale de Mirepoix en rougissait; mais la favorite le voulait ainsi, certaine par là de plaire à son amant. Le nombre des convives était beaucoup plus restreint que du temps de la marquise de Pompadour; le roi admettait à sa table six ou huit personnes, dix au plus, et encore très rarement.

Parfois Louis XV se mêlait de faire la cuisine; il y avait des prétentions. Les convives devaient se résigner, ces jours-là, à manger, en dissimulant de leur mieux une grimace, des beignets plus lourds que du plomb, ou des omelettes brûlées.

Louis XV ne souhaitait qu'une chose, oublier sa royauté.

La favorite faisait tous ses efforts pour que ce vœu fût exaucé. A la façon dont il était traité dans l'intimité, entre Chon et Bischi, il ne tenait qu'au vieux monarque de se croire le plus humble de ses sujets. Il n'était plus le roi, il était M. La France, ou même La France, tout court. La comtesse, pour flatter ses goûts, redevenait la petite Lange, et retrouvait l'effronterie de manières et le cynisme de langage de ses jeunes années, de ce temps où, du salon des demoiselles Verrières, elle passait au tripot du comte Jean. Le roi aimait fort à préparer lui-même son café, et si, distrait par Chon ou par Zamore, il laissait la liqueur se répandre sur la table, la comtesse lui criait en lui jetant sa pantoufle à la tête :

— Eh! La France! ton café f...iche le camp!

Au contraire de toutes les favorites, madame Du Barry, c'est une justice à lui rendre, n'était ni avide ni intéressée. La fragilité de son pouvoir ne l'épouvantait nullement, et jamais elle ne s'inquiéta de l'avenir. Elle pillait le trésor, mais elle ne pillait pas pour son propre compte. Ne lui fallait-il pas enrichir tous ceux qui l'entouraient, parents, amis, flatteurs? elle s'exécutait de bonne grâce. Il lui en coûtait si peu. Les acquits au comptant payaient tout, et l'abbé Terray semblait n'être véritablement que le trésorier de la favorite

Depuis longtemps elle avait assuré au vicomte Adolphe du Barry une position magnifique. Doté richement, il avait épousé une fille de grande maison, fort pauvre il est vrai, mais dont le roi avait fait un excellent parti.

Le mari pour rire de la favorite dépensait annuellement des sommes considérables; mais il lui fallait bien chercher des consolations. Chon et Bischi avaient une fortune indépendante. La maréchale de Mirepoix ne donnait pas son amitié. Enfin, il y avait le comte Jean, de force à absorber tout seul les revenus de l'État.

De tout cela le roi s'inquiétait fort peu. Le trône s'en allait à vau-l'eau, sans que personne parût en prendre souci. Chaque ministre était maître absolu dans son département, à la condition d'obéir aux fantaisies de la comtesse.

Le chancelier Maupeou entre un matin chez madame Du Barry; la veille, il avait pris une mesure d'une certaine gravité.

— Eh bien! monsieur le chancelier, demanda la comtesse que dit-on dans le public de votre décision ?

— Ma foi! ma cousine, répond Maupeou, je n'en sais rien, mais je m'en f...iche.

La favorite part d'un éclat de rire. Le roi survient.

— On est bien gai, ce me semble, ici, dit-il; de quoi rit-on si fort?

— Sire, je demandais au chancelier ce que l'on pense de ses mesures, il m'a répondu qu'il s'en f...ichait.

— Vraiment, comtesse.

— Oui, Sire, et je partage son opinion, je m'en f...iche.

— En ce cas, reprend le roi, riant aussi, nous sommes trois qui nous en f...ichons.

Parfois, cependant, les murmures du parti du Dauphin arrivaient jusqu'au roi. Ces jours-là, il était de mauvaise humeur; la comtesse mettait tout sur le compte de M. de Choiseul, exilé à Chanteloup. Des pamphlets qui continuaient à pleuvoir, on ne faisait que rire, même lorsqu'ils étaient encore plus outrageants que celui-ci; longtemps attribué au comte Jean.

<blockquote>
Drôlesse,
Où prends-tu donc ta fierté?
Princesse,
D'où te vient ta dignité?
Si jamais ton teint se fane ou se pelle,
Au train
De catin
Le public te rappelle.
Drôlesse,
Où prends-tu ta fierté?
Princesse,
D'où te vient ta dignité?
Lorsque tu vivais de la messe
De ton père Gomard
</blockquote>

Que la Romson volait la graisse
Pour joindre à ton morceau de lard,
   Tu n'étais pas si fière,
   Et n'en valais que mieux.
   Baisse ta tête altière,
   Au moins devant mes yeux;
Ecoute-moi, rentre en toi-même,
Pour éviter de plus grands maux,
   Permets à qui t'aime
De t'offrir encor des sabots.

Mais la bonté de la comtesse fut toujours extrême envers ces mêmes Choiseul qui l'attaquaient si cruellement. Elle aimait à les railler, elle ne voulut pas les persécuter; et cependant leur sort était entre ses mains. Plus d'une fois Louis XV, en parlant de son ancien ministre, avait dit :

— Cet homme-là devrait être à la Bastille.

Mais toujours la favorite avait désarmé Louis XV; elle le désarmait par un bon mot, par une plaisanterie.

Véritablement, elle était le type de *la bonne fille :* folle, insouciante, crédule même, jamais elle n'abusa de son pouvoir pour faire du mal; toutes les fautes qu'on lui impute doivent retomber sur les gens qui l'entouraient.

Sous son *règne*, il est vrai, on fit un épouvantable abus des lettres de cachet, mais il faut s'en prendre au duc de La Vrillière, dont la maîtresse en faisait publiquement commerce : pour cinquante louis, on faisait mettre un homme en prison. La favorite ne trempait aucunement dans toutes ces infamies; plusieurs fois même elle usa de son influence pour rendre à la liberté des malheureux injustement détenus.

Elle avait d'ailleurs bien autre chose à faire; les amours la préoccupaient beaucoup plus que la politique, dont elle ne se mêlait que pour obéir à ses amis. Louis XV, en effet, ne régna jamais seul sur le cœur de la belle comtesse, il lui fallait plus d'un amant, et nombre de simples gentilshommes furent tout aussi heureux que le roi de France.

Le comte de Cossé-Brissac fut son plus grand, son plus durable amour. Jeune, élégant, chevaleresque, il était fait pour plaire à toutes les femmes, elle ne put le voir sans l'aimer. Pour la comtesse Du Barry, M. de Brissac délaissa une femme jeune et charmante, qu'il avait épousée depuis peu ; il était fou de la belle favorite, et telle était l'imprudence des deux amants, que plusieurs fois ils faillirent être surpris par le roi.

Tous les amis de la comtesse connaissaient cette intrigue, mais ils la cachaient avec un soin extrême ; sa fortune était la leur, et une indiscrétion pouvait tout renverser. Madame de Cossé elle-même apprit un jour les relations de son mari et de la favorite ; elle surprit une lettre, une lettre qui ne laissait aucun doute ; elle pouvait se venger, elle ne le fit pas, pensant qu'à force de résignation elle ramènerait son mari : elle réussit à demi.

Madame Du Barry était alors au plus haut degré de la faveur ; ses amis rêvèrent pour elle la destinée de madame de Maintenon, épousée secrètement par Louis XIV. C'était s'assurer contre toutes les chances. La favorite adopta cette idée avec empressement, et bientôt les démarches commencèrent.

Madame du Barry femme du roi de France, c'était une grosse affaire à traiter, et cependant, du premier coup, les obstacles qui avaient semblé les plus terribles furent levés Mesdames, filles du roi, donnaient leur assentiment. Pieuses, aimantes, les filles de Louis XV tremblaient pour le salut de leur père ; ne pouvant le détacher d'une maîtresse aimée, elles trouvèrent bon de légitimer la passion du vieux monarque, et de faire ainsi cesser le scandale. On se souciait peu de l'opposition du Dauphin. Depuis longtemps, le roi savait les dispositions hostiles de son petit-fils : un jour que la vicomtesse Adolphe du Barry lui avait été présentée, il s'était détourné avec mépris et n'avait pas daigné répondre. On pensa qu'on pouvait passer outre. Tiraillé de tous côtés, Louis XV donna son consentement; il promit même à la comtesse de la nommer, à cette occasion, duchesse de Roquelaure.

Une union morganatique fut donc résolue, et le cardinal de Bernis fut chargé de poursuivre secrètement à Rome la nullité du mariage de la favorite avec le comte Guillaume du Barry.

Déjà, comme pour donner l'exemple et préparer les esprits, le duc d'Orléans avait, depuis peu, épousé en secret madame de Montesson, sa maîtresse. Madame Du Barry avait favorisé ce mariage de tout son pouvoir, elle devait même obtenir de le faire déclarer; le duc d'Orléans, qui savait son influence, avait pour cela sollicité son appui.

— Épousez toujours, mon gros père, avait-elle répondu, après nous verrons. J'y suis, comme vous le savez, fort intéressée moi-même.

Cependant l'inexplicable mélancolie du roi gagnait de jour en jour; son front se faisait plus sombre, l'ennui l'enveloppait. Vainement, pour le distraire, la comtesse redoublait d'enjoûment, de gaîté, de licence; vainement, pour chasser ses noires idées, elle se prêtait à ses infidélités passagères et peuplait le Parc-aux-Cerfs de fraîches et charmantes jeunes filles : rien ne pouvait plus émouvoir cette âme rassasiée.

Bientôt, à cette tristesse incessante, vinrent se mêler des pressentiments de mort. Un soir, à un souper chez la favorite,

Louis XV vit tout à coup pâlir, puis chanceler un de ses vieux compagnons, le marquis de Chauvelin.

— Qu'avez-vous, Chauvelin? vous trouvez-vous mal? s'écria-t-il.

On s'empressa autour du marquis, affaissé sur lui-même; il était mort.

Cette foudroyante destruction épouvanta le roi. Il se leva de table sans mot dire et se retira dans son appartement.

— C'est un avertissement du ciel! disait-il à ceux qui l'entouraient.

On était alors en carême : les sermons prêchés par l'évêque de Sénés firent une impression profonde sur le cœur du roi. L'évêque ne ménageait pas les vices des grands. Le jour du jeudi-saint, le sermon du ministre de l'Évangile fut d'une « audace inouïe. » En traits hardis, il peignit la misère des peuples et flétrit les désordres de la cour, dont le roi était le premier complice et le plus coupable.

— Écoutez-moi bien, s'écria-t-il, et repentez-vous. Encore quarante jours, et Ninive sera détruite!...

A ces mots, le vieux monarque frissonna; il lui sembla qu'il venait d'entendre son arrêt, et, loin de punir ce que les courtisans appelaient « l'insolence de ce prêtre, » il récompensa l'homme qui avait osé lui faire entendre des paroles de vérité.

De ce jour, il devint plus exact à ses prières; il restait seul enfermé dans ses appartements, et rendait de fréquentes visites à madame Louise, cette pieuse princesse qui, retirée à Saint-Denis, priait avec ferveur pour la conversion et le salut de son père.

Ces symptômes alarmèrent la favorite et ceux de ses amis qui exploitaient son crédit. On tint conseil chez elle, et il fut décidé qu'à tout prix on essaierait de distraire le roi et de ranimer son goût pour le plaisir.

Le comte Jean proposa un voyage à Trianon. Là, il amènerait une jeune fille d'une rare beauté qu'il avait rencontrée; ses charmes naissants réveilleraient les sens blasés du roi et feraient diversion aux lugubres pensées qui assiégeaient son âme.

A l'unanimité, on adopta les propositions du comte Jean, le voyage à Trianon fut résolu, la jeune fille amenée.

C'était le 5 mai 1774; les invités étaient les convives habituels du roi : le prince de Soubise, les ducs d'Aiguillon, d'Ayen et de Duras; mesdames de Mirepoix, de Forcalquier, de Flammarens.

Le souper fut d'une gaîté folle; jamais le roi n'avait paru de meilleure humeur; il cherchait à s'étourdir, les convives l'y aidaient à qui mieux mieux. L'aï bientôt exalta toutes les têtes, on porta des toasts, on chanta : les propos les plus lestes, les anecdotes les plus scabreuses, les mots les plus déshabillés éclataient de tous côtés; la licence, cette nuit-là, fut sans bornes. A deux heures, le roi se retira dans l'appartement où l'attendait la jeune fille; il l'avait vue et l'avait trouvée charmante; les convives, rassurés sur l'avenir, se couchèrent donc en attendant le jour.

Triste fut le réveil de cette nuit si folle. De grand matin, on vint annoncer à madame Du Barry que le roi était souffrant. Vite, elle courut aux appartements. Le roi était couché, il avait la tête fort lourde, tout le corps endolori.

— Ah! comtesse, lui dit-il, ne m'en veuillez pas de mon infidélité; je suis, vous le voyez, bien puni.

— Ce ne sera rien, répondit-elle; Votre Majesté va dormir, et dans quelques heures il n'y paraîtra plus.

Mais vainement elle cherchait à tromper le roi, à se tromper elle-même; le 10 mai 1774, à trois heures et quelques minutes, le premier médecin s'aperçut que Louis venait de rendre le dernier soupir; il interrogea le cœur, plaça une glace devant la bouche du roi, et, après une minute environ, il se retourna vers les assistants, et prononça les paroles sacramentelles : Le roi est mort, vive le roi!......

Madame Du Barry savait depuis deux heures à peine l'écroulement de sa fortune, lorsqu'elle vit paraître le duc de la Vrillière. Il lui apportait une lettre de cachet écrite en entier de la main du nouveau roi.

« Madame Du Barry, pour des raisons à moi connues, qui
« tiennent à la tranquillité de mon royaume et à la nécessité
« de ne point permettre la divulgation du secret de l'État qui
« vous a été confié, je vous fais cette lettre pour que vous
« ayez à vous rendre à Pont-aux-Dames sans retard, seule,
« avec une femme pour vous servir, et sous la conduite du
« sieur Hamont, l'un de nos exempts. Cette mesure ne doit
« pas vous être désagréable : elle aura un terme prochain. »

— Un beau fichu commencement de règne ! s'écria la comtesse, quand elle eut pris connaissance de cette lettre. Je vais obéir, monsieur, dit-elle au duc de la Vrillière.

La route fut triste jusqu'à Pont-aux-Dames, et cependant la comtesse montra beaucoup de fermeté et de résignation.

Prévenues de l'arrivée de la favorite du feu roi, les bonnes religieuses l'attendaient avec une impatience mêlée de curiosité. De monstrueux récits étaient venus jusqu'à elles, et, lorsqu'elles accoururent pour l'accueillir, elles furent étonnées de trouver tant de grâces unies à une si parfaite modestie.

Une nouvelle existence commençait pour madame Du Barry; elle eut le bon esprit de se plier sans murmure à sa fortune présente, et d'oublier sa puissance passée. Elle n'était pas riche, son insouciance pour l'avenir avait toujours été grande, jamais elle n'avait rien demandé. Ses diamants, son hôtel à Versailles, son pavillon de Luciennes formaient toute sa fortune. C'était de quoi vivre modestement et simplement : elle s'y résigna de la meilleure grâce du monde.

Les religieuses de l'abbaye l'avaient prise en amitié, elle-même se plaisait à ce tranquille bonheur du monastère; un instant elle eut la pensée d'y finir ses jours; elle pouvait y jouer le rôle de madame de Maintenon à Saint-Cyr. Le souvenir de ses amis l'arrêta.

Bientôt elle obtint du roi la permission de quitter Pont-aux-Dames. Elle venait de vendre au comte de Provence son hôtel de Versailles, elle en consacra le prix à l'achat de la terre de Saint-Vrain, près de Chartres, et s'y retira. A Saint-Vrain, entourée de sa famille, elle reçut tous ses amis d'autrefois, Soubise, Richelieu, le duc et la duchesse d'Aiguillon, et le comte de Cossé-Brissac, qui, fidèle dans la disgrâce, voulut partager son exil. Plusieurs fois déjà, déguisé en paysan, il était allé la consoler à l'abbaye de Pont-aux-Dames.

Les faiseurs de libelles ne furent point désarmés par la chute de la favorite; puissante, ils l'avaient accablée, ils la poursuivirent dans l'exil, et un matin ces vers ignobles lui étaient parvenus jusque dans sa chambre du monastère de Pont-aux-Dames :

> Les ponts ont fait époque dans ma vie,
> Dit Lange en pleurs dans sa cellule en Brie;
> Fille d'un moine et de Manon Giroux,
> J'ai pris naissance au coin du Pont-aux-Choux;
> A peine a lui l'aurore de mes charmes,
> Que le Pont-Neuf vit mes premières armes.

> Au Pont-au-Change, à plaisir je fêtais
> Le tiers, le quart, bourgeois, nobles, laquais.
> L'art libertin de rallumer les flammes,
> Au Pont-Royal me mit le sceptre en main.
> Un si haut fait m'amène au Pont-aux-Dames,
> Où j'ai bien peur de finir mon destin.

L'exil de madame Du Barry à Saint-Vrain fut de courte durée. Elle eut recours à la générosité de la reine Marie-Antoinette : bientôt elle reçut une réponse conforme à ses désirs, et toute joyeuse elle revint s'établir à Luciennes.

Cependant des nuages sanglants grossissaient à l'horizon ; les jours sombres étaient venus pour Versailles.

Madame Du Barry, qui avait conçu pour la famille royale un attachement profond et respectueux, ne songea qu'à tirer parti de sa position pour lui être utile. Déjà, dans la triste affaire du collier, elle avait pu donner à Marie-Antoinette la mesure de son dévoûment. Sacrifiant, sans hésiter, sa vieille amitié pour le cardinal de Rohan, elle avait de toutes ses forces défendu l'honneur de la reine.

Chaque jour amena désormais à madame Du Barry un nouveau malheur. Des escrocs, aussi habiles qu'audacieux, lui arrachèrent des sommes considérables ; ses diamants, sa seule ressource, lui furent volés ; enfin le séjour de Luciennes lui fut rendu insupportable par Zamore. Ce noir ingrat, qu'elle avait comblé de ses bienfaits, était devenu l'orateur le plus ardent du club de Luciennes, et chaque jour il déclamait contre sa maîtresse, qui n'osait pas le chasser.

Mais une douleur plus grande lui était réservée ; le 4 septembre 1792, des clameurs menaçantes s'élevèrent autour du château, un groupe d'hommes armés pénétra dans le vestibule; l'un d'eux, au bout d'une pique, portait une tête affreusement sanglante. Cette tête était celle de Brissac, « tué en faisant son devoir. » Au bruit, la comtesse était accourue. Alors, un des hommes saisit la tête, et l'envoyant rouler aux pieds de madame Du Barry :

— Tiens, s'écria-t-il, voilà la tête de ton amant !

Reçue plusieurs fois à Trianon par la reine, madame Du Barry s'était chargée de suivre à Londres les négociations secrètes commencées par la cour avec le comité d'émigration. Sous prétexte de rechercher les voleurs de ses diamants, elle fit successivement plusieurs voyages en Angleterre. Le 14 décembre 1792, au moment du procès du roi, elle quitta Paris une fois encore avec un passeport du district de Versailles.

A Londres, elle apprit la terrible catastrophe du 21 janvier 1793, la mort de Louis XVI. Sans doute, à ce moment, elle se souvint de ce portrait de Charles Ier qu'elle avait autrefois fait placer dans sa chambre, pour le montrer à Louis XV.

Tous les amis de la comtesse lui conseillaient de rester en Angleterre; elle ne voulut rien entendre, elle osa revenir en France. Mais la colère du peuple devait atteindre tout ce qui, de près ou de loin, avait tenu à la monarchie; la favorite de Louis XV ne pouvait être oubliée

Le 3 juillet 1793, un arrêté du comité de sûreté générale ordonna l'arrestation de la ci-devant comtesse Du Barry.

Louis XVI innocent expiait les crimes pompeux de Louis XIV et les turpitudes de Louis XV; en la pauvre Du Barry, une *fille* égarée sur le trône de France, on frappa toutes les favorites qui depuis tant de siècles avaient pris à tâche de ruiner la France; elle fut la victime expiatoire des Diane de Poitiers, des Montespan et des Pompadour,

Elle ne tarda pas à comparaître devant le tribunal révolu

tionnaire, et, à l'unanimité, la *courtisane de Capet XV* fut condamnée à la peine de mort.

Le lendemain, 9 décembre 1793, on vint tirer la comtesse de la prison pour la conduire à l'échafaud.

A ce moment suprême, tout son courage l'abandonna. Elle poussa un grand cri, et s'affaissa sur elle-même. On fut obligé de la porter. Pâle, défaite, elle gisait inanimée sur le devant de la charrette fatale. Ses sanglots et ses gémissements ne cessèrent pas tant que dura le funèbre trajet. Lorsque, arrivée à la place de la Révolution, on la porta sur la terrible machine, les forces lui revinrent ; elle se débattait aux mains de ceux qui la soutenaient ; d'une voix déchirante elle criait à la multitude : « Bon peuple ! au secours, délivre-moi, je suis innocente (1) ! »

Tandis qu'on la liait, elle tournait vers le bourreau ses yeux noyés de larmes.

— Encore une minute, disait-elle, une seule minute, je vous en conjure ! monsieur le bourreau.

Pauvre comtesse, elle ne put achever sa phrase, et la foule qui hurlait autour de la guillotine battit des mains lorsqu'on lui montra la tête sanglante de la dernière favorite des rois de France.

(1) *Histoire-musée de la République Française*, par Augustin Challamel, t. II, p. 14.

FIN.

TABLE DES MATIÈRES.

		Pages.
I.	La cour de Louis XIV...	1
II.	Premières amours...	27
III.	Mademoiselle de La Vallière...	45
IV.	Madame de Montespan...	109
V.	Madame de Maintenon...	147
VI.	Les femmes de la Régence...	163
VII.	Les demoiselles de Nesle...	165
VIII.	Madame de Pompadour...	209
IX.	Madame Du Barry...	263

Paris. — Imprimerie de E. Donnaud, rue Cassette, 1.

19686

www.ingramcontent.com/pod-product-compliance
Lightning Source LLC
Chambersburg PA
CBHW071336150426
43191CB00007B/752